Carl Sternheim

Chronik von des zwanzigsten Jahrhunderts Beginn

Vierzehn Novellen

Carl Sternheim: Chronik von des zwanzigsten Jahrhunderts Beginn. Vierzehn Novellen

Erstdruck in dieser Zusammenstellung und unter diesem Titel: Leipzig, Kurt Wolff Verlag, 1918 in drei Bänden.

Neuausgabe
Herausgegeben von Karl-Maria Guth
Berlin 2017

Umschlaggestaltung von Thomas Schultz-Overhage

Gesetzt aus der Minion Pro, 11 pt

Verlag: Henricus - Edition Deutsche Klassik GmbH
Mörchinger Str. 33, 14169 Berlin, info@henricus-verlag.de
Druck: Libri Plureos GmbH, Friedensallee 273, 22763 Hamburg

ISBN 978-3-7437-0623-1

Bibliografische Information der Deutschen Nationalbibliothek

Die Deutsche Nationalbibliothek verzeichnet diese Publikation in der Deutschen Nationalbibliografie; detaillierte bibliografische Daten sind im Internet über www.dnb.de abrufbar.

Inhalt

Busekow 4
Napoleon 20
Schuhlin 42
Meta 57
Die Schwestern Stork 84
Ulrike 103
Posinsky 118
Heidenstam 139
Der Anschluß 157
Die Hinrichtung 177
Vanderbilt 193
Yvette 210
Die Poularde 222
Die Laus 239

Busekow

1913

Bei Anbruch des Tages Epiphanias hielt der Schutzmann im sechsten Revier, Christof Busekow, Posten am Schnittpunkt der Hauptstraßen seit vier Stunden. Anfangs hatte ihn das Bewußtsein, Ordnung und Sicherheit hingen von seiner einzigen Person ab, zu höchster Dienstbereitwilligkeit gestählt; allmählich, da alles sich schickte, verlor seine Aufmerksamkeit das Gespannte, schwang mit der Masse der Bewegenden und Bewegten.

Je näher Ablösung rückte, überwogen in ihm zwei Empfindungen. Es schien regnen zu wollen, er fühlte vor, wie er, mit eingezogenen Schultern auf dem Heimweg sacht auftretend, Pfützen auf den Steinen vermeiden würde; mehr als diese Vorstellung beglückte ihn des Kaffees Duft, der beim Eintritt in die Wohnung auf dem Tisch hergerichtet sein mußte. Nur von Zeit zu Zeit flog sein Wille in die Brille zurück, riß in flüchtiger Empörung Löcher in Gegenüberstehendes.

Dieser bewaffnete Blick packte nicht nur Passanten in Zivil; wie er aufflammend vorwärtsschoß, zwang er auch Busekows Kameraden zur Bewunderung, sie empfanden: der schaut durch Tuch und Haube; ist geborener Polizist.

Von einem tüchtigen Menschen war die Schlappe der Geburt, Kurzsichtigkeit, zu einem Vorteil für sich umgebogen worden, hatte er, seiner Nichteignung für eine Aufsichtsstellung im Urteil zuständiger Instanzen gewiß, alle gesunden Kräfte von andern Organen ins Auge hochziehend, diesem hinter Gläsern so schneidigen Ausdruck verliehen, daß die befugten Personen erklärten, sie erwarteten Besonderes von seinem scharfen Hinsehen. Er wiederum, besorgt, er möchte diese Hoffnung enttäuschen, wandelte, den Körper immer mehr vergewaltigend, im Lauf der Zeiten die gesamte Barschaft an praller Muskelkraft in Späh- und Spürvermögen um, bis seine Schenkel, die unter dem Sergeanten des fünfzigsten Infanterieregimentes gewaltige Tagmärsche zurückgelegt hatten, ihn saftlos und schlapp auf Posten kaum mehr hielten, die einst von Gewehrstrecken geschwellten Arme Lust leidenschaftlichen Zugreifens verloren. Da er aber für gewöhnlich unbewegt auf einer Steininsel zwischen zwei Fahrdämmen stand, an dieser vom

Verkehr belebten Stelle außer dem Auge selten der Arm des Gesetzes gefordert wurde, blieb dieser leibliche Mißstand ihm verborgen.

Andererseits hatte er in letzter Zeit begonnen, Kapital der Sehkraft, das er ursprünglich im Bewußtsein reicher Mittel an umgebende Welt vergeudet hatte, sachgemäß anzulegen, lieh Vorübergehenden nur noch dann Kredit auf seine Aufmerksamkeit, wenn er den einzelnen nicht kannte. Denn da der Platz in nächster Nähe einiger Großkaufhäuser und Banken lag, war des Publikums größerer Teil tagaus, tagein der gleiche, und nachdem Busekow in jahrelanger, unwillkürlicher Anteilnahme an jedem einzelnen dessen Erscheinung in sich aufgenommen, erwogen und beurteilt hatte, prägte er sich wissentlich von ihm nur noch einen neuen Hut, Wechsel von Sommer- und Wintermode ein.

Er stand dabei zu seiner Kundschaft in umgekehrtem Verhältnis wie der Bankier schlechthin, als er dem Kunden, je länger er ihn kannte, je mehr Beweise unbedingter Zuverlässigkeit ihm der gegeben hatte, um so weniger vorschoß, während er an einen, der zum erstenmal in sein Gesichtsfeld trat, des Blickes ganze Barschaft wandte und, je zuverlässiger der Neuling sich darstellte, ihn um so bereitwilliger bediente.

Dank dieser Maßnahmen war es ihm einige Male gelungen, an Leuten, die andere Schutzmannsposten als harmlose Schlendriane passiert hatten, Merkmale versteckter Aufregung zu erkennen, sie patrouillierenden Kameraden zu bezeichnen und zu erleben, die Betroffenen stellten sich bei Prüfung als gesuchte Übeltäter heraus. Und so geschah es an diesem Morgen vor seiner Ablösung um sechs Uhr noch zweimal, daß scharf er zusehn mußte, erst als ein Omnibus gegen einen Milchwagen stieß – glücklicherweise konnte Busekows bloßer Wink die Lage entwirren – und dann, da in der Schar jener Frauen, die nächtlicherweise Brot auf demselben Straßenstrich suchen, deren jede ihm bis in den Saum des Unterrocks bekannt war, eine neue auftauchte: hochblond, aufgedonnert, mit einem Blutmal auf der linken Backe am Mundwinkel.

Wie sie zu unwahrscheinlicher Zeit mit der Morgenröte zum erstenmal vor ihn getreten war, beschäftigte sie den Heimkehrenden, der, das innere Auge auf sie gerichtet, nicht spürte, wie es zu regnen begonnen hatte, er stapfend Pfütze auf Pfütze trat. War es möglich, er hätte

Zeichen, die das Eindringen einer Konkurrentin in den Ring der auf jener Straße Privilegierten ankündigten, übersehen, oder waren sie nicht gegeben worden? Und warum nicht? Galt sie ihren Schwestern wenig, schien zum Wettkampf nicht gerüstet, und durfte man sie mit Verachtung übersehen? Rief er sich ihre Erscheinung zurück, verneinte er die Annahme. Dem flüchtigen Blick – ein anderer würde ihr in ihrem Gewerbe kaum gegönnt werden – dünkte sie gefällig, wohlbereitet. Busekow, der sich über den Grund ihres lautlosen Auftretens auf seiner Weltbühne keine Rechenschaft geben konnte, ward befangen und kleinlaut vor sich selbst, betrat seine Wohnung mit dem peinlichen Gefühl, in dieser Nacht habe er dem Staat unzureichend gedient, den Platz, der ihm anvertraut war, nicht in völliger Ordnung verlassen. Irgend etwas treibe dort ein ungerechtfertigtes, den beschlossenen Gang der Dinge störendes Wesen.

Er schlürfte verdrießlich Kaffee, legte sich zu seiner Frau ins Bett. Zaghaft lüpfte er die Decke und nahm, sich hinstreckend, eine Rückenlage ein; denn da er, auf den Seiten liegend, zu röcheln und schnarchen begann, war ihm die anbefohlen worden. Wie in allen Dingen, die das Weib anordnete, suchte er den Befehl genau zu befolgen, und aus Furcht, er möchte im Schlaf Stellung wechseln, hatte er sich, beide Hände in die seitlichen Ritzen zwischen Bettlade und Matratze zu krallen, gewöhnt, durch welches Manöver tatsächlich erreicht wurde, daß er in gleicher Lage, wie er eingeschlafen war, aufwachte. Auf welche Weise die Frau bald nach Beginn ihrer zwölfjährigen Ehe seine Unterwerfung unter ihren Willen durchgesetzt hatte, darüber hatte er nie nachgedacht, wußte nur, die Abhängigkeit war bodenlos, ohne Trieb zum Widerstand. Selbst bei den ihm unliebsamen Geheißen schien sie ihm eine milde Gebieterin, da er die Neigung in sich ahnte, auch ihrem zügellosen Verlangen nachzugeben.

Doch nur sein bedingungsloser Gehorsam war es, der die Schüchterne fähig gemacht hatte, Wünsche ihm gegenüber zu äußern, später zu fordern. Und so entfernt blieb sie der Überzeugung wirklicher Macht, daß sie stündlich bei jedem Anlaß erwartete, er möchte es satt haben, kurzen Prozeß mit ihr machen. Denn sie war sich bewußt, das einzige wirkliche Guthaben, das sie bei ihm besaß – jene kleine Summe, die die Sechsundzwanzigjährige dem Vermögenslosen in die Ehe gebracht hatte –, mußte längst verzehrt sein, und weder geistig noch körperlich fühlte sie sich vor ihm begnadet.

Was den Leib anging, verbarg sie seit Jahren schwere Schäden. Ohne daß sie Mutter geworden war, hatte die Zeit ihr mitgespielt. Das einst volle Haar war zu winziger Schnecke auf dem Hinterkopf zusammengeschrumpft, ihr Gesicht, das straffe Haut wohltuend gegliedert, hatte durch deren Nachlassen Löcher und Vorsprünge bekommen; heftiger bewegten sich ihre Brüste, die, flache Teller, mit kaum noch gefärbten Warzen beim Auskleiden von bergenden Händen nicht mehr bedeckt werden konnten. Die zarte Scham, mit der abends und morgens Busekow über diesen Umstand hinwegsah, vergrößerte ihren Kummer, bewirkte, daß sie ihm harten Anruf zum Bett schickte: »Setz Wasser auf den Herd! Scher dich zum Kohlenholen!«

Bei solchen Aufforderungen hatte den Mann oft verlangt, sie möchte ihre Empörung über die Unbill der Natur durch furchtbare Forderung an ihn ausgleichen. Wie sie zur ärmsten Magd Gottes herabgesunken war, dichtete er königliche Befehle in ihren Mund, sah sich in hündischer Demut in Ecken stehen, Pfoten aufwartend gekrümmt. Fürchtete, er habe sie um Großes betrogen, meinte das Kind, das sie von ihm nicht hatte, seufzte und fand sich schuldig. Oft lagen sie mit nach oben gedrehten Gesichtern sprachlos beieinander, geschlossenen Lides, daß keiner dem anderen das Wachen anmerkte. Ihre Herzen klopften: Warum konnte ich sie nicht erfüllen? Was tönten meine Rippen nicht von ihm? Wehmütig griff sie ihre Brüste; er fuhr die mageren Lenden herab; beide fühlten sich dürftig.

Den Betten hing in Öldruck Martin Luther gegenüber. Hand auf ein Buch geballt, machte er eine ausladende Gebärde. Beide Gatten hatten anfangs großen Mut aus dieser Geste zu holen gesucht, wollten sich anreden, die Kluft überspringen. Doch es gab zwischen jenem und ihnen keine Zusammenhänge. Schon begann alles in hoffnungslose Gewohnheit beschlossen zu werden. Man sparte an Blick und Ton füreinander, rief sich, antwortete in Hauptworten, denen Verben und Partikel fehlten, um bei Begriffen, die man als bekannt und erwartet voraussetzen konnte, an den Endsilben zu sparen. Augen wichen sich aus, man sah an Wände; Berührung wurde gefürchtet. Streiften sich bei einer Begegnung die Kleider, schoß beiden panischer Schreck, als hätten sie Allerheiligstes betastet, ins Gebein. Die weibliche Seele war voll Vorwürfen für ihn, er so voll Angst vor ihr, daß sie wußten, ein wohlgebildeter Satz, Gleichnis freundlichen Lebens, hätte sie bis ins Mark erschüttert und vernichtet.

So scheuten sie Güte, erzogen Hartes, Kantiges in sich, schlossen auf Grund rauher Regeln einen letzten Frieden, er, der Hingeschmissene, Unwürdige, Besiegte; sie, die Beleidigte, mulier virgo.

Als er lag und ruhen wollte, schien Sonne ins Fenster, verwirrte seine Augen. Da er sich nicht wenden durfte, bedeckte er das Gesicht mit der Hand; doch schien Licht durchs Blut der Finger. Diese Wahrnehmung verwirrte ihn, als hätte er des Umstandes seines lebendigen Blutes vergessen. In einer Aufwallung streckte er das eine Bein zur Decke, daß über seinem Leib Wölbung entstand, und lächelte. Es schien ihm aber gleich darauf, als neben ihm im Schlaf sie stöhnte, Gebärde und Lachen infam, und er begann, in Strahlen blinzelnd, alle Züge stetiger, zunehmender Niedrigkeit aus seinem Leben zum Bild eines verworfenen, vergeblichen Geschöpfs zu dichten. Wie er in der Schule seines Dorfes schlecht gelernt hatte, zum Hofdienst untauglich gewesen war und einst am Reformationstag in der Kirche, als die Gemeinde im Lied »Ein feste Burg ist unser Gott« himmlische Andacht einte, den Zopf des vor ihm singenden Mädchens ergriffen, an seine Lippen geführt hatte. Die Kleine hatte aufgeschrien, Nachbarn den Frevel bemerkt, er war dem Pastor zur Bestrafung angezeigt. Der hatte ihn mit Wortschwall überwältigt, Mut der Jugend, Selbstbewußtsein für lange Zeit in Grund und Boden geschlagen. Eine Spur davon war erst nach langen Jahren wiedererstanden, als ihm, dem Unteroffizier, eine Dekade junger Burschen auf Gnade und Ungnade überantwortet wurde. Da hatte er den Schnurrbart gezwirbelt, sich einiger Flüche, die ihn vor sich selbst martialisch machten, bemächtigt. Doch gelang es über geringes Maß nicht, da Wichtigkeit vom Kasernenhof bei Instruktion und Unterricht verblich, merkte er, er blieb im Auffassen des Vorgetragenen hinter Kameraden zurück. Im Verlauf von zehn Jahren hatte der Hauptmann einige Male zu ihm gesagt: »Sie sind in Herz und Nieren königstreu, Busekow. Das ist Sache! Doch haben kein Verstehste.« So wurde Königstreue, die man ihm öffentlich zugestanden, seines Lebens Richtschnur. Und als er einsah, eine Feldwebelstelle war ihm nicht erreichbar, er nur im Staatsdienst Verwendung für seine positive Eigenschaft hatte, gab er sich als Schutzmann ein. Bedenken gegen seine zunehmende Kurzsichtigkeit zerstreute er auf die geschilderte Art.

Da seine Tugend ihm einfiel, wurde die Seele einen Augenblick freier; schnell erleuchtete ihn aber Erkenntnis, wie wenig offiziell sie in seinem heutigen Dasein sei. Im Gegensatz zu jenem Hauptmann hatte seine Frau sie nie erkannt, in ihren Reden war sie nicht erwähnt worden.

Ein elendes, nutzloses Schwein bin ich, dachte Busekow. Diese Frau weiht mir ihr junges Leben, ihren einst blühenden Leib, schöne Gaben. Alles vernichtete ich, unfähig, das mir Anvertraute zu pflegen. Was aber meine Königstreue anlangt (mit letztem Versuch, sich zu erheben, flüchtete er in diesen Gedanken), meine Hingabe an den Dienst – vor seinem Geist stand ein blondes, aufgedonnertes Frauenzimmer, ein Blutmal im befremdenden Gesicht. Da ergriff namenlose Trauer unseren Helden, einschlafend verstand er seines Weibes Größe, die es bei ihm auszuhalten vermochte, nicht mehr.

Er träumte, im leeren Raum ständen sie sich nackt gegenüber. Wie ihre Augen sich ihm sengend ins Gesicht bohrten, war er sie anzusehen gezwungen. Einen schauerlichen Leib erblickte er, Stöcke die Beine, von Hautrunzeln bedeckt. Erbärmlich das übrige. Nirgends war noch der leiseste hüllende Flaum, der Kopf glich einer polierten Kugel. Mit ausgestreckter Hand, die wie eine Kastagnette knackte, klopfte sie an sein gepolstertes Bäuchchen, den Schädel, krächzte Heuwanst, Heukopf! dazu. Und alsbald begann er, Stroh aus seinem Munde zu speien, bündelweis, ohne Aufhören meterweis. Sie lächelte giftig dazu, klopfte und knatterte: Heukopf, Heuwanst, Heukopf. In Schweiß gebadet erwachte er, war mit Ruck aus den Federn, und im Hemd ins Nebenzimmer stürzend, rief er ihr dröhnender, übernatürlicher Stimme zu: »Ja, ja, Elisa, ich bin ein Elender; wirklich ein Unfruchtbarer!« Sie war nicht im Raum. Bei Butterbroten, einer Flasche Bier lag ein Zettel auf dem Tisch mit den Worten: »Ich bin zum Kintopp. Wundre dich nicht. Geburtstag!«

Und nun stellte er sich, da er zu kauen begann, ihre Freude im Lichtspieltheater vor, spürte, tröstliche Stärkung, die er mit dem Zugeständnis seiner Wertlosigkeit hatte gewähren wollen, mußte ihr draußen durch Bilder aus der Menschenkomödie stärker zuteil werden, die sie mit Lachen und Weinen ergreifen würden.

Gegen sieben, seine Frau war nicht zurück, ging er zur Polizeiwache in den Dienst. Um Mitternacht bezog er Posten am Schnittpunkt der Hauptstraßen. Doch da es in Strömen regnete, gelang es ihm von Anfang nicht, die heroische Haltung, die er während erster Minuten seiner Wache vor einem vierarmigen Gaskandelaber sonst einnahm, zu markieren. Im Gummiumhang, Schultern eingezogen, Haupt gesenkt, sah er, da Wasser an ihm niedertroff, kläglich aus. Zudem verwirrten ihn hinter nassen Scheiben seiner Brille rote, grüne, weiße Lichter der Fahrzeuge. Sich bemerkbar zu machen, hob er von Zeit zu Zeit einen Arm, ließ ihn, ohne des Eindruckes innezuwerden, wieder sinken. Nur mit Mühe unterschied er den Aufmarsch bekannter Gestalten; Frauen der Kaffeekellner, die ihre Männer holten, Stammgäste der in der Nähe befindlichen Wirtschaften, den Mann mit dem fliegenden Streichholzhandel und, eine nach der anderen, die Nymphen der Straße. Dicht an die Häuser gedrängt, hüpften sie Schutz suchend an ihm vorbei, mit eingezogenen Flügeln Vögeln gleich, die, Land gewöhnt, ins Wasser gefallen sind und sich retten möchten. Sie schritten auf ihren bis zu Knien freien Ständern über den Fahrdamm, teilten Aufmerksamkeit zwischen Wassertiefen, die sie durchqueren, und dem Wild, das, diesen Abend spärlich genug, sie jagen mußten.

Beim Anblick ihres namenlosen Elends hob Busekow zum erstenmal am heutigen Tag den Kopf. Diesen war er, wie er den Maßstab anlegte, tausendmal überlegen. Er dachte an seinen Traum und meinte, produzierte er als letzte Formel von sich Heu und Stroh, sei das saubere Sache. Wie aber würde sich diesen das Gleichnis ihrer ausgespienen Eingeweide in Träumen darstellen? Und anderen, weniger verächtlichen, doch tief unter ihm stehenden Klassen, dem männlichen Gelichter, das an ihm vorüberstrich. Stand er hier nicht – Donner und Doria – für Kaiser und Reich, sah alle Welt nicht einen tüchtigen Beamten in ihm? Als es aber heftiger vom Himmel goß, er tiefer in sich hineinkroch, erschien der Leib seiner Frau, wie er ihn heute im Schlaf gesehen, wieder; Erde ward abermals wüst und leer.

Mit gedunsenem Auge stierte er in die Luft, einmal rechts, links einmal, geradeaus, als sich aus dem Gewissen die Frage nach dem Verbleib jenes Weibes hob, das er am Morgen zum erstenmal erblickt hatte. Gehörte sie von nun an zu den Figuren, die vor ihm spielen würden, oder war sie zu einem Gastspiel auf dieser Straße erschienen? Dafür sprach das Verhalten der Kolleginnen, die ein einmaliges Kommen und Gehen dulden durften, dauernde Etablierung aber, wie er es in anderen Fällen erlebt hatte, mit Hohn und Gewalttat zurückgewiesen hätten.

Es schlug zwei Uhr morgens, als sie hinter einem jungen Menschen in aufgeweichten Lackstiefeln auftauchte. Zugleich sah Busekow eine lange Schwarzhaarige sie bei den Schultern fassen, hörte, wie sie ihr zuzischte: »Nicht an meinen Kleinen heran!« und der Neuen Antwort: »Nur sacht!«

Schon sammelte ein Kreis erregter Frauenzimmer sich um die beiden, fiel mit schnatterndem Schwall im Chor ein. Man sah drohend gehobene Arme und Schirme. Da schleuderte Busekow Regen von sich, war mit zwei Schritten bei den Streitenden, und, Gewitter aus empörten Augen blitzend, herrschte er die Auseinanderstiebenden erzener Stimme an: »Keinen Streit, meine Damen. Weitergehen!«

Nur sie blieb ihm gegenüber. Sekundenlang sah er in ein erschrockenes Gesicht, trat an seinen Platz zurück. Eine Sehne straffte sich an ihm. Der Blick, den sie ihm von jetzt an bei ihrem allnächtlichen Erscheinen zuwarf, strahlte Dankbarkeit. Er entzog sich ihm nicht, empfing ihn als seines öden Lebens Zuckerbrot. Und als er Nachtmit Tagdienst tauschte, war das Gefühl des Bedauerns, diesen Blick in Zukunft entbehren zu sollen, groß. Doch kam sie schon am zweiten Tag Straße herauf an ihm vorüber, und da geschah es, daß er, ihren Gruß erwidernd, das Haupt neigte.

Schnell spannen sich Fäden schlichter Vertraulichkeit zwischen ihnen. Mir geht es immer so, bin immer die gleiche, sagte ihr Blick. Stehe für Kaiser und Reich, rief er zurück. Monatelang. Bis er eines Tages, vom Dienst heimkehrend, sie streifte, die in einem Haustor stand.

»Keinen Auflauf bilden, Fräulein«, sagte er witzig, lächelte sie an. Sie senkte den Blick vor ihm. Meinte er, Samtenes schlage Flügel, und verwirrte sich bedeutend.

Ein andermal, da er an einem Urlaubstag gegen Abend spazierte, traf er sie, ging ihr nach. Sie trat in einen Flur, sah nicht um. Er folgte, stieg Treppen hinter ihr hoch, schlüpfte in einen Flur, den sie aufschloß, und im Dunkeln standen sie sich, ohne daß ein Wort fiel, gegenüber. Nur Atem blies, Auge glühte sich an. Berührung wurde nicht gewagt. Schließlich lehnte sie, Halt suchend, gegen die Wand; er, schräg an sie gebeugt, schlang in alle Öffnungen ihres Leibes Hauch. Beide wankten. Sie fiel zuerst. In schmerzlich süßer Lähmung blieb ein Knie erhoben, reckte den Schoß auf. Stürzender Felsblock senkte er sich ein.

Auch später war kein Wort gefallen; da er losgebunden von ihr schwand, blieb sie am Boden hingenagelt. Geschlossenen Auges lächelte sie; ihr Atem ging, feine Musik, aus ihr, in rhythmischen Abständen zitterte der Leib.

Acht Tage später wieder frei, begab er sich im Schutz der Dämmerung zu ihr. Da er an die Tür klopfte, öffnete sie, zog ihn in ein erleuchtetes Zimmer, in dessen Mitte, dem Klavier gegenüber, ein gedeckter Tisch stand. Busekow hörte des Wasserkessels Summen, roch eines Kuchens Duft, sah in weißen und gelben Farben Blumen gebunden.

Sie blieb aufrecht vor ihm, legte einen Arm um seinen Hals, strich ihm mit der anderen Hand Haar aus der Stirn. Dabei hing ihr Blick in seinem. Ein Wort wollte er sagen, vermochte nichts; lächelte sie und bewegte verneinend den Kopf. Plötzlich lief der Kessel über. Sie ließ den Mann, war mit zwei Schritten am Tisch, hob das kupferne Gefäß, schwang es gegen die Kanne, ließ heißes Wasser in sie stürzen. Verharrend folgte er der Bewegung. Wie sie goß, zuteilte, zurechtstrich, winkte. Da setzte er sich zu ihr ins Sofa.

Überstürzte Frage und Antwort schwirrte. Alles Wie und Was ihres heutigen Lebens saugten sie in sich hinein, verständigten sich stürmisch über Gelände und Grenzen ihres Glücks. Und als nirgends der Abgrund auftauchte, der augenblickliches Halt rief, war mit ihnen ein einziges Glück. Sie hatte beide Arme erhoben, saß mit aufgerissenen Augen stumm wie eine Schreiende. Er hieb die geballte Faust in den Tisch.

Da später Dunkelheit, des Bettes Decke auf ihnen ruhte, nahm sie seine Hände, faltete sie ihm auf die Brust, hauchte an sein Ohr: »Vater unser, der Du bist im Himmel!« und murmelte weiter. Er aber erschrak und schämte sich, weil heute und sonst Gebet ihm fremd war. Doch bewegte er Lippen, stellte sich, als folgte er in jeder Silbe. Trotz seiner Lüge wurde des Gebetes Sinn in ihm erfüllt, denn Ruhe war an die Stelle brennenden Verlangens getreten, als er seinen Arm sacht um sie legte, Glied an Glied fügte, reiner Atem aus seinem Mund auf sie wehte. Sie hielten sich schwebend, aus Erz gegossen. Noch spürte jeder den eigenen Umriß, die verhaltene fremde Person.

Da rief sie »Christof«, und zugleich sah er ihres Auges Blau sich verschleiern und schwinden; rund quoll Weißes über den ganzen Ball. Und zum andernmal erschrak er vor ihr, wußte nicht, wie sich in Einklang mit ihr bringen. Bebend stieg er in sein Innerstes, brachte Konfirmationstag, seiner Mutter Sterbestunde herauf. Doch auch so versehen, holte er die Seele der vor ihm Ausgebreiteten nicht ein, seine Anker griffen nicht in Mutterland der Hingegebenen.

Doch schmolz viel harte Schale an ihm. Schon wurde mancher Zelle Kern erweckt, goß sich in den Kreislauf der Säfte. Und jede Welle Leben, die er in sie schickte, kam, brausende Sturmflut, die Schutt und Asche fortriß, in sein Blut zurück, bis sie, an des Lebens Nerve donnernd, den Mund zu hellem Ruf aufspreizte. Da, während er an des Bettes andere Wand zurückwich, verklärte himmlischer Schein des Weibes Gesicht.

Er erfuhr von Gesine, Vater und Mutter habe sie früh verloren, Ernährerin jüngerer Geschwister sein müssen. Emsig verglichen sie ihr Kinderleben, freuten sich, dieselben Spiele gespielt zu haben, und als beide ihre Vorliebe für gleiche Speisen in jener Zeit entdeckten, waren sie noch glücklicher. An diesem Tag blieben sie närrisch ihrer Jugend hingegeben. Eltern, Brüder, Schwestern lernten sie kennen, Haus, Hof, Knecht und Vieh. Vom Getreide sprachen sie, von Saat und Frucht; wie Dung am besten in die Scholle gebracht würde, und was es der Freuden und Verlegenheiten bäurischen Volkes mehr gibt. Erst als sie auf ihren Glauben zu sprechen kamen, Gesine ihre katholische Religion bekannte, ergriff beide Scheu voreinander, Fremdes stieg zwischen ihnen auf. Der märkische Protestant brachte aus der Kindheit so feindseligen Begriff für diese Lehre, die er nicht kannte, mit, sie war ihm als ein so Götzendienerisches, deutschem Wesen Fremdes hingestellt worden, daß er die junge Frau mit der Neugier, die man an ein wildes Tier wendet, besah. In diesen Augenblicken war von dem fanatischen Haß seiner Mutter gegen andersgläubige Christen in ihm, seiner Mutter, die vor des Nachbarn katholischer Magd ausgespuckt, behauptet hatte, die verhexte dem Armen Familie und Gesinde.

Als Gesine nach ihm griff, wich er beiseite, trat ins Zimmer, schickte sich eilig zum Gehen. Und da ihr Antlitz mit weißen Augäpfeln wieder vor ihm erschien, manches Seltsame, das er nicht hatte deuten können, brachte er's mit ihrem verdächtigten Bekenntnis in Zusammenhang, entfloh mehr, als daß er ging.

Doch war ihres Leibes Eindruck schon zu bedeutend gewesen; von Stund an, wo er stand und ging, verließ ihn ihrer Liebkosung Glück nicht mehr.

Den nächsten Urlaubstag verlebte er mit seiner Frau. Schuldbewußtsein hielt ihn an ihrer Seite. Doch vergrößerte er es, kam ihm bei keiner ihrer Bewegungen die entsprechende seiner Geliebten aus dem Sinn. Da er sich abends legte, sie, sich entkleidend, ein Päckchen Wolle aus dem Haarknoten hervorzog und auf den Tisch legte, war Mitleid, das ihn um sie bewegt hatte, hin; er lächelte spöttisch. Ihr Körper, den er beim Schein der Lampe durchs Hemdtuch umrissen sah, erregte Lachlust in ihm. Wie sie mit mageren, nach innen gekrümmten Beinen von einer Tür zur anderen trat, er keine gefällige Linie an ihrem Leib sah, schlug stürmische Scham über sie ihm in die Stirn. Zum erstenmal stand Trotz in ihm auf, aus ihrer Dürftigkeit gewann er große Rechtfertigung für sich. So blieb ihr heute schon wiederholter Vorwurf, die Kameraden im Revier sprächen von einer Zunahme seiner Kurzsichtigkeit, sie aber glaube nur an gesteigerte Teilnahmslosigkeit und Faulheit, so gut wie ungehört. Im Gegenteil trat er am anderen Morgen wuchtiger als sonst beim Barbier ein, hatte unter der Serviette das Gefühl gesteigerter Bedeutung, empfand sein Bild, wie es im Sonnenglanz im Rock von Blau und Silber prangen würde, als körperliche Wohltat. Und wer ihn an dem Tag auf Posten sah, nahm das Gefühl mit, in dem Mann geht Veränderung vor sich. Unablässig trat er auf seiner Insel hin und her, ließ es nicht beim Ins-Auge-Fassen Vorübergehender, doch bewegte sich hilfebringend auf eine geängstigte Frau, ein verwirrtes Kind zu. Hob auch Stimme zum Kommandoton, schob die eingesunkene Brust in die Luft, rührte unablässig weisend, richtend beide Arme. Kurz, war ein froh zugreifender Schutzmann, gab dem Leben an dieser Stelle der Erde ein munter Bewegtes. Wäre es angegangen, hätte er für einen Bettler, der vorbeischlich, in die Tasche gegriffen. So mußte er sich begnügen, für den Hinkenden den gesamten Fahrverkehr zum Stehen zu bringen, ihm einen Übergang über den Straßendamm zu schaffen, wie ihn sonst nur höchste Personen genossen. Der Bettler grinste, winkte mit der Hand einen Gruß, Busekow lachte fröhlich auf. Als Gesine erschien, erhielt seine Haltung Heldisches. Er flog, wippte auf Draht, schlug mit der Linken mächtigen Bogen gegen nahendes Gefährt, der Platz hallte von seiner Stimme. Vor einem passierenden General riß er Hände stramm an die Hosennaht, rührte den Kopf so jugendlich auf, daß die Exzellenz wohlwollend nickte. Von ihr fort sandte er Gesine einen strahlenden Blick, der ihr kündete: Du mein geliebtes, angebetetes Leben!

Er kam wieder zu ihr, und von Mal zu Mal wurden sie mehr eins. Mit gelassenem Behagen gaben sich die Körper dem Gefallen aneinander hin, als sei ihnen gegenseitiges Begehren für alle Zukunft gewiß. Mit immer frischem Appetit setzten sie sich an den Tisch ihrer Sehnsucht, aßen, standen erst leicht gesättigt, das Herz von Dank für den Schöpfer gefüllt, auf. Auch in Gesprächen vermieden sie Grenzen des ihnen Faßbaren, gaben sich nur über tägliches Leben Rechenschaft. Insbesondere drang Gesine in das Wesen seines Dienstes ein. Bald war ihr Reglement und Praxis vertraut, sie erörterten manche Möglichkeiten an Hand eines älteren Rapportbuches, in das er Vorfälle und Schuldige aufgezeichnet, das er ihr zum Geschenk gemacht hatte. Mit scharfem Instinkt griff sie menschlich packende Dinge aus ihm heraus, führte sie, Herz und Überlegung an sie gegeben, aus dem Bereich des Zufälligen zum symbolisch Gültigen auf; füllte ihn mit der Überzeugung, er stehe an seinem Platz mit tausend Fäden ins innerste Menschentum verflochten, gab ihm von seines Amtes Wichtigkeit bedeutendes Bewußtsein. Darüber hinaus suchte sie ihn auf jede Weise von seiner besonderen Eignung für seine Stellung zu überzeugen. Wie ihre Schwestern auf der Straße niemandem Achtung wie ihm zollten, die Kameraden seiner Laufbahn gewiß seien. So daß er, erhoben, süß geschwellt, Säbel und Revolver mitzubringen, sämtliche Griffe und Manöver an ihnen zu zeigen, gelobte.

Er hielt das Versprechen. Unter dem Mantel brachte er beides, und da sie vom Sofa aus zusah, übte er mit so machtvollen Tritten und Ausfällen vor ihr, daß des Zimmers Boden dröhnte, Gläser klirrten, die Gardine flatterte. Ihr aber war der Blick verklärt, und als er mit glänzender Säbelparade zwei Angreifer in die Schrankecke geschlagen hatte, flog sie ihm hingegeben an den Hals. Da hatte Busekow zum erstenmal im Leben das Gefühl seiner Notwendigkeit zur Evidenz.

Das Bewußtsein äußerte sich im Dienst. Mit Sicherheit der Ereignisse Gang voraussehend, griff er auf der Straße in des Geschehens Speichen. Im Revierdienst begann er sachkundig Vorschläge zu machen. Zu wichtiger Frage gab er so einleuchtenden Rat, daß der Polizeileutnant »Dieser Busekow – fabelhaft!« rief.

Und man begann, ihn mit wichtigen Posten zu betrauen. Bei Fürstenbesuchen gehörte er zur Bahnhofsmannschaft. So sah er manch außerordentliche Szene, sein Leben wurde durch Anschauung reicher, er überlegen. Sie hörte, das von ihm Mitgeteilte sinngemäß in sein Dasein zu ordnen, nicht auf.

An Kaisers Geburtstag hatte einer für den anderen wichtige Mitteilung. Er war zum Wachtmeister ernannt. An sein Ohr sinkend, gestand sie Mutterschaft.

Von Erspartem lebend, war sie seit Wochen ihrem Beruf fremd. Da die Überraschungen an den Tag waren, faßten sie sich bei Händen, ließen Glück des Einverständnisses in Blicken sprechen. Dann, über gemeinsam Erlebtes hinausgehend, griff er in ihr Persönliches, forschte nach ihrer Innerlichkeit. Welche Hoffnungen, Entwürfe sie für das Zukünftige bewegten, ob sie es nur mit ihm oder Höherem verknüpft glaubte, wie das Göttliche ihr vorschwebte; kurz, Fragen stellte er, die sie, die Frau, einst angerührt, und da sie seiner Seele Zustand erkannte, schnell verlassen hatte.

Sie aber fröstelnd, leicht erhitzt, bebte in Gliedern über seine Fieber und schwieg. Tiefer drückten sich seine Finger in ihr Fleisch, dringender wurde seine Rede, leichter Schaum erschien auf Lippen. Doch während rote Sonnen in ihrer Stirnhöhle drehten, kam kein Laut Antwort von ihr. Sie ließ ihn sich erschöpfen, diesen Abend ohne Aufschluß gehen.

Nun klopfte ihm auf dem Heimweg stürmisch das Herz vor dem Wiedersehn mit seiner Frau. Da seine Manneskraft durch Gesines Eröffnung bewiesen stand, wurde dieses Weibes Hauptbuchseite ihm gegenüber zu einem Blatt der Schuld. Gelogen ihres Daseins Überlegenheit, ins Gegenteil verkehrt. Eine Handvoll Sand war sie; kein Gott machte sie trächtig; er aber, wohin er seinen Finger legte, mußte schaffend sich beweisen.

Prachtvoll großer Haß blies in dem Mann, ließ ihn ein schreitendes Denkmal sein. Wäre sie ihm gegenüber gewesen, wie Föhn hätte Hauch von ihm ihre Eingeweide bloßgefegt, seine zarteste Handlung sie zertrümmert.

Doch starb Erbitterung an ihrer eigenen Kraft und Überzeugung. Da nicht der geringste Einwand gegenüberstand, von seiten des Weibes kein Aber zu denken blieb, war Elisa aus Wirklichkeit, in der sie bis heute durch Kraft eines zu Unrecht vorgetäuschten Zornes gelebt hatte, gelöscht, nur noch Erinnerung von ihr begann zu leben. Je näher

Busekow seinem Haus kam, wurden Gefühle der in ihm Hingeschiedenen gegenüber, wie für Tote überhaupt, weicher, und als er das Amen über ihr Leben sprach, erschien ihr Bild, wie sie im Hochzeitskleid, eine Rose auf der Brust, einmal jung in seinen Arm gekommen war, freundliche Erinnerung heischend vor ihm.

Er hob die Hand, winkte einen Abschiedsgruß. Trat bei sich ein, entkleidete sich halbgeschlossenen Auges, legte sich zu ihr, nahm ihrem in ihm vollendeten Abscheiden zu Ehren im Bett die gewohnte Rückenlage ein.

Sie aber empfand, in diesem Mann habe höhere Einsicht gegen sie entschieden, zog unter der Decke das Knie an die Brust und fürchtete sich sehr.

Und ob sie ihrer Schuld klares Bewußtsein verabscheute, mußte sie ihm in dieser Nacht schon in die Augen sehen, wie es kündete, was sie oft aus sich selbst empfunden hatte: In allem Wesentlichen, von Gott Gegebenen und Hinzuerrungenen ihm hintangestellt, wagtest du frecher Stirn eure Ansprüche aneinander derart zu fälschen, daß du betrügerischer Untreue aus seinen Mitteln zu deinen Gunsten schöpftest und es darzustellen wußtest, als bliebe er dir schuldig. Und in Zukunft ward ihr bewußt, wie ihr Verbrechen an ihm größer war, als daß es auf dieser Erde noch getilgt werden konnte.

Immerhin kann dies zu ihrer Entlastung berichtet werden, entschlossen zog sie jede Folge aus der Erkenntnis. Demütigte, unterwarf sich, hörte auf seinen Atemzug als einzigen Laut in der Welt; lag seinem Antlitz in bewundernder, gerührter Unterwürfigkeit nächtens zugewandt. Seine gekrallten Hände aus Bettritzen hochzuziehen, wagte sie ehrfürchtig nicht. Seufzer, Geständnisse, Versprechen, scheue Küsse hauchte sie gegen ihn, doch blieb ihm alles, Leid und Geste, verborgen.

Für ihn – und es kam die Nacht, in der es Elisa begriff war sie nur Kunde von sich selbst. Andenken, Leichenstein.

Gesine empfand alsbald, nun sei ihr mit Christof das letzte Heil gekommen. Da er wieder zu ihr trat, war menschlich Befangenes aus seiner Gebärde geschwunden, Gegenstände und sie griff er mit großer Machtvollkommenheit, wußte aus befreiter Natur Allerselbständigstes. Die Stimme fand aus Ecken größeren Widerhall, ihr schlug jedes Wort von ihm durchs Trommelfell an die Herzwand. Da zögerte sie nicht länger, legte sich frei. Entschleierte ihr Gewissen, ließ seinen Blick in innere Kanäle. Er las berauschte Frömmigkeit. Vom Schöpfungstag angefangen lag Gott mit allen Wundern in dieses Weibes Leib. Zu Bildern, die aus ihr strahlten, begannen die Lippen herrliche Gleichnisse zu stammeln. Alle Texte der Schrift hatte sie aufgefangen, mit Blut genährt, lebendig erhalten. Es stiegen Adam und Abraham aus ihr zu ergreifendem Licht. Als sie von Saul und David zu sprechen begann, begriff sie, von Gnade beweht, die männlichste Tragik, und da ihre Stimme pathetisch heulte, trieb es sie beide von der Matratze hoch. Auf Knien zum Fenster gewandt, parallel beieinander hochgerichtet, tranken sie jedes schallende Wort. Ihr waren die Brüste aufgestanden, auf seinen Schenkeln spreizte sich jedes Haar, Brille fiel ihm vom Ohr, hing quer über das lefzende Maul.

Nasse Wärme quoll aus den Körpern, eng hämmerten Atome aneinander, Glieder waren geballt. Gesines Scheitel schien feucht und hell beleuchtet.

Schon hub Christof mit Rede in ihre hinein. Glühende Stahltropfen fielen Silben auf ihre Satzenden. Gebell blieb es mehr, als daß Verständnis zustand kam; doch half es ihr zu voller Ekstase. Rasend schrie das Weib die biblischen Namen, befeuerte so des Geliebten Hingabe, daß ihre Glaubensmacht die Wände der Beschränkung brach, den letzten Sinn alles Geschriebenen bloßlegte.

Wie in starker Musik, im Spiel vermischter Themen der musikalische Leitgedanke nicht verlorengeht, übertönte Davids Name in ihrer Darstellung alle Harmonien des Alten Testaments. Und es gelang Gesine, das Vermächtnis hingegangener Judengenerationen in aufstehender Gestalt als Jesus in Marias Schoß zu pflanzen, daß Christof, von Davids heldischem Reiz befangen, ihr willig in den Kult folgte, den sie um den fleischlichen Leib der Mutter als Erhalterin und Wiedergebärerin erlauchten messianischen Samens exekutierte.

Ihre aufgesperrten Finger hatten sich verflochten. Schädel, Knochen an Knochen sanken gleiches Gebein in die Kissengrube.

In jenen Augenblicken, da sie Marias Begegnung mit Elisabeth erzählte, bei dem Satz: Und es begab sich, als Elisabeth Marias Gruß hörte, hüpfte das Kind in ihrem Leib! - als unter ihnen das Lager rollte, Sausen in Lüften war - brach sie die geflüsterte Rede ab, zog des Mannes Finger auf ihren Bauch, und beide fühlten, siehe - es hüpfte das Kind in ihrem Leib!

Und Blicke flogen auf über das rhythmische Spiel der Glieder, von Himmeln mit Stolz sich anstrahlend, beteuerte jedes und stellte fest das hocheigene Teil, sich selbst zu diesem Wunder. Dann warf es sie Rippe zu Rippe.

Moses, David, Jesus und alle Helden des Buches war Christof in dieser Nacht. Es strömte heroische Männlichkeit von Jahrtausenden aus ihm. Sie nahm hin und schmeichelte ihm hold, daß keine Kraft aus seinen Lenden wich, er hochgemut bis zum Morgen blieb, als sie in leichten Schlummer verzaubert sank. Da riß er sich von ihr, reckte die Brust in den Tag, fand sich ans Klavier. Hingezogen von Gefühlen, suchend, hochreißend aus Erinnerung, drückte er mit einem Finger in die Tasten: Heil dir im Siegerkranz! Und mit Stimme folgend, mächtiger anschwellend, variierte er über beiden Pedalen vom Baß bis in höchsten Diskant – da klang es ihm selig.

Heil dir im Siegerkranz!
Fühl in des Thrones Glanz
Die hohe Wonne ganz,
Heil, Kaiser, dir.

Gesine spürte im Schlaf: So ist's recht, Christof. Wohl, recht – wohl.

Am Abend dieses Tages, man schrieb den fünfzehnten Februar, leitete Busekow vor dem königlichen Theater der Wagen Auffahrt. Aus seinem Glück war er nicht erwacht. Durch Netz von Klang- und Taktreizen, das aus letzter Nacht noch um ihn hing, drang Gegenwart nicht in sein Bewußtsein. Es schüttelte ihn eine liebliche Erinnerung um die andere; auf Fersen hob er sich, seines Körpers Ausmaß zu längern, stammelte vor sich hin. Dann, als Rufen in der Menge scholl, hob Begeisterung ihn zu Wolken. Er weitete, füllte sich, schwebte auf; wollte rechts und links mit sich nehmen, mußte aus einem Jauchzen heraus, das ihn mit Entzücken aufspannte, stürmisch vorwärtsschießen. Man sah, wie er die Arme mit herrlicher Gebärde gen Osten reckte, hörte aus seinem Mund einen siegreichen Schrei – und hob ihn unter dem Automobil herauf, das anfahrend ihn schnell getötet hatte.

Napoleon

1915

Napoleon wurde 1820 zu Waterloo im Eckhaus, an dem sich die Steinwege nach Nivelles und Genappes trennen, geboren. Sein Kinderleben verließ historischen Boden nicht.

Über die durch Hohlwege gekreuzten Flächen, auf denen des Kaisers Kürassiere in Knäueln zu Tod gestürzt waren, gingen seine Soldatenspiele mit Gleichalterigen. Sie lehrten ihn ewige Gefahr, Wunden und Sieg.

Zwölf Jahre alt, nahm er von Kameraden beherrschten Abschied, sprang zum Vater in die Kalesche, fuhr nach Brüssel hinüber, wo er vor ein Gasthaus abgesetzt wurde. In der Küche des Lion d'or lernte er Schaum schlagen, Fett spritzen, schneiden und schälen. Gewohnter Überwinder der Kameraden auf weltberühmter Walstatt, ließ er auch hier die Mitlernenden hinter sich, war der erste, der die Geflügelpastete nicht nur zu des Chefs Zufriedenheit bereitete, auch nach Gesetzen zerlegte.

Er selbst blieb von allen Speisenden der einzige, den der Vol-au-vent nicht befriedigte; doch nahm er Lob und ehrenvolles Zeugnis hin, machte sich, siebzehnjährig, auf den Weg, betrat an einem Maienmorgen 1837 durch das Sankt-Martins-Tor Paris.

Als er auf einer Bank am Flußufer die strahlende Stadt und ihre Bewegung übersah, wurde ihm, was er in Brüssel geahnt hatte, zur Gewißheit: Nie würde er aus den allem Verkehr fernliegenden Küchenräumen die enge Berührung mit Menschen, die sein Trieb verlangte, finden. Tage hindurch, solange die ersparte Summe das Nichtstun litt, folgte er Kellnern in Wirtschaften gespannten Blickes mit inniger Anteilnahme; verschlang ihre und der Essenden Reden, Lachen, Gesten. An einem hellen Mittag, da eine Dame Trauben vom Teller hob, den ihr der Kellner bot, trat er in die Taverne auf den Wirt zu, empfahl sich durch Gebärden, flinken Blick als Speisenträger.

Nun brachte er Mittag- und Abendmahl für alle Welt herbei. Von beiden Geschlechtern kam jedes Alter, jeder Beruf zu seinen Schüsseln, sättigte sich. Unermüdlich schleppte er auf Tische, fing hungrige Blicke auf, satte, räumte er ab. Nachts träumte er malmende Kiefer, schlürfende Zungen, ging anderen Morgens von neuem im Bewußtsein seiner Notwendigkeit ans Tagwerk.

Allmählich sah er Unterschiede des Essens von schmatzenden Lippen ab, kannte den gierigen, weitgeöffneten Rachen des Studenten, durch den Bissen in ein nie gestopftes Loch fielen, unterschied den Vertilger eines nicht heißhungrig ersehnten, doch regelmäßig gewohnten Mahles von jenem Überernährten, der sich ungern zum Tisch niederließ, gelangweilt Leckerbissen kostete und zurückschob. Prägte die kauende, trinkende Menschheit in allen Abstufungen sich fest und bildhaft ein.

Durch Kennerschaft wurde er ihr Berater und Führer; wies Hungrigen feste Nahrung, bediente die Satten mit Schaum und Gekröse; von ihm zu allen Tischen lief ein Band des Verständnisses. Hob der Gast die Karte, fiel von Napoleons Lippen der gewünschten Speise Name.

Jahrelang blieben die seine Lieblinge, deren leibliche Not die Kost stillen sollte. Ein saftiges Stück Fleisch, von kräftigen Zähnen gebissen, schien ihm die gelungenste Vorstellung. Doch machte er Unterschiede zwischen Sorten. Ließ er Kalb und Lamm im Hinblick auf ihre festere Zusammensetzung gelten, war ihm Wild, Geflügel wenig sympathisch. Von Fischen, Austern und Verwandtem hielt er der lockeren Struktur wegen nicht das geringste. Inbegriff guter Nahrung war ihm das Rind. Unwillkürlich sah er die Begegneten beim Hin- und Heimweg auf ihre Muskulatur hin an. Die schienen ihm wohlbereitet, die über straffem Knochenbau gedrängte Materie trugen. Magere verachtete er, die mit losem Fett Gepolsterten waren ihm verhaßt. Einem gut aufgesetzten Körper folgten seine Blicke zärtlich, zerlegten ihn in gigots, selle, côtes und Kotelettes. In der Einbildung streute er Pfeffer und Salz hinzu, garnierte, schnitt, servierte das Ganze mit passendem Salat; dann lächelte das junge Gesicht, hingerissen ahnte er nicht, in welcher Zeit er lebte; unterschied Sommer, Winter, Trockenheit, Regen, Überfluß und Notdurft nicht, wußte nur: dies freut den Gast!

Immer hitziger wurde sein Trieb, dem zu Bedienenden sättigende Kost zu bieten. Gewürz und Zutat sah er nur in dem Sinn, wie sie die bestellte Speise fest und ausdauernd machten. In seine Vorstellung bildete sich des leeren Magens Raum, in der er Nahrung aus Beton baute.

Ging der Gesättigte, der schlappen Schrittes gekommen war, wuchtig zur Tür hinaus, hing Napoleons Blick, als sei dessen Lebendigkeit sein Werk, an dem Schreitenden. Er brauchte, vor sich bestehen zu können, das Bewußtsein schöpferischer Tat, steigerte es zur Überzeugung, ohne ihn und seine Pflege sei der Betroffenen Lebensarbeit unmöglich. Die festzustellen, merkte er der Gäste Namen; nahm an ihrem Vorwärtskommen teil.

Es geschah, als er am freien Tag durch Wege der Versailler Parks schritt, in der Einbildung, er habe gerade eine riesige Wurst mit Höchstwerten menschlicher Nährstoffe gestopft und schnitte den Wartenden Scheiben herunter, daß aufschauend sein Auge zu einem jungen Weib fiel, das ein Kind am entblößten Busen hängen harte. Gebannt blieb Napoleon stehen, prägte sich das Bild rosiger, geblähter Rundheiten an der Frau und dem Säugling in aufgetane Sinne. War das eine Apotheose seiner Träume von kraftvoller Nahrung und ihrem besten Verbrauch! An die Nährende hätte er niederfallen, durch Umschlingung ihres und des Kindes Leibes am erhabenen Vorgang teilnehmen mögen.

Das Bild verließ ihn nicht, veranlaßte ihn, flüssigen Stoffen gesteigerte Aufmerksamkeit zu schenken; dann hob es den Wert der Frau, der bis heute ihrer geringen Lust zum Essen wegen für seine Welt nicht groß gewesen war, sich jetzt aber gut ins große Bild tafelnder Menschheit einordnete. Zum erstenmal besah er das Mädchen an der Anrichte, dem er bisher nur den kräftigen Gliederbau bestätigt hatte, immer eindringlicher, als prüfte er es auf gewisse ihm einleuchtende Möglichkeiten. Er fand, sie nähme zuviel leichtes Zeug als Nahrung, belade sich mit Geblasenem und Aufgerolltem, das im Magen zu einem Nichts zusammenfiele, warnte vor Klebrigkeit und Süßem, forderte sie eines Tages geradezu auf, mit ihm ein Mahl zu nehmen, das bis ins kleinste von ihm zusammengestellt, in seinem Wert für sie erörtert werden sollte. Das Mädchen nahm des Mannes Kauderwelsch für Umschweif, willigte ein, und an einem der nächsten Tage gingen sie ein Stück über Land, traten in einen Gasthof ab.

Dort verschwand Napoleon und erklärte zurückkommend der schmollenden Suzanne, er habe bis ins kleinste in der Küche vorgesorgt. Mit einem Ragout von Hammel in Burgunderweinsoße beginne man, gehe, falsche Vorspiegelungen verschmähend, geradezu auf ein wundervolles, halbblutiges Rindlendenstück, an das er englische Gurken und Zwiebeln habe braten lassen, zu.

Als das Essen aufgetragen war, wies er sie, Bissen langsam zu kauen, ohne Zukost von Brot zu schlucken, ruhte nicht, bis das letzte Stück auf der Schüssel vertilgt war, befahl ihr und sich ein Gläschen Schnaps zu besserem Bekommen an.

Da sie nach Tisch im Grase lagen, breitete er Arme und Beine aus, riet ihr, Gleiches zu tun. Ein schmächtiger Bursche sei er gewesen, seine Gewebe nur durch vernünftige Nahrung, angemessene Verdauung fest und kräftig geworden. Dabei ließ er Muskeln der Arme und Waden durch Beugung zu kleinen Bällen schwellen, worauf sie, in der Eitelkeit gepackt, auch die Glieder spielen ließ, ihn zur Prüfung der festen Beschaffenheit einlud. Doch bestritt er alles von vornherein, meinte, bei ihrer bisherigen Ernährung sei es nicht möglich, forderte sie, in Zukunft nach seinen Vorschriften zu leben, auf. Dann werde, was nicht dasei, kommen.

Er gefiel ihr. Der nüchterne Sinn machte Eindruck auf sie, sie bemühte sich, seine Erwartung zu erfüllen. Beim nächsten Ausflug blieb sie plötzlich stehen, bäumte den Arm, ließ seine Hände die Anschwellung fühlen. Doch kam durch Wochen nur ein Schnalzen von ihm, das ihr, sie sei auf rechtem Weg, bedeutete. Bis sie eines Tages beim Versuch, ein gelöstes Schuhband zu knüpfen, ihm ein so mächtiges Rückenstück entgegenhob, daß runde Anerkennung seinen Lippen entfuhr. Gleich lag sie an seiner Brust; bot ihm den Mund zum Kuß.

Der Besitzer der Taverne starb, und Napoleon wurde des Speisehauses Inhaber. Er konnte schalten, wie er wollte, entfernte alle Spielereien von der Karte. Die gleichbleibende Kundschaft, er selbst und Suzanne waren gewichtige Personen, die eine Rede deutlich in den Mund nahmen, geworden. Es gab kein Getuschel in seinen Räumen, doch dröhnendes Lachen zu schallenden Worten. Forsches Zugreifen und Fortstellen. Überzeugte Meinungen, Entschlüsse für kühne Tat.

Napoleons Vaterunser und Einmaleins hieß: in allen Molekülen drängende Kraft. Von Suzannes Kind, das sie von ihm unter dem Herzen trug, rechnete er, es müßte nach Menschenermessen ein Herkules werden.

Des Hauses Ruf hatte sich verbreitet. Einer rühmte es dem andern, brachte ihn zu einem Versuch mit. Schließlich reichte der Raum, die Gäste zu fassen, nicht. Einen frei werdenden Stuhl besetzte gleich ein anderer Hungriger. Große Tagesumsätze wurden erzielt, immer bedeutendere. Verglich aber der Wirt zum Jahresabschluß Einnahme und Ausgabe, kam kaum ein Guthaben zu seinen Gunsten heraus. Anfangs, bevor er das Ziel seines großen Rufes erreicht hatte, ließ er es gehen; als der in Paris feststand, begann die schlechte Abrechnung ihn zu wurmen. Er war dreißig Jahr alt, hatte große Pläne, und schien Reichtum nicht seine letzte Absicht, mußte er mit dem übrigen kommen. Nochmals nahm er die Bücher gründlich vor und stellte fest, der geforderte Preis war in Anbetracht der hervorragenden Beschaffenheit und Menge der gereichten Speisen zu niedrig. Da ihm aber einleuchtete, er könnte der Konkurrenz wegen keinen Preisaufschlag eintreten lassen, sah er sich vor der Entscheidung, alles beim alten zu lassen oder des Gebotenen Qualität zu verschlechtern. Treu seinen Grundsätzen entschloß er sich zu ersterem, stand aber den Essenden nicht mehr mit alter Unbefangenheit gegenüber. Bei jedem Filet, das der Kellner mit schönem Schwung zum Gast niedersetzte, stellte er den Vergleich zwischen Ware und erzieltem Preis an, kam dazu, daß eine Platte, je besser sie gelungen, je reichlicher sie serviert wurde, ihn um so mehr in qualvolle Erregung setzte. Besonders konnte er den Blick von einem Gast nicht wenden, der mit dem Gebotenen nicht zufrieden, Bedienung und Küchenbrigade durch anfeuernde Reden zu höchster Leistung gespornt hatte, wahre Fleischtrümmer, die er mit Mengen alles Erreichbaren würzte, vorgesetzt bekam. Dazu warf er Napoleon triumphierende, anerkennende Blicke zu, die diesen erbitterten, endlich zu heller Empörung brachten. Der Vielfraß war ein Kanzleibeamter, von dem besonderes Verdienst nie verlautet hatte, und der Herr des Gasthauses fragte sich, mit welchem Recht, für welches bedeutende Vorhaben der Betreffende solche Anforderungen für seinen Magen stellte. Man wisse zu welchem Zweck, schlänge ein Thiers, Balzac solche Mengen in seine Därme. Dieser Durchschnittsbürger aber schweife widerlich aus, garniere er den faulen Bauch täglich mit solchen Prachtfleischstücken. Überhaupt begann der Wirt des Veau à la mode, seine Stammgäste auf ihre Verdienste hin anzusehen, und stellte vor seinem Gewissen fest, keiner habe die Sorge, die man jahrelang an seine Ernährung gewandt hatte, durch Erfolge vergolten. So folgte er ihrem Schlingen mit scheeleren Blicken, und als seines Grolls Maß aufs höchste gestiegen war, brüllte er eines Tages dem Hauptkoch, der über ein Tournedos ein volles achtel Pfund Butter goß, zu, ob er von Gott verlassen sei, ihn durchaus ruinieren wollte.

Über alles das hatte er schlaflose Nächte, bis er sich zu fester Anschauung durchgerungen hatte: Die Mahlzeit hat ein Äquivalent der durch tägliche Arbeit verausgabten Kräfte zu sein. Und stellte den Blick seiner Kundschaft gegenüber auf Feststellung dieser Tatsache ein, fand, er könnte ruhigen Gewissens mit der Beschaffenheit, dem Maß der Portionen heruntergehen und leiste immer noch ein Mehr in den Magen der Speisenden. Auch Suzanne gegenüber, die ihm ein Mädchen geboren hatte und noch in derselben Stellung bei ihm war, nahm er diesen Standpunkt ein. Auf Grund seiner Erziehung war sie, ihren und ihres Kindes Körper mit ausgesuchter Eßware zu stopfen, gewöhnt. Jetzt wies er sie hin, Schande sei es, ungeheuren Nahrungsmengen, die sie genösse, ein so winziges Maß an Leistung gegenüberzustellen. Sie möge Leib und Geist mehr tummeln oder ihren Eßverbrauch einschränken.

Damit hatte der Prozeß kein Ende in ihm. War gegen Mitternacht das Geschäft vorbei, das Haus leer, blieb er am Herd, begann, schmorend und bratend, Versuche mit Surrogaten, die er den Speisen beimischte, zu machen, von Überzeugung geführt, er habe das Recht und die Pflicht, es den Verbrauchern gleichzutun, die auch an Stelle persönlichen Wertes für das Menschengeschlecht falsches Vorgeben, hohle Gesten und Phrasen gesetzt hatten.

Langsam begann er, seine theoretischen Erkenntnisse in die Praxis umzusetzen. Äußerlich blieb alles, Name, Anrichtung der Speisen, beim alten. Bedachte er aber, wie ein Stück Fleisch durch Klopfen und Lockern der Atome geschwollen, durch Beimischung scharfer Gewürze Kiefer und Gaumen jetzt mehr durch Beize reizte, schmunzelte er, trieb die entdeckte Kunst zu größerer Vollendung. Da hatte er am Schluß des Jahres zwar die Genugtuung außerordentlichen Überschusses, fühlte aber, ihn befriedigten die Grundsätze, nach denen er heute Wirt sei, weder in bezug auf die Beschaffenheit der Gäste noch hinsichtlich der Mittel, die er, ihre Erwartungen zu erfüllen, anwandte.

An einem Sonntagabend lief vor seinen Augen die Wendeltreppe zu Räumen im ersten Stock des Restaurants ein Persönchen empor, das mit Rockrüschen und Volants, ein Quirl über seiner Stirn hüpfte. Beine in weißseidenen Strümpfen nahmen zwei, drei Stufen auf einmal, bei jedem Satz federte der Körper hoch auf in Gelenken, dazu flogen Haare, Federn, Pelzwerk um den Kopf, empörtes Hundekläffen kam von ihrem vermummten Busen her. Mit einem Sprung schwang sie sich oben zu zwei Herren an den Tisch, rief klingenden Stimmchens: »Hunger!« Napoleon, der auf Zehen vor sie getreten war, durchfuhr's, hier sei seine ganze Speisekarte fehl am Ort, und während Röte sein Antlitz malte, schlug das Herz in hastiger, aussichtsloser Erregung Generalmarsch, was er diesem Püppchen bieten könnte.

Als Madame Valentine Forain stellte sie einer der Herren vor, und Napoleons Unruhe wuchs, als er hörte, er habe die berühmte Tänzerin, die Paris seit Wochen bezauberte, vor sich. »Stillen Sie meinen Hunger mit Luft«, sagte sie, »die den Leib nicht beschwert. Sie sehen aus, als verstehen Sie Ihre Kunst. Diesem süßen Ungeheuer«, sie wies auf das safranrote Hundeschnäuzchen, das aus Spalten ihrer Taille schnüffelte, »reichen Sie ein Schälchen zerkleinerte Kalbsmilch.«

Einen Augenblick blieb Napoleon auf dem Gang zur Küche im Dunkeln an einem Pfeiler stehen, als habe er einen Schlag an die Stirn bekommen, müßte sich zu neuem Leben sammeln. Gleich aber schoß die Stichflamme der Erkenntnis hoch, hier gelte es Zukunft, er spürte den aus Kämpfen der letzten Wochen gesammelten Willen zu gänzlich Neuem als Lichtmeer über sich fluten. An den Herd er glitt, schnitt, mischte, quirlte; hob es in kleinster Kasserolle nur eben ans Feuer, nahm's fort, als erster Wrasen stieg, und mit vier Sprüngen die ganze Treppe nehmend, servierte er das Schüsselchen in frühester Hitze: Taubenpüree mit frischen Champignons.

Sie kostete, murmelte, schluckte und schlug ein Paar kornblumenblaue Augen zu ihm auf. Er stürzte in die Küche zurück, setzte den Herd in heißere Glut, ließ über eine Handvoll Spargelspitzen, die er den jüngsten Sprossen abgeschnitten, Dampf, in dem er sie gar kochte, schlagen. Im letzten Augenblick gab er eine Schwitze von Sahne und Sellerie auf das Ganze. Als drittes, letztes Gericht bot er frische, geschälte Walnüsse mit Himbeeren à la crème. Dem Hündchen hatte er Trüffeln an die Kalbsmilch getan.

Nun stand er in der Nähe, sah, wie nach wenigen Bissen von jeder Platte die sanfte Röte auf ihrer Haut lag, der Körper sich tiefer in des Sofas Kissen drückte, ein Fauchen aus ihrem Mund, winzige Tropfen Feuchtigkeit aus den Augen kamen, ansagend, das zarte Leibchen ziehe Kraft aus dem Genossenen. Keiner der Herren sprach in diesen Augenblicken, da auf der Frau Antlitz andächtiges Lächeln lag, als sei es ausgemacht. Zitternden Zwerchfells lachte Napoleon, schütternden

Leibes in heller Seligkeit dazu, bis die Augäpfel in Tränen schwammen. Er war mit ihm eins, lobte Gott in der Höhe!

Die Begegnung wurde geänderten Lebens, neuer Ziele Anfang. Als er am gleichen Abend heimkehrend Suzannes kräftigen Leib in den Bettkissen fand, schnitt er der Schlafenden eine angewiderte Grimasse. Wütend deckte er ein freiliegendes Rundteil von ihr zu, schloß die Augen und träumte der Tänzerin behende Gestalt in Wolken Seide und Band. Vor seinem geistigen Blick prüfte er die schlanken Arme, schmale Hand, ihre zierliche Erscheinung und stellte fest, wie wenig fleischliche Person die Begnadete sei, wie geringer Kost sie zu künstlerischer Leistung, durch die sie eine Nation zum Entzücken hinriß, bedürfe. Für welche Tat sei der Leib neben ihm so aufgemästet, zu welchen Fortschritten brauchte er die täglichen mächtigen Rationen? Mit was für Gesindel habe er, Napoleon, sich bis über sein dreißigstes Jahr abgegeben, welchen steilen Weg zu lohnendem Ziel müßte er noch steigen! Er fühlte, keine Minute sei zu verlieren, alles Heil ruhe im Anschluß an die verehrte Gastin. So widmete er ihr vom zweiten Erscheinen sein Trachten und Vermögen. Dachte bis zu ihrem Kommen nichts, als was er ihr vorsetzen, wie er ihre Erwartungen übertreffen müßte. Lief vom Markt in Hallen und Krämereien; suchte, tüftelte Frischestes, Zartes, Rarstes heraus. Zur Vorstellung ihres winzigen Kernes in einer Hülle von Tüll und Tand dichtete er aus Schaum, Krusten, Farce und Soßen das assoziierende Speisengebild; schabte, preßte in Tücher, seihte, überquirlte ein dutzendmal, bis, eine Wolke, das Gekochte schwebend zum Teller sank. Dann sah er es entzückt zwischen zwei leuchtenden Zahnreihen auf schmaler Zunge zergehen.

Einst gönnte sie ihm ein Wort der Anerkennung. Ihm schien's ein Rauschen, hallte ihm lange im Ohr. Zum Schluß riet sie, das Stadtviertel des soliden Bürgers zu verlassen, jenseits des Flusses, mitten im Herzen des vornehmen Paris, ein Restaurant, das trotzdem jeder entbehrte, der an Küche und Keller höchste Anforderungen zu stellen gewillt sei, zu schaffen. Sie würde mit Freunden kommen; wollte seiner außerordentlichen Kunst Verkünderin sein.

So geschah's. Nachdem er in einer Seitenstraße bei der Oper das passende Lokal gefunden hatte, verkaufte er die alte Wirtschaft mit Nutzen, ließ die Wände der gemieteten Räume mit weißsilbernen Malereien, die zum reichen Silber, der Wäsche der Tischreihen stimmten, zieren.

Ein roter Teppich deckte den Boden. Kraft eines Schlagwortes, das auf und über die Boulevards flog, wußte Paris von der Existenz des Chapon fin, daß Kenner gewählten Bissens dort auf ihre Rechnung kämen. Vier Wochen nach Eröffnung ging die beste Welt, als habe sie nie einen anderen Ort des Stelldicheins gekannt, bei Napoleon ein und aus. Der Ruhm seiner Küche beruhte auf der leichten Platten Vorzüglichkeit. Man konnte ein Chateaubriand, Seile de chevreuil wie anderswo bekommen, doch wies der Maitre d'hôtel den Gast mit Augenzwinkern auf des Hauses Spezialität: Muschelgerichte, Ragouts, Pürees in Pfännchen; Überraschungen in winzigen Schälchen und Kasserollen. Der Gast folgte und war regelmäßig zufrieden.

Denn was der Herr des Hauses für die Tänzerin erdacht hatte, vervollkommnete, vermehrte er von Tag zu Tag. Schalentiere ließ er aus Krusten, Geflügel von Knochen brechen, nahm Gekröse vom Tier, von Gemüsen Spitzen. Frikassierte, mischte verblüffende Gegensätze, verband Widerstrebendes in Soßen von Sahne, kostbaren Eiersorten, Pilzen und duftenden Essenzen. Das letzte Geheimnis seines Erfolges aber war die »kurze Hitze«, in der die Speisen gar werden mußten. Oberster Grundsatz hieß: was zu lange Feuer gerochen, ist für den Ruch verdorben.

Nach wie vor blieb Valentine die erste, die jede neue Schöpfung kostete. Zwischen ihr und dem Patron webte schöne Vertraulichkeit, geboren aus Blicken dankbarer Anerkennung, mit denen die Essende Napoleon nach jeder von ihm selbst angerichteten Platte beschenkte. Allmählich lernten sich die Augen sonst auch suchen, nach dem lauten Scherzwort eines Gastes, unzarter Bemerkung von irgendwoher, bei jedem Vorkommnis. Fühlten, wie es in der Blicktiefe des anderen ein Geheimnisvolles gab, durch das das eigene Schauen an feinen Häckchen schmerzvoll süß harangiert wurde. Dazu fuhr die Frau freundschaftlicher Würde ihm Beobachtungen und Anregungen mitzuteilen fort, die sie aus sich selbst, von anderen zur Vervollkommnung des Betriebes nahm. Auch fragte sie ihn, legte er die kostbare Pelzhülle ihr um die Schultern, nach dem praktischen Erfolg, und er war glücklich, ihr von Mal zu Mal eine höhere Summe als erzielten Gewinn zuflüstern zu können.

Die Gefährtin seiner Lehrjahre und ihr Kind hatte er mit einer Summe abgefunden, aus seiner Nähe verbannt. Anfangs sah er sie noch hin und wieder, dann stand sie als Gleichnis der Hausmannskost und kleinbürgerlicher Umstände im Schrank seiner Erinnerungen.

Auf den Rat seiner Gönnerin widmete er der Zufriedenheit jener Frauen Aufmerksamkeit, die nach dem Theater in kostbaren Toiletten in Begleitung von Lebemännern aßen. Er merkte ein Besonderes, eine Laune der Betreffenden, spielte das nächste Mal vertraut freundschaftlich darauf an. Das Luxusgeschöpf sieht vom ernsten Mann sich ernst genommen, errötet vor Vergnügen, wird seine treue Kundin. Neben dieser Kategorie und ihrem Anhang stellte er sich Diplomaten und Staatsmännern zur Verfügung, indem er ihnen, kamen sie mit wichtigen Gesichtern von einer Sitzung, um zu einer Sitzung zu gehen, ein stilles Eckchen anwies, wo sie ungestört blieben; nicht duldete, daß sich ein Kellner näherte, sie für Augenblicke durch ausgesuchte Leckereien der Bürde ihrer Verantwortlichkeit enthob. Da er aber fühlte, im Umgang mit Spitzen politischer Abteilungen ging ihm aus Unkenntnis ihres Wirkens und Wollens die nötige Sicherheit ab, lud er sie in ein abgelegenes Zimmer, durch dessen Wand er ihre Gespräche von seinem Kontor hören, ihre Mienen beobachten konnte. Da lernte er, durch welche Spitzfindigkeiten und Umschweife aus Eifersucht und Ehrgeiz der Handelnden strittige Fragen zwischen politischen Parteien des Vaterlandes oder den verschiedenen Nationen, aus logischem Gelenk gerissen, zu Entscheidungen wurden, die Zwischenfälle, Krisen, ein Mißtrauensvotum für das Ministerium hervorriefen. Er sah Frankreichs Führern ihr Stirnrunzeln, das ironisch überlegene Lächeln, die knackende Handbewegung, die ein Ultimatum bedeutet, ab, hörte sich in die inner-, außerpolitischen Strömungen vollkommen hinein. Bald konnte er dem eintretenden Minister, Attaché oder Abgeordneten so treffende Anmerkung zur gerade wichtigen Affäre zuzuraunen wagen, daß der einen bedeutenden Eindruck von ihm bekam und weitergab. Doch auch des galanten und Geschäftslebens Kenntnis verschaffte sich Napoleon durch seine Horchspalte, sah er verliebten Paaren, feilschenden Geldleuten angespannter Aufmerksamkeit zu, bis sich die in Erregung aufgesperrten Kiefern krampften. Am erregendsten blieb es, verließ ein Teil des Paares für Augenblicke das Zimmer, und der Zurückbleibende, sich allein glaubend, verlor alle Haltung, wurde Mensch mit seinen Hoffnungen und Sorgen, zählte die Barschaft in der Brieftasche oder suchte durch Prüfung der zurückgebliebenen Kleidungsstücke des anderen auf dessen wirkliche Lebensumstände zu schließen. Kurz, der Wirt des Chapon fin wurde Kenner, der in der Menschheit Unbewußtsein hinabsah.

Binnen Jahresfrist lag ihm Paris zu Füßen. Er beherrschte es als gütiger Fürst durch Kenntnis seines Magens, lächelte, als man ihn zaghaft, vereinzelt, dann allgemein König Napoleon im Gegensatz zum Kaiser nannte. Rührung und Glück aber ergriff ihn, als Valentine das erstemal seine Hand drückte. Das war Beweis nicht nur geschäftlichen Erfolges, doch erreichten gesellschaftlichen Ansehens, da die Gefeierte einen unter ihr Stehenden nicht vor aller Welt so ausgezeichnet hätte. Nun wuchs er von Tag zu Tag mehr in eine überlegen menschliche Haltung hinein, die veranlaßte, daß auch der höchstgestellte Gast ihm die Hand gab, gutgelaunt auf die Schulter klopfte.

Für den Mann der Provinz wurde es bei der Rückkehr in die Heimat Glanzstück des Berichtes der in der Hauptstadt erlebten Abenteuer, konnte er nicht nur bemerken: Ich habe beim »König« gespeist, doch hinzusetzen: der mich auf die Schulter schlug und fragte: »Nun, Baron, wie wäre es mit einer Boule au jus tutu?«

Als er von einem fremdländischen Herrscher das erste Ritterkreuz erhalten hatte, dessen violette Rosette er am gleichen Abend im Knopfloch trug, forderte Valentine ihn auf, sie am nächsten Tag um fünf Uhr nachmittags aufzusuchen. Er erschien nach schlafloser Nacht, dem ruhelosesten Morgen, fand sie im Raum auf der Erde, wo sie mit dem Hund balgte. Sie sprang hoch, steckte das entfesselte Haar auf, saß ihm in niedrigem Sessel so nah gegenüber, daß er das vergötterte Antlitz vor sich hatte, es sich zum erstenmal andächtig einprägen konnte. Sie machte keine Bewegung, ließ ihn sich satt sehen. Dann gab sie die Hand, die er inbrünstig küßte. Sie selbst war einfacher Herkunft, ehrte Tüchtigkeit, die ihm seinen außerordentlichen Platz verschafft hatte. Umgehend mit Männern vornehmster Geburt, fesselte sie an ihn das Band gleicher Vergangenheit, bei ihm durfte sie Gefühle, die ihren Freunden fremd waren, voraussetzen. In die Erzählung der Mühsale auf steilem Weg zum Erfolg vertieften sie sich, sprachen mit kräftig eindeutigen Worten, genossen mit kicherndem Sich-lustig-Machen die Schadenfreude, die sie für die Welt, über die sie jeder auf seine Art herrschten, empfanden. Napoleon kramte seine kleinen Geheimnisse, Mittel vor ihr aus, mit denen er sich in der oberen Tausend Vertrauen geschlichen hatte; erzählte von seiner durchsichtigen Kontorwand. Sein Vertrauen erwidernd, gab sie ihm ihres Aufstieges Hauptdaten, nannte drei, vier Männer, denen sie als Frau und Künstlerin verpflichtet war, zeigte, vor ihm tanzend, durch welche choreographischen Einfälle sie die Menge bezwungen hatte. Schwebte, bog sich ohne Ziererei, und da sie im leichten Hausrock war, wurde er durch Zufälle im Rock- und Kleiderfall entzückt. Zum Schluß, einen Csárdás hinreißenden Rhythmusses stampfend, kam sie aus des Zimmers entfernter Ecke auf Zehen gegen ihn, das Bein bei jeder Taktsenkung wie einen bohrenden Pfeil gegen sein Antlitz streckend.

Bei seinem zweiten Besuch wurde sie mit reizender Natürlichkeit seine Geliebte. Diese Frau, die Männern das Bild eines buntschimmernden Vogels von phantastischer Seltenheit, blasierter Ungeduld zu genügen, hatte geben müssen, war an seinem Hals das schlanke Mädchen aus dem Volk. Es bedurfte nichts Außerordentlichen von seiner Seite, der Umarmten Sehnsucht zu stillen.

Doch blieb bei dem mannigfachen Glück, das sie sich gaben, die gassenbübische Art, mit der sie alle offizielle Welt verhöhnten, höchster Genuß. Napoleon war darin unerschöpflich. Größen der Geldwelt, Sterne der Wissenschaft und Kunst stellte er in gedrängter Plastik hin, knickte mit witzigem Einfall das Pathos ihrer Geste. Berühmte politische Personen ahmte er nicht nur in Tonfall und Haltung nach, doch auch, wie er in der Betroffenen Art durchsichtige Tatsachen mit riesigem Wortschwall in ein Chaos verwirrte. Während sie ihm vorgebeugt zusah, führte er dramatische Szenen zwischen Botschaftern zweier Staaten auf, in deren Verlauf die beiden, sich über unsagbare Nichtigkeit unsagbar aufgeblasen unterhaltend, an die Stelle verbindlichster Umgangsformen steifere Haltung, schroffere Bewegungen setzten, bis sie, zwei schmollende Gockel, hochmütig auseinanderstelzten. Er erzählte, mit welchen Torheiten und Zufällen das Schicksal der Gesetzesvorlagen in den verschiedenen Kommissionen, die nach offiziellen Sitzungen bei ihm fortgetagt hatten, sich entschieden hatte; sie gab ihm Einsicht in abertausend Spitzfindigkeiten, die die auf Liebe gestellte Frau der Gesellschaft anwendet, sich Launen und Lust, am öffentlichen Leben teilzunehmen, zu erfüllen. Wie oft habe sie ihre Gönner aus Eigensinn zu unsinnigen, folgenschweren Entschlüssen bestimmt, Reportern, die ihr das Haus einliefen, phantastische Lügen aufgebunden! So reinigten sie sich, das Thema unaufhörlich variierend, von dem Respekt, den proletarische Herkunft ihrer Jugend auferlegt hatte, wurden lächelnde Verächter feiner Lebensformen und guten Tones, den sie wie den Stil in einem Drama von Corneille, einer Molièreschen Komödie agierten, während ein herzliches Wort, menschliche Bewegung aus ihrer Liebe ihnen immer gleichnishaft gewärtig war.

Im Geschäft dehnte Napoleon die Herrschaft, die er auf Franzosen besaß, auf die übrige Welt aus. Er hatte London, Petersburg, Wien gesehen, Verbindungen angeknüpft und befestigt, manche Anregung mit heimgenommen. Sein Haus wurde an der Themse und Donau berühmt, bei Sacher und Claridge fand man Platten »Au Chapon fin«. Es scheiterte auch sein Vormarsch an die Newa nicht wie der seines unsterblichen Namensvetters. Als der fünfzigste Geburtstag vor der Tür stand, war sein Ruhm über zwei Erdteile verbreitet, der größere Teil zivilisierter Menschheit aß nach seinen Einfällen und Vorschriften. Er besaß ein fürstliches Einkommen, hatte die kluge, ihn anfeuernde Frau, zu der die Beziehungen nicht legitimiert waren, die er aber leidenschaftlich, zärtlich liebte, an der Seite.

Da man vierzehn Tage vor seinem Fest vom Krieg mit Preußen zu sprechen begann, die Gäste seine Meinung wollten, blieb er lächelnd ruhig, verneinte jede Möglichkeit eines Ausbruchs von Feindseligkeiten. Er wußte aus besten Quellen, kein ernsthafter Politiker glaubte an Krieg, war gewiß, es handelte sich wieder um die Prestigefrage, das sattsam bekannte Händeknacken, schmollende Gockeltum. Auch als die Regierung unter frivolem Vorwand die Schiffe hinter sich verbrannt hatte, blieb Napoleon in tiefster Seele ruhig. Er, der wußte, hohe Politik wird gemacht, ein paar tausend Ehrgeizigen in jedem Land Vorwand für eine Karriere zu geben, ihren Heißhunger nach öffentlichem Bekanntsein und Sensationen, mit denen ihr Name verknüpft ist, zu befriedigen, war überzeugt, man werde diesen Wichtigtuern Genugtuung geben, indem man sie mit Titeln, Orden, Auszeichnungen so reichlich, daß sie satt werden mußten, fütterte. Was Frieden bedeutete. Einen Willen der Völker stellte er nicht in Rechnung. Er hatte gelernt, es wird nach Gutdünken der Regierung mit ihnen verfahren. Sie sind es gewöhnt, wissen und wollen nichts anderes. Sagen heute zu schwarz schwarz, morgen zu schwarz weiß. Es genügt, ihnen zuzurufen: Das Vaterland ist in Gefahr! Sie fragen nie: Durch wen im letzten Grund? Lassen sich bewaffnen, morden jeden beliebigen als Erbfeind, erst zögernd, dann mit Überzeugung und Hochrufen. Valentine gab ihm recht, verspottete alles, Regierende und Regierte. Verbreitete Erzählungen, die der Diplomaten Albernheit in fabelhaftes Licht setzten, militärische Maßnahmen des Generalstabes dem Gelächter preisgaben. Beide griffen mit Wollust nach jedem Gerücht, in dem eine großartige Dummheit manifestierte, fütterten, hätschelten es und waren vor Freude außer sich, akzeptierten es selbst die mit feierlichem Ernst, die seine Sinnlosigkeit aus übergeordneter Stellung sofort hätten einsehen müssen. Mehr als der Friede gab ihnen der Krieg Gelegenheit, der Welt blöde Einfalt auf Schritt und Tritt zu erkennen, sich über sie zu erheben. Die einfache Tatsache, sie sahen durch Einsicht in politische Zusammenhänge die Lügenhaftigkeit aller Vorwände für den Krieg ein, gab ihnen Unabhängigkeit von ihm.

Sie konnten sich, während alle Welt in das Auf und Ab der Geschehnisse tiefer verstrickt wurde, auf Grund wirklicher Überlegenheit von den Menschen trennen. In ihre Seele trat das Bewußtsein höherer Bestimmung, das sich in den Antlitzen malte. Sie lebten und webten über gemeinem Volk auf Wolken. Lächelten zu Unglücksfällen und Exzessen, die die Folgezeit in schnellem Aufeinander brachte. Des Vaterlandes vollendete Katastrophe führte sie auf den Gipfel innerer Erhebung. Nicht nur die Mitbürger lagen ihrer erkannten Weisheit, Napoleon und Valentine lagen einander, jeder sich selbst bewundernd, zu Füßen.

Eines Tages trat auf in Paris, was man die Kommune nannte, zerschlug die Spiegelscheiben des Chapon fin, zertrümmerte Gerät im Innern, setzte Valentine und Napoleon, jeden für sich, ins Gefängnis. Als es nach Wochen Napoleon sich zu befreien gelang, erfuhr er, seines Lebens Gefährtin sei, an die Wand gestellt, erschossen. Ihm fielen die Beine unter dem Leib fort, tagelang schleppte er sich aus Gassen in Felder an Flußrändern entlang, ohne Licht und Finsternis scheiden zu können. Erstes Bewußtsein empfing er durch einen Stoß vor die Brust, den ihm ein deutscher Landwehrmann gab. Doch schwand es wieder, bis ihn eines Nachts auf einer Pritsche Erinnerung an Valentine überfiel. Sie war rosa und wie eine tanzende Girlande anzusehen, die sich enger um ihn schlang, ihm erste Träne, Tränenströme aus den Augen schnürte. Nun sank er hin, aufgelöst in ein weiches, warmes Weh. Lange erschütterte es seine Glieder, hüllte Welt in feuchte Schleier. Es trat aber der Vergleich seiner jetzigen elenden Lage und des Gewesenen hinzu, füllte ihn mit Haß gegen Menschheit und

Schöpfer. Tiefer kroch er in sich, häufte Anklage auf Anklage gegen die Welt. In dunkler Nacht stand er vor den mit Brettern vernagelten Fenstern seines Lokals – noch hafteten des Schildes goldene Buchstaben –, und in das Loch plötzlich riesengroßer Erkenntnis fiel die Summe fünfzigjährigen Lebens: blankes Nichts und Einsamkeit.

Trotz und Empörung stachelten ihn zu neuem Tun. Gegen der Verhältnisse Ungunst wollte er Mittel zu neuem Anfang zu schaffen versuchen; des gleichen Abends aber legte er sich nieder, spürend, seine Natur leide nicht, daß man sie um das, was ihr vor allem wichtig sei, bestehle: hingebende Trauer um Valentine. So suchte er einen Platz, der tägliches Brot gab. Früh am Nachmittag aber schloß er sich in seine Kammer, stopfte Fenster, Schlüssellöcher, legte sich aufs Bett und begann, die Frau von den Toten heraufzudichten. Nachdem er sie bis in die kleinste Einzelheit körperlich vor sich wiederhergestellt hatte, ging er sein Leben mit ihr von frühestem Anbeginn durch. Um keinen Augenblick ließ er sich betrügen, repetierte die einzelne Situation so oft, bis sie lebendiger Wahrhaftigkeit vor ihm stand. Jene erste, da sie, ein Quirl mit Rüschen und Volants über seiner Stirn, die Treppe hinaufgehuscht war. Beine in weißseidenen Strümpfen nahmen zwei, drei Stufen auf einmal, er sieht sie im Gelenk flitzen, und da – das aber hat er damals nicht gesehen erscheint blitzend am Knie die goldene Strumpfbandschnalle. Wahrhaftig, als Wirklichkeit dauerte, hatte sie sein Bewußtsein vor Schauen und Staunen nicht gefaßt. Heute, beschworen durch seine unwiderstehliche Zärtlichkeit, erstand sie das erstemal zum Leben. So drang er weiter in Erinnerung, entriß ihr, mit Hingebung und Andacht um ein Nichts, das Bruchteil einer Sekunde kämpfend, soviel Nichtgespürtes, Nichterfahrenes, daß er mit der Gestorbenen ein neues, reicheres Leben führte.

Als er bei jener Epoche, in der sie ihr irdisches Leben beendet hatte, angekommen war, brachte er sie leicht über des leiblichen Todes Klippe in jetzige Zeit hinüber, sah sie zu seinem augenblicklichen Dasein Stellung nehmen. Er müßte, da die Verhältnisse sich wieder zur Ordnung fügten, den sinnenden Zustand aufgeben, an äußeres Fortkommen, neue bedeutende Einstellung zu neuen Umständen denken.

Hatte der Krieg ihm nicht tiefere Einblicke in Fragen der Ernährung, Möglichkeiten der Rohstoffverarbeitung als jede Situation vorher gegeben? Welche außerordentlichen Aufschlüsse hatte die zweckmäßige oder unzweckmäßige Ernährung eines Heereskörpers, der Bevölkerung einer belagerten Stadt, welche Klarheit des eigenen Körpers Befinden nach dieser oder jener leiblichen Zumutung verschafft! Das mindestens war klar geworden: Weit über die Notdurft hatte der Mensch vor dem Krieg gegessen und getrunken. Es schien Napoleon ein Unding, das bisher übliche Mittagsmahl von sechs oder sieben Platten, ein Abendessen von fast gleichem Umfang anzurichten. Millionen hatten größere Arbeitsleistung, höheren Schwung bei einem Stück Brot, wenigen Kartoffeln als Generationen bei einer täglichen Unzahl von Gerichten bewiesen. Es schien, die gewonnenen Erkenntnisse dem Publikum praktisch zu zeigen, hohe Pflicht.

Er gab Valentine recht. Sie habe nicht nur dem eigenen Leib nie mehr als das Notwendige zugemutet, sei auch, daß er den Gästen Leichtestes und Verdaulichstes geboten hatte, Anlaß gewesen. Doch in viel zuviel Platten auf einmal. Von jetzt ab müßte er in zwei, drei Gerichte, was der Magen zur Speisung des Organismus braucht, zusammendrängen, ihm zugleich eines reichlichen Mahles volle Wollust vermitteln.

Während er die am Leben gebliebenen Gönner aufsuchte und zu seiner Unterstützung vermochte, die lange leer gebliebenen Räume seines alten Heims in strahlenden Stand gesetzt wurden, unterrichtete er sich methodisch über der verschiedenen Nahrungsmittel wissenschaftliche Zusammensetzung, ihren Gehalt an Eiweiß, Kohlehydraten, Fett. Machte Tabellen, Exempel über Exempel, errechnete an glückseligen Tagen eine neue ideale Speisekarte, auf der er jeden, auch den verführerischsten Namen einer Platte durch Zahlen ersetzen konnte; aus der man mittels zweier Speisen einen ausreichenden Nenner sämtlicher für die Ernährung wichtigen Stoffe erzielen konnte. Hatte anfangs Notwendigkeit, die gewollten Einheiten in ein Gericht unterzubringen, auf dessen gastronomische Vollkommenheit gedrückt, ging Napoleons Phantasie auf Spaziergängen der erklügelten Platte von allen Seiten zu Leib, wie ihre Schmackhaftigkeit und Anrichtung auf höchste Höhe zu bringen sei. Und da ihm Hitze des Entdeckerglückes ein über das andere Mal ins Gesicht stieg, fixierte er Gerichte, mit denen er künftige Menschen aus der Schwächung durch den Krieg zu frischem Leben führen wollte.

Der Erfolg war an der wiedereröffneten Stelle nicht wie das erstemal überraschend. Schon nach wenigen Tagen stellte der Wirt, er hatte es mit Unbekannten zu tun, fest, die nicht Empfehlung, aber Zufall und Laune zu ihm geführt hatte. Der Kreis seiner alten Gäste war vom Erdboden getilgt. Doch stählte die Erkenntnis seine Kräfte, da ihm einleuchtete, die Neulinge brachten keine Voreingenommenheit auf Grund liebgewordener Gewohnheiten mit. Er verließ die Küche Monate nicht, wo er mit Anspannung aller Kräfte die gewonnenen Grundsätze in Tat umsetzte. Vor allem mußte er die Köche von der Richtigkeit seiner Ansichten überzeugen, daß ihnen nötige Herzenslust zur Arbeit nicht fehlte. Erst als unten die Wirtschaft geregelten Gang ging, betrat er des Restaurants Räume wieder, suchte Fühlung mit den Gästen. Vom Ton zwischen ihnen und den Kellnern war er betroffen. Es gab keine Unterhaltung über zu wählende Speisen, keinen Scherz, kein Hin und Wider. Kurze Kommandos flogen. Der Bedienende, geneigten Hauptes stumm, machte kehrt. Man aß schnell, ließ sich nicht mit Behaglichkeit nieder. Kaum, daß man die Kissen drückte. Zur Verdauung gab sich niemand Zeit. War der letzte Bissen gegessen, fuhr der Gast auf und verschwand. Rote Köpfe, fettgeränderte Lippen, müde Scheitel, die sich in Sofarücken lehnten, Hände, mit geschwollenen Adern aufs Gedeck gebreitet, sah Napoleon nicht mehr. Es wehte kein Atem glückseliger Sattheit nach Tisch und des Dankes gegen Gott und den Wirt durch den Raum. Steif und gereizt saß der Kauende, vermied, von sich fortzusehen. Das war kein geänderter Kundenkreis, war das Gesicht einer anderen Welt, erkannte Napoleon.

Es war klar: andere Ideale herrschten in neuen Menschen. Der Krieg hatte die Machthaber von gestern vernichtet. Nicht mehr die Glieder alter Familien saßen an seinen Tischen, die in jahrhundertelangem Ringen Ansehen, Vermögen an sich gebracht hatten, es zu brauchen wußten; er bediente nicht mehr die dreifache Aristokratie des Adels, ererbten Reichtums und des Geistes. Hier trat eine Rasse auf, die durch den Umsturz aller Verhältnisse an die Oberfläche gespült, behend zugegriffen, in allgemeiner Verwirrung, bei der Besitzenden sentimentaler Erschlaffung, sich bereichert hatte. Den Sack voll Gold, saßen sie unkundig seines Verbrauches, gierig, sich der Wissenden Haltung anzueignen, elend und leer mit der Geste schweigender Abwehr. Stumm und in der Bewegung beherrscht, konnten sie für unterrichtet gelten.

Sprachen sie, wurde Wirken der Glieder notwendig, klappten sie zu völliger Ohnmacht zusammen.

Nachdem er eingesehen hatte, der Gäste Zurückhaltung sei in einem Zuwenig begründet, ließ er die beherrschte Unterwürfigkeit, ging langsam, eindringlich zum Angriff gegen die maskierte Gesellschaft vor, brach, ein Dieb, gepanzerte Unnahbarkeit, legte ein harmloses Sätzchen als Köder vor und amüsierte sich göttlich, ließ sich der geschmeichelte Heraufkömmling aufs Eis überkommener Begriffe locken, legte eine erbarmungswürdige Blöße an den Tag. Hatte er jemandes Vertrauen hinter undurchdringlicher Maske gewonnen, ließ er den Getäuschten das eigene Selbstbewußtsein ausbreiten, das sich fast immer auf alberne, mit Emphase vorgetragene Gemeinplätze über den Krieg, Heldentaten, die der Betreffende während des Feldzuges vollbracht haben wollte, stützte; dann kamen Napoleons Einwürfe aus des Herkommens Schatz, Namen ausgezeichneter Menschen der Vergangenheit, bedeutender Erfindungen, einer Geistesgroßtat. Am höchsten hüpfte sein Herz, konnte er durch einen einzigen Kulturbegriff, den er dem Gegner als spitzen Pfeil in die Parade flitzte, diesen bis auf die Haut entlarven.

Nun fing des Abends im Bett ein Gekicher an, das grausamer und schonungsloser als jenes Lachen mit Valentine über Narrheiten einzelner Zeitgenossen vor dem Krieg war. Hier fand Napoleon eine Welt närrisch; ihren einzigen Ehrgeiz, Geldgewinn und Beurteilung des Menschen nach seiner Eignung dazu, über das Maß abgeschmackt, kahl. Während die Geschäfte noch gut gingen, sah er die Kluft zwischen moderner, merkantiler Weltauffassung und dem eigenen Universalismus sich auftun. Ergriffen spürte er, wie er zum erstenmal von Valentine sanft sich schied. Er wußte, auch für die schrecklich veränderte Welt hätte sie gutmütigen Spott gehabt, in ihm aber kam von Tag zu Tag Empörung, die ihn beherrschte, stärker herauf.

Ihm schien, die fröhliche Überlegenheit, die mit Valentines fortschreitendem Alter friedlicher und harmloser geworden war, hätte ihn in der letzten Zeit ihres Lebens gereizt. Hatte sie nicht, nachdem man sich ausgelacht, immer Entschuldigung, Güte für den Verspotteten gehabt? Er war, sie würde es heute nicht anders machen, gewiß, sie möchte zur Nachsicht noch geneigter sein, und zürnte ihr. Je mehr seine Abneigung gegen das Publikum wuchs, je hassenswerter ihm die Erscheinungen wurden, um so mehr schob er Valentine den unbeugsamen Willen zu, alles zu begreifen, zu vergeben. Täglicher Kampf, unaufhörliche Auseinandersetzung mit der Welt einerseits, dem lebendigen Bild der geliebten Frau auf der anderen Seite, der ihn zermürbte und elend machte, begann. Doch blieb allen Einwendungen gegenüber sein dumpfer Haß siegreich. Jahre hindurch hatte er nichts mehr von Freundlichkeiten und Lieblichkeiten geselligen Lebens bei sich gesehen. Der Sinn für Blumen, Überraschungen, Tollheiten, geistreich Unvorhergesehenes war geschwunden; nicht mehr gab es die über das Mannesbewußtsein als Spenderin alles Glückes erhöhte angebetete Frau. Kein Lachen herrschte mehr, Verschwenden, nicht Laune, Überlegenheit. Wohin er hörte: Geschäfte. Zahlen, wohin er sah. Das Dach des Hauses schien auf ihn zu stürzen, als ihm eines Tages ein Gast, kühl und korrekt, an dem er sich mit witziger Bemerkung gerieben hatte, ein Goldstück als Trinkgeld bot.

Da lief das zum Rand gefüllte Gefäß über. Von jenem Abend grub sich bis zum anderen Morgen eine Falte zwischen seine Brauen, Lippen preßten sich aufeinander. Er hatte für der Gäste gute Bedienung nicht nur keine Teilnahme mehr, genoß mit Schadenfreude ein Glück, sah er über die angerichtete Speise Enttäuschung in einem Antlitz. Schnell ward den Kellnern, Köchen sein geänderter Sinn offenbar. Sorgfalt und Gewissen floh. Immer häufiger gab es der Essenden unzufriedene Gesichter. Unbewegter Miene schlürfte der Wirt jedes Quentchen Wut, dessen Ausdruck er erhaschte, berauschte sich daran. Ganz nach vorn wuchs sein Gesicht. Stechenden Blickes, geblähter Nase schnüffelte er sich in das Empfinden der neuen Welt; trank, wie bitter es schmeckte, sie aus und spürte zum anderen Mal als Entscheidung: in dreißig Millionen Narren besaß die Nation nur noch einen Sinn: das Geld, und jeder, dem der Erwerb geglückt war, war im eigenen und allgemeinen Urteil Person. In Napoleons Auffassung ein Räuber, Scheusal, das während des Krieges die Anarchie der Vernunft benutzt hatte, den durch Überlegenheit und Mühsale in Generationen erworbenen Familienbesitz des Landes an irdischen und himmlischen Gütern zu zerstören. Es kamen die Häuptlinge der neuen Geldaristokratie zu ihm. Fett, frech, verlegen stümperten sie mit ihren Weibern Geselligkeit.

In Napoleons Hirn stieg der Gedanke an Gift, das ihnen in die Speisen zu mischen sei. Bald machte er sich im Denken breiter, beherrschte sein Trachten ganz. Von irgendwoher hatte er sich das Quantum Arsenik, das ihm seit einigen Tagen in der Tasche brannte, verschafft, es als harmloses Gewürz in die Teller zu streuen, abzuwarten, bis die Wirkung, die in Eingeweiden wühlte, ins Auge brach. Glut stieg ihm ein über das andere Mal in die Haare, bis er fühlte, im nächsten Augenblick widerstände er dem ungeheuren Verlangen nicht mehr.

Da riß er die Tür zur Gasse auf, und barhäuptig im Galopp, als wälzten sich Lavaströme auf seinen Fersen, entlief er der Straße, dem Stadtviertel, der Bannmeile von Paris; sank draußen ins Feldgras, schluchzte, daß die Knochen bebten, schluchzte sich und die Erde naß.

Er zog Landstraßen entlang, durch Märkte, Städte. Blieb aus Zufall Monate, Jahre als Aufwärter, Hausknecht, Gelegenheitsarbeiter. Sein Weltbild wurde auf gleicher Basis runder. Überall sah er die vom Kampf ums Dasein betäubten Massen, von rücksichtslosen Unternehmern an Kessel und Maschinen geschmiedet, Waren verfertigen, für die aus Mangel an Absatz über kurz oder lang durch neue Kriege mit neuen Hekatomben zerfleischter Menschen neue Abnehmer in zu erobernden Provinzen gewonnen werden mußten.

Hellen Bewußtseins trat er aus diesem Lauf der Geschicke aus, riß den Gedanken an Erwerb aus seiner Seele, erlaubte sich keinen Besitz über die Notdurft. Das von aller Welt gesonderte Dasein gab ihm Person und Überlegenheit; Mangel an Eigentum, Unabhängigkeit und freie Bewegung. Von einem Tag zum andern hatte er durch einen einzigen Entschluß Verfügung über sich und die Welt nach allen Seiten gewonnen, erlöstes Lachen trat in sein Gesicht. Jetzt, wo er stand und ging, war er Zuschauer der menschlichen Komödie, an der er, weil durch eigene Qual nicht mehr verbunden, gutmütige Kritik übte. Da war es, daß er sich Valentines vergessenem Andenken wieder innig vermählte, der er, wie er sich gestand, während seine Vernunft ihre Einflüsse bekämpfte, ahnend nachgefolgt war.

Eines Tages stand er vor jenem Eckhaus, an dem sich die Steinwege nach Nivelles und Genappes treffen; in dem er geboren war. Niemand kannte ihn dort. Alles Verwandte war tot. Als zwölfjähriger Knabe war er fortgegangen, der Wiedergekehrte zählte fünfundsechzig Jahre.

Doch wußte man seine Geschichte im Wirtshaus. Erzählte Grandioses, Historie von ihm. Mehr war dieses heimischen Napoleons Erfolgen die allgemeine Teilnahme und Bewunderung als dem Korsen zugetan.

Man wies ihm, der sich nicht zu erkennen gab, gerahmte Zeitungsnachrichten, in denen es hieß, wie Außerordentliches in verschiedenen Zeitläuften von ihm ausgerichtet war – »und angerichtet«, wie ein Witziger hinzufügte. Länder samt ihren Fürsten, die zivilisierte Welt habe von West nach Ost dem flamischen Bauernsohn zu Füßen gelegen. Mit nachdenklichem, gerührtem Erstaunen hörte Napoleon die mannigfachen Erzählungen, entsann sich der Kreuze und Sterne an rotgrünen, an gestreiften Bändern, die in einer Schublade lagen.

Am Rand des unvergleichlichen Wälderkranzes, der Brüssel einsäumt, liegt an der Straße von Quatre-bras nach Waterloo in einer Talsenkung das Schlößchen Groenendael; ein weißes einstöckiges Haus aus dem Empire. In vergangenen Zeiten Abtei, wurde es im neunzehnten Jahrhundert Wirtshaus, in das Brüssels bessere Bürger auf Ausflügen einkehren. Dort, nah der Stätte seiner Geburt, nahm Napoleon Platz als Kellner. Seine Jahre, schwache Füße erlaubten angestrengten Dienst nicht mehr. Hier war im Winter nichts, im Sommer an Wochentagen wenig zu tun. Nur sonntags mußte er sich ein wenig tummeln. Doch nahmen die Gäste seiner Rücksicht, blickten ihm neugierig entgegen, trug er das hochbeladene Brett auf sie zu. Jeder hatte ein Wort, dem er freundliche Empfindung unterlegte, für ihn; alle Anrede begann mit Umschreibung, Entschuldigung. Nicht, was er brachte, wie er's ausführte, blieb Gegenstand teilnehmender Aufmerksamkeit, gutmütigen Staunens, und stand das Gewünschte auf dem Tisch, strahlte ihm alles Anerkennung zu. Doch auch Napoleon lachte in heller Befriedigung. Der Wirt und seine Familie merkte der Gäste Gefallen an dem alten Mann, behandelte ihn mit Rücksicht, ließ ihn ungescholten Tage hinbringen.

So kam kein Mißlaut mehr von außen in sein Leben, das im ruhigen Gleichmaß ging. Den Frühling sah er, Gottes himmlische Wärme in bestimmten Abschnitten über die Erde kommen, auf Hügeln Buchen grünen, Kühe über die beblumte Wiese weiden. Menschen aller Art wandelten zu allen Jahreszeiten in schönem landschaftlichem Panorama vor ihm. Lange sah er sie als deutliche Figuren mit Lärm und eigener Bewegung, dann als scharfe Schatten. Allmählich lösten sie sich in umgebende Natur auf.

Die sich in seine Seele als vollkommenes Gemälde spannte, das er mit Andacht schaute. War Sonne mild, trat er unter Bäume, blickte Warmes an, das um ihn summte. Dort strahlte ein Vogel lange dasselbe

Lied; dann flog er, Licht, zum andern Baum hinüber. Hier putzte das Eichhorn sich schnurrig geduldig zum Goldbraun der Stämme, Blindschleiche kroch mit dem Schatten ins Helle und züngelte. Dann faltete Napoleon die Hände, stieß entzückte Seufzer aus, legte sich lang ins Gras. Den Blick zum Himmel aufgeschlagen, hatte er gesamte Schöpfung, Ton, Raum und Licht mit eins in der Netzhaut.

An Vergangenheit, Macht, Ehre, Leid und Elend, häusliches bürgerliches Wesen, dachte er nicht mehr. Manchmal tätschelte er die Kuh, den Hund und wußte nichts dabei. Er wurde gar sehr schwach. Das war ihm eitel Wollust. Als die letzte, größte Schwäche kam, war er gut und fromm.

Schuhlin

1915

Ob der musikalischen Erfindung des Ludwig Schuhlin Größe in dem Umfang innewohnt, wie er sie ihr zumaß, wird die Zeit lehren. Ob er die gewaltige Überzeugung hatte, die er zur Schau trug, weiß Gott allein. Die ihm nahestanden, wurden von seinen Stücken gerührt; weitere Welt hat ihnen den Erfolg versagt.

Schuhlin kam aus der Tiefe des Volkes. Proletarisch ernährt und erzogen, lief ihm das Leben bis ins Jünglingsalter schmucklos hin. Ein Pianoforte, aus einem Erdgeschoß klingend, traf sein Herz mit edler Empfindung, setzte ihn in Schwung, dem er nicht mehr entrann. An eine Regentraufe gelehnt, hörte er viel feierliche, fröhliche Musik, die sich in seine Seele senkte. Bis er eines Tages entdeckt, von dem gerührten Spieler in dessen Umgebung gezogen wurde. Hinhörend, lernte er des Spieles Elemente, griff, begriff Tasten und ihre Bedeutung. Welt ward ihm völlig Klavier. In Terzen, Quinten, Oktaven sprang sein Denken, Dur und Moll spannte sein Herz. Über die Leiter Schubert- und Beethovenscher Empfindungsstürme entrückte er dem gemeinen All, stand mit zwanzig Jahren in Kleidern des Kleinbürgers in Sphären auserwählter Menschheit. Geld auf Fahrten verdienend, die er mit einem Flötenbläser, einem Trompeter über Märkte seines Bezirkes zu Kirmes und Kirchweih unternahm, gab er es nur zu Teilen für seinen Unterhalt aus, verwandte das meiste für Unterricht bei bedeutenden Lehrern, bis er große Klavierstücke so selbständig aus dem Flügel hämmerte, daß ihm innere Bewegung verständiger Zuhörer überall gewiß war. Da verließ er die Heimat, gewann auf Reisen Sicherheit der Lebensformen. Man traf ihn im Frack, den er nicht übel zu tragen wußte, nach dem Abendessen in Salons reicher Kaufleute vor dem Klavier. Den schönen Kopf über das Notenblatt gehoben, spielte er, und bürgerliche Frauen öffneten ihm die Herzen. Stand er auf, kam, von rhythmischen Wellen getragen, durch den Raum, senkte er den Blick in begeisterte Augen, die er merkte, von denen er Lohn forderte. Überall nahm er das leicht zu ergreifende Weib mittlerer Kreise als Beute, schüttelte ihr geringes Eigenteil, mit dem er sich stärkte, aus ihr heraus. In immer bessere Zirkel brachte ihn die mit Begeisterung geübte Kunst, ihm fehlte bedeutendes Einkommen, lebhafter Beifall nicht. Sein Selbstbewußtsein verlangte überzeugendere Erfolge: Verehrung einer großen Dame, Freundschaft eines in den Künsten dilettierenden Mannes von Welt. So wurde er der repräsentable Geliebte reicher Frauen, die sich langweilten, geistiger Zusammenklang blasierter Dandys.

Doch war seine Hingabe und Aufopferung größer als desjenigen, der den Bund mit ihm schloß. Denn seines Gehirnes Kraftentfaltung war Entgelt für ruhende Güter, die der andere aus Geburt und Vererbung besaß. Nie war Schuhlins Übergewicht so groß, daß ein Mensch sich ihm einfach beugte. Er bedurfte des polierten schwarzen Kastens, Aufmerksamkeit, die seine Eigenliebe wollte, zu erzwingen. War aber Zuneigung erlangt, wuchs nie er dem andern ans Herz, doch Vorstellung gespielten Klaviers, musikalisches Genie eines Toten mit ihm. Aus Liebesversunkenheit lallte die Frau nicht das bezügliche Wort, doch eine empfindsame Tonfolge, deren Schöpfer nicht, deren Vermittler er war. Das heimlichste Gespräch, jeder kostbare Augenblick des Lebens glitt über ihn zu den ursprünglicheren Geistern hin, deren Einfälle er auf Tasten spielte.

Im zarten Anschlag einer Nerve spürte er vom Nächsten ein Gefühl, das über prompt zu Lieferndes quittiert. Ein blasiertes Danke, das man dem Bedienten lispelt. Kein spontaner Dank, Jubel kam ihm entgegen, hob sein Herz zu Sternen. Davon wurde er krank, begann Erreichtes, den augenblicklichen Zustand zu hassen, floh aus bequemen Verhältnissen aufs Land, wo er in einem Bauernhaus am Seeufer Vergangenheit und Zukunft umständlich bedachte.

Er begriff, reproduzierendes Künstlertum konnte der Hebel nicht sein, mit dem Welt aus Angeln heben, der in ihm gärende Machthunger sich befriedigen ließ. Keinen Augenblick zögerte er, Brücken zur Vergangenheit abzubrechen, verschwand von der Weltbühne, rollte sich, ein Igel, in des ländlichen Platzes Einsamkeit, wo er drei Jahre lang das mächtige eigene Wesen in Scharniere preßte, keinen Hauch seiner Person durch Gespräch oder Mitteilung entweichen ließ. Wie in einen Spartopf senkte er mit grimmigem Lächeln jeden Einfall ins eigene Innere, verbot sich den winzigsten Gedanken von sich fort. Abends faltete er Hände im Bett über den schwellenden Bauch, freute sich, als Wesensüberfülle gegen des Leibes Wände tobte. Nachdem er der Stärke des Dranges sicher geworden war, legte er Notenpapier vor sich hin, und wie hochgespannter Dampf durch geöffnete Hähne zischt, fuhr Empfindungssturm in Noten auf die Seiten. Er sah die ersten Niederschriften, verglich sie, begriff ihren unterschiedlichen Wert. Auf Spaziergängen ließ er das wenigste gelten, nahm es in sich zurück, sah die geläuterten Themen in gültiger Form als seine ersten Lieder aufgezeichnet.

Aus Gedichten Hölderlins wählend, was durch des Gedankens Verwandtschaft vereint war, drängte er zwei Dutzend Gesänge in heftigem Schaffenssturm zusammen, erschien von neuem mit dem Manuskript in der Hauptstadt. Versammelte den Kreis ehemaliger Freunde, spielte das Werk mit so innigem Ausdruck, daß die Zuhörer gepackt waren, er selbst von seiner einzigen Bedeutung überzeugt wurde. Mit Wucht etablierte er vor sich und anderen des Genius Geste, der außerordentliche Rechte hat, nahm ohne Bedenken von bemittelten Anhängern den monatlichen Zuschuß, der ihn ernähren mußte. Saß die Gesellschaft nach dem Vortrag einer gelungenen Komposition ergriffen um seinen Platz am Flügel, brachte er ihr, von Schöpferglück geschwellt, die Überzeugung bei, es sei ihres irdischen Daseins besserer Zweck, ihm auf alle Weise über des Lebens Härten zu helfen. Ihr Lohn sei ihnen in seiner Lebensbeschreibung gewiß. So ließ sich geschmeichelte Wohlhabenheit zu Aufwand herbei, verschönte sein Leben mit praktischen Gaben, verschwenderischem Lob. Er aber, von überallher Anerkennung schlürfend, schwoll zu einem Koloß des Selbstbewußtseins, der nicht duldete, daß in dem von ihm beglückten Haus von anderem als von ihm die Rede war, wobei, ob man seine menschlichen oder künstlerischen Eigenschaften mehr verherrlichte, ihm gleichblieb. Dazu schied er den Freund vom Freunde, indem er den verächtlich machte, Gatten voneinander, weil jede Gemeinschaft zweier Wesen seinen Zwecken gefährlich schien. Nie versäumte er, war ihm ein Eindruck aus seiner Person gelungen, auf jemandes Niedrigkeit, der bedürftig war, hinzuweisen. Wie, zum Teufel, verdiente der Betreffende Teilnahme, während Auserwählte mühsam ihr Leben fristeten? Müßte er nicht immer noch, nachdem Gott ihm den genialen Einfall seines großen Klavierkonzertes geschenkt hatte, auf die notwendige Erholungsreise in den Süden verzichten? Wer von den Anwesenden ahnte überhaupt etwas von den zerfleischenden Ausgleichungen, die in der Seele dämonischer Menschen stattfinden? Und von Ergriffenheit über sich selbst gepackt, vermochte er ein Tonstück so rührend zu spielen, daß die im Gewissen gemahnten Freunde sich ernstlich, ob ihnen Besitz vor Schuhlin erlaubt sei, bedachten. Es lief der Hausherr zum Bücherschrank, und ein kostbares Werk aus den Reihen nehmend, dem Meister zum Andenken an den feierlichen Abend reichend, zwang er Tränen aus der übrigen Augen, die sich jeder weitere Opfer gelobten.

Als Schuhlin sah, welche unwiderstehliche Macht er auf törichte, eitle Menschen hatte, ergriff ihn die Vorstellung phantastischer Möglichkeiten. Wirkung auf sie, Absicht mit ihnen wurde des Lebens Hauptzweck, er ließ seine Arbeit ruhen. Mächtig reizte es ihn, fühlte er eines Opfers Bereitwilligkeit, das weit über ursprünglich gesetzte Grenzen zu stoßen. Widerstände mit Worten, rührenden Gebärden fortbiegend, schritt er über den Schwächeren auf Ziele zu, die ihn anfangs nur mit der Wonne, Sieger zu sein, beglückten. Später sog er aus der Überwindung fremder Personen um so größeren Genuß, je mehr der Besiegte, wenn möglich ein dritter, verächtlich durch sie wurde. Denn aus der Niederwerfung sittlich Entseelter trank er mühelos und gründlich den Rausch zügellosen Selbstbewußtseins. Doch die auf die Knochen Geprügelten fingen ihn zu scheuen an, mieden ihn; Fama begann, Neugierige zu warnen. Wie er Anstrengungen verdoppelte, Ruten geschickter legte, die Opfer wurden selten und magerer, letzte Versuche, die er mit Aufwendung gleisnerischer Tränenströme, hysterischer Erschütterungen anstellte, einstiger Macht entscheidenden Erfolg zu spüren, schlugen fehl. Die Wirkung des allzu bekannten, oft gehörten, wenig umfangreichen musikalischen Werkes, seiner menschlichen Spiegelfechtereien war erschöpft. Die unwiderstehlichen Energien großer Städte drückten ihn in den Schatten. Innere und äußere Existenzmittel begannen zu fehlen.

Ehe das Elend ihn völlig erreichte, war er zum zweitenmal in die ländliche Vergessenheit enteilt, mit Haß gegen die Welt, die seinem eisernen Griff entschlüpft war, gefüllt. Er begriff nicht, wie sich der Mensch, der bei Verstand war, der Wollust, von ihm Gottbegnadeten beherrscht zu sein, entziehen mochte. Dieses Gottesgnadentums selbst wieder innezuwerden, setzte er sich an ernsthafte Arbeit, entzündete sich an der unbesiegten, erweiterten Schöpferkraft, die aus ihm brach. Begier, Machtwillen, Dämonie, den Verein ihn aufwärtsstoßender Triebe türmte er zu Tongebilden, aus denen nach Ausbrennung der Schlacken heroisches Menschentum klang. So finden wir ihn am strahlenden Sommertag bei offenen Fenstern vor dem Instrument.

Beine wuchtig ins Pedal gestemmt, zwei gespreizte Hände voll zuckender Tasten, schlägt die gesammelte Person ihren unbeugsamen Willen prachtvoll aus dem Klavier.

Es gab keine Seele im Dorf, die von der Schallkraft aus Schuhlins Haus nicht gepackt wurde. Mit Widerstand oder andächtigem Hinhören nahmen sämtliche Bewohner Stellung zu ihr. Klara Kroeger, eine junge Blondine, die in dem waldreichen Ort Erholung suchte, wurde von ihr, wie einst der halberwachsene Ludwig vom Spiel eines anderen, im eigenen Wandel aufgehalten, zum Ausdruck fremden Ichs gezogen. Auch sie umkreist das Haus mit angehaltenem Atem, in dem Gefühlsstürme jauchzen, auch sie wird vom Spieler durchs Fenster gesehen, läßt sich, halb fähig, halb unfähig, sich zu entfernen, von ihm finden. Ihn umhing alle Pracht und Wärme der aus ihm entbundenen Musik, als er kam, sie stak in der Hingabe Mitten, da er zum Willkomm sie bei der Hand nahm. So führt er sie ins Haus zu ihrem Platz bei ihm im Zimmer, vollendet am gleichen Tag das Werk der Verschmelzung ihres Schicksals in seins.

Doch wie vieler Menschen Los vorher von ihm abgehangen hatte, um jede Seele hatte er, bis sie erlag, gegen Widerstände kämpfen müssen. Und auch dann hatte es Augenblicke, in denen sich der Unterworfene zu eigenem Willen zurückfand, gegeben. Hier lag vor jeglicher Empfängnis die junge Person seinem gierigen Blick bloß. Haut, Haar, jeder Eingang Leibes und der Seele war unbefleckt. Erstaunen, gerührte Überraschung zu jeder Geste atmete ihn an, als bewegte er von allen Dingen dieser Welt mit Schöpferfingern zum erstenmal die Schleier fort. Er sah, sein plattes Wort entwirrte Geheimnis für sie, und so willige Andacht bereitete ihm unaussprechliche Lust. Denn unumschränkter als je über einen Menschen herrschend, spürte er, welcher Kräfteaufwand bei ihr erspart war. Hier blieb er vom Aufstehen bis zum Niederlegen König, ohne mehr als der seiner läßlichen Bequemlichkeit hingegebene Mensch zu sein. Sie war, wo sie sich um ihn bewegte, seines leisesten Rufes nach Anerkennung bereites Echo. Tauchte in seines Auges Grund Herrschwille als Flämmchen nur auf, breitete sie weibliche und menschliche Bereitschaft als Teppich vor ihn. Wohin er trat, kniete sie, ihn huldigend zu empfangen. Sein stets möglicher Marsch durch sie räumte ihm die Vorstellung aller Widerstände von außen gegen ihn und sein Werk aus dem Sinn, vollendete in diesem Mann ein Maß von Selbstbewußtsein, das man in der Welt noch nicht gesehen hat.

Seine Bewegungen erhielten zu dieser Zeit Wucht und Schwere, als wirkten innen mächtige Gewichte. Er sprach mit so ungeheurem Pathos, als müßte die Rede dem Hörer eingestampft werden. Daß er diesem gesteigerten Ausdruck einen entsprechenden geistigen Inhalt unterlegen konnte, war Folge einer Selbsterziehung, die mit dem Fortschreitenden Hand in Hand gegangen war.

Band er sich damals morgens vor dem ovalen Spiegel im Schlafzimmer die Krawatte, sah über seine Schultern das bezauberte Mädchen; trafen sich im Glas ihre begeisterten Augen mit dem Ausdruck: welch ein Mann, Ludwig! Klara, sieh nur, welch ein Mann!

In inniger Gemeinschaft mit dem Weibe entstand manches Werk, und da es den Musiker letzthin deuchte, die kleinen monatlichen Beiträge, die zwei treu gebliebene Anhänger aus der Stadt sandten, die sein ganzes Einkommen ausmachten, würden unpünktlicher und weniger gern gezahlt, beschloß er, zu Vorstoß von sicherer Warte, sich vorübergehend in die Welt der Menschen zurückzubegeben. Doch so war der Eindruck auf die Freunde gewesen, daß sie das Mal seiner Herrschaft noch im Fleisch spürten, nicht Lust hatten, es vertiefen zu lassen. Sie versteckten sich, und nur an einem Abend gelang es, mehrere Verehrer in ein Zimmer zu versammeln, wo er sein symphonisches Stück über ein ländliches Thema spielte. Die Hörer blieben mit Abwehr gegen ihn kühl und vollkommen höflich. Unmittelbar nach dem Vortrag gab man zu essen und zu trinken. Vereinter Wille hielt das Gespräch von seiner Schöpfung fern. Anderen Tages fuhr er heim, und kaum war Klara seines Ausdrucks ansichtig geworden, als sie ihn mit der Erzählung eines Traumes überraschte, in dem er den beispiellosen Enthusiasmus einer vor das Haus versammelten Menge entgegengenommen hatte. Vorher sei im Traumbild eine überirdische Person aufgetreten, die ihr verkündete, es stünde dem geliebten Freund Leid des mißverstandenen Künstlers in außergewöhnlichem Umfang bevor. »Laß dich also«, fügte sie, bevor Schuhlin zu Worte gekommen war, hinzu, »vom großen Erfolg, den du hattest, nicht täuschen. Der Beifall beweist, man hat dich völlig mißverstanden.«

Schuhlin beruhigte sie. Der Eindruck sei nicht groß gewesen. Er war aber durch des Mädchens Verhalten in die alte Sicherheit gewiegt, und des Ausfluges einzige Folge blieb, daß er sich endgültig von

Menschen zu Klara zog, die den doppelten Vorteil, Schutz gegen die Außenwelt zu bieten und hemmungslos in seine Gewalt verloren zu sein, gab.

Er heiratete sie, ihr letzte Wege zur Umkehr abzusägen. Seines Opfers verklärten Blick, als sie vom Standesamt heimkamen, beantwortete er mit so ausholendem Druck beider Hände in ihre Schultern, daß sie in Knien knickte. Dann ließ er ein Leben beginnen, in dem er durch des Weibes schöpferische Demut als Künstler, Mensch und Mann Herr des Universums war; denn Klara begnügte sich nicht mehr, seine Winke vorzuerfüllen. Weit über seine Begriffe flog ihre Vorstellungskraft, blies ihm mit immer größerem künstlerischem Ansinnen an sich ihre tiefere Unterwerfung als Forderung belohnenden Ausgleiches ein. Da zögerte er nicht länger, sich für jede gelungene Harmonie hohen Preis aus ihrem zur Kreuzigung bereiten Leib auszuzahlen, hätte zwischen Werktätigkeit und der einzigen Frau ein in häusliche Stürme begrenztes Leben bis ans Ende seiner Tage geführt, wäre er durch das unentschuldigte Ausbleiben jeder Subsidienzahlung nicht vor die Frage, wie er den irdischen Leib ernähren sollte, gestellt worden.

Zwar drängte Klara auch da, mit allen Kräften einzutreten. Sie hatte ein bedeutendes photographisches Talent und konnte in absehbarer Zeit zu verdienen hoffen. Doch war Schuhlin überzeugt, es würde, was sie vermöchte, auch bei angestrengtem Fleiß für ihn zu behaglichem Leben nicht reichen. Vom Ertrag seiner gedruckten Kompositionen aber war, wie die jährlichen Abrechnungen bewiesen, nichts zu hoffen, und so begann Unsicherheit, woher die notwendigen Existenzmittel in Zukunft regelmäßig zu beschaffen seien, des Hauses Frieden zu verwirren.

Da betrat eines Tages ein junger Mensch Schuhlins Wohnstube, brachte vor, er sei Musiker, habe des Meisters Vortrag vor Wochen in der Hauptstadt gehört, und durch Größe der Komposition und des Spielers Person zu doppelter Bewunderung hingerissen, sei er zur Prüfung des eigenen Ichs geschritten. Das Ergebnis bilde seines Unvermögens Erkenntnis nach jeder Richtung und den unbeugsamen Willen, sich in Zukunft dem erwählten Vorbild anzuschließen. Sein Leben, sollte es höheren Zweck haben, müßte unter Schuhlins Leitung in dessen unmittelbarer Nähe geführt werden. Er besitze Mittel, methodischen Unterricht geraume Zeit zu entgelten, flehe den Meister, ihn nicht von sich zu weisen, an. Bei diesen Worten hatte sein Antlitz sich gerötet, Augen, aus Höhlen, glänzten. Schuhlin stellte, ihn betrachtend, fest, mit dem Sturm solcher Erregung müßten sich, würde er in richtige Bahnen gelenkt, Effekte erzielen lassen. Der Mensch und seine Ergebenheit für ihn war angenehm. So ließ er Allgemeines in Lehrsatzform hören, verabredete Näheres mit dem Schüler über dessen Unterbringung im Dorf sowie über die Einteilung künftiger Tage. Denn da das Zusammensein sich nicht auf die Unterrichtsstunden beschränken sollte, sei es richtig, durch keine Abhaltung verhindert, sei der Lernende dem Lehrer stets zur Hand. Im Hinblick auf dies Ziel wurde Nötiges von den Männern in die Reihe gebracht. Es freuten sich die Gatten des Ereignisses, durch das mit einem Schlag alles Gewölk verscheucht schien. Klara pries des jungen Mannes Entschluß, verklärte sein Auftreten, seine Erscheinung. Hier habe Schuhlin an einem Fremden den Beweis, welche Wunder seine Kunst auf unverbildete Jugend wirke.

Harmonisches Leben begann. Neander wurde im Kontrapunkt, fleißig im Klavierspiel unterrichtet. Was er nach neuzeitlichen Methoden gelernt, von moderner Musik gehört hatte, wurde verworfen. Über aller Tonkunst stand Sebastian *Bach*, der Gott. Neben ihm als Götter *Händel* und Philipp *Emanuel*, des Vaters Sohn. Mit *Mozart* kam Finde-siècle-Kunst, *Beethoven* schien Barock; alles Fernere Unsinn. Es galt, an Quellen zurückzufinden, neue Wege zu suchen. Mit schönstem Ernst legte Schuhlin die Überzeugung in des Jünglings Seele von der unvergleichlichen Wichtigkeit ihrer gemeinsamen Aufgabe. Vor dem Instrument, wurde eines Sextakkordes, einer Synkope Ursinn aufgedeckt, strahlten ihre Augen in freudiger Erleuchtung. Spielte Neander vom Blatt, genügte des neben ihm sitzenden Lehrers rhythmisches Nicken, dessen huschende Handbewegung, daß der Schüler des Musikstückes verborgenen Sinn erriet. Um ihre Körper stand eine heiße Wolke steil, die sie von der Welt abschloß, die sie erst durchbrechen mußten, erhoben sie sich nach beendigtem Spiel. Schuhlins bedeutende Anmerkungen beim Unterricht zeichnete der andere in ein Buch auf, trug des Meisters Wesen auch in Freistunden bei sich. Hing an dessen Mund, wo der stand und ging. Manchmal spintisierte der Ältere auf Spaziergängen. War ihm des Rätsels Lösung gekommen, wandte er das Haupt dem Gefährten zu, hatte der die gleiche Erkenntnis in den Augen. Bei solchem Vorfall griff Neander, da sie im Wald auf einer Lichtung rasteten, nach Schuhlins Hand und küßte sie. Dem aber hatte es geschienen, auch des Jünglings Knie seien gewichen.

Auf dem Heimweg – Neander ging einen Schritt voraus umfaßte mit mächtigem Griff Schuhlin des anderen Arm, zog die ganze willige Person an sich heran. Der Gepackte dreht das Haupt gegen den verehrten Mann, senkt mit dem Gelöbnis ewiger Treue den Blick in die ihn anherrschenden Lichter. Fortan bildeten die drei eine Gemeinschaft. Neander nahm an allen Mahlzeiten teil, übersiedelte auf Klaras Aufforderung ins Haus. Im engen Heim war man auch dann beieinander, befand sich jeder im eigenen Zimmer. Strich man tagsüber durch schmale Stuben, berührte man sich; blieb immer im Dunstkreis der Gefährten. Aus der innegewordenen Enge des Raumes nahm Schuhlin den ersten sichtbaren Beweis seiner gleichmäßigen Macht auf beide Mitbewohner. Denn seine Bewegungen nicht beschränkend, doch mit Griff und Tritt ausladend, zwang er Weib und Schüler zu beständigem Ausweichen und Zurücktreten vor ihm, und da er immer der Stuben und des Flures Mitte besetzt hielt, gewöhnten sich die zwei daran, an den Wänden hinzuschleichen, an Sitzen und Verweilen in entfernten Ecken. Doch war es ihnen natürlich und angenehm.

Und wie froh wurden sie beim Essen um den runden Tisch! Zuerst flogen Schüsseln zu Schuhlin, der sich mit ausgesuchten Stücken regalierte, weitergab. Bescheiden nahmen die Mitessenden, bedacht, es möchte ein zweites Mal für den Meister reichen. Eigener Nahrung nicht achtend, folgten sie jedem Bissen des Hausherren mit Aufmerksamkeit und Genuß. Hei, war ein Braten gelungen! Was gab es für ein Schmunzeln, saftige Bemerkung des Zufriedenen! Und immer strahlender wurde seine Laune, prasselnder sein Witz, bis er bei Kaffee und Zigarre, die man ihm nur anrichtete, freundliche Blicke für seine Umgebung hatte. Um Belohnung durch solchen Blick war es den beiden zu tun. Sie steckten die Köpfe zusammen, berieten, was man morgen zu Tisch geben sollte. Obwohl Neander hübschen Unterkunftspreis bezahlte, reichten Klaras Mittel, des vorgeschlagenen Mahles Kosten zu bestreiten, nicht immer aus. Dann legte der Pensionär eine Mark, einen Taler zu, geplanten Schmaus und die mit Sicherheit folgende Belohnung zu ermöglichen, und als sie eines mißlungenen, knappen Mittagessens schrecklicher Eindruck beide ein einziges Mal getroffen hatte, gewöhnte Klara sich, breiterer Haushaltführung erhöhte Kosten ohne weiteres von Neander zu fordern, der ein übriges tat, einen Leckerbissen, Frühgemüse, Wildbret ins Haus brachte. Dann kam für das ausgegebene Goldstück von der Hausfrau entzücktem Händedruck bis zu Schuhlins wollüstigem Verdauungsschnaufen unaufhörlicher Dank an den Geber, Feststimmung ins Haus, die, schlürfte der Meister ans Klavier und gab seiner dankbaren Gemütsstimmung tönenden Ausdruck, ihren Gipfel erreichte.

So lief die Zeit. Draußen in der Welt gab es Ereignis auf Ereignis; Politisches, Kulturelles beschäftigte die Zeitgenossen. Luftschiffe wurden wichtig, ein afrikanischer Aufstand. Es tobten und beruhigten sich die Börsen abwechselnd. Im Haus am bayrischen Bergsee nahm man von nichts Kenntnis. »Was leistete Musik bis zu Ludwig Schuhlin, und wie geht dessen Werk über alles Erreichte hinaus«, hieß das in unzähligen Varianten behandelte Thema. Der Meister im Lehnstuhl läßt die Trabanten Fragen um diesen Kern stellen. Dann spricht er gütig, anerkennend von großen Musikern vor ihm, macht kluge Anmerkungen zum eigenen Schaffen, läßt durch den beseelten Blick ahnen, alles von ihm Fertiggestellte sei im Grund Stückwerk, und seiner Sendung wahrer Anlaß ruhe in der Zukunft Schoß.

Regung der Zuhörer ist verstummt. Glieder und Blicke sind in Andacht gelähmt. Schuhlins Atem strömt, nach schönen Perioden seiner Satzbauten, in breiten Wellen. Er lächelt gerührt, eine Träne hängt ihm im Auge. Er verläßt das Zimmer.

Doch während Klara, in den Stuhl gestampft, sitzt, läuft der Jüngling mit erhobenen Armen, gerollten Fäusten von Tür zu Tür, hingerissene Begeisterung macht sich in Stöhnen und Seufzen Luft. Er faßt Klaras Hände, und mit Druck und Widerdruck verständigen sich die beiden über Anfang und Ende einer gemeinsamen Welt. Ihrer selbst waren sie blind und taub. Es wußte der eine vom Gesicht des anderen nichts. Gegenseitiges Wesen, Gestalt blieb ihnen Luft.

Also waren sie einander nicht im Weg, bis im Bestreben, aus abendlichen Plaudereien Erkenntnisse festzustellen, der ältere Mann Aufmerksamkeiten für den anderen, die das Weib ausschlossen, hatte. Da Neander gleichzeitig begann, Geschenke, Kosthappen, Flaschen guten Weines, doch auch Klavierauszüge und Gebrauchsgegenstände aller Art mit Umgehung Klaras an Schuhlin auszuliefern, sah sich die Hausfrau in Gefahr, in unebenbürtige Stellung gedrängt, aus Gemeinschaft ausgeschlossen zu werden. Ihre mit Tatkraft unternommenen Gegenmaßregeln, den Gatten nachts, war er nur ihr erreichbar, mit allen Mitteln an sich zu ziehen, konnten nur halben Erfolg haben, da mit Tagesanbruch die Bindung zwischen den Männern wiederhergestellt war, Neander zielbewußt jeden Erfolg Klaras, den er wahrnahm, durch immer kostspieligere Überraschungen für Schuhlin ausglich. Des Eindringlings Überlegenheit war, bei gleicher Hingabe Leibes und der Seele beider an den Herrn, durch geldliches Vermögen gewährleistet. Das zu zerstören, sah Klara als ihres Lebens nächsten, unvergleichlichen Zweck ein.

Sie stellte sich, als sei ihr um des Vergnügens willen, das er darüber empfand, ihres Mannes engeres Zusammengehen mit dem Schüler angenehm. Bei jedem Geschenk für ihren Gatten schien sie sich mitzufreuen, und nachdem sie aus Neander die Höhe der ihm zur Verfügung stehenden Mittel gelockt, die Geringfügigkeit einer Summe von vierundsechzigtausend Mark dem zu leistenden Aufwand gegenüber erkannt hatte, reizte sie ihn, Schuhlins beiläufig geäußerte Bedürfnisse zu befriedigen. Dem brachte sie auf unterirdischen Wegen im Bett immer gesteigerte Wünsche bei: wie mußte sich ein Teppich im Wohnzimmer ausnehmen? Gewänne er mit einem Fahrrad nicht die Fähigkeit, die herrliche Umgebung im Umkreis kennenzulernen, aus Kenntnis zu beherrschen?

Schuhlin schien's, zum erstenmal sei er mit Gott einig. Wie sich die beiden Geschöpfe an seiner Seite tummelten, bis ins Innerste regten, daß Sinn und Nerve für ihn zitterte, fand er als Schöpfungseinfall prachtvoll, sinngemäß. Im Ausdruck glaubte er manches steigern, folgerichtig verknüpfen zu können. Hier zügelte er Neander, da stieß er Klara vorwärts, wies und verwies sie, sprach von Himmel und Erde, in welcher Erscheinungsform sie ihm angenehm seien, was geschehen müßte, den ersehnten Zustand der Elemente mit Menschenmitteln immer für ihn herzustellen. Wie man Licht blende, verstärke, Geräusche abstelle, Schwingungen, Gerüche verhindere, wirken lasse. Kurz: spitzte der Unterworfenen Ohren für der Atmosphäre leisesten Hauch.

Ihre Zwistigkeiten entgingen ihm mitnichten. Er peitschte sie mit Wettstreit. Potz! sagte er zu Klara, Hei! zu Neander und ließ in beiden die Motore knattern. Sie fuhren ihn, während Gas auf die Ventile drückte, mit letzter Übersetzung über des Tages steilste Hindernisse, lagen abends, ausgeblasene Hülsen, vor ihm, aus denen er Luft mit Füßen trat. Mit Hebel, Kupplung, Bremse fuhr er sie, wohin er wollte.

Darüber hinaus mußten sie Einfälle haben, sollten nicht nur wirklich, auch transzendental sein. Mit dem Mann gelang das am besten. Immer demütiger bot das Weib nur Fleisch an. Doch zuckte der Jüngling manchmal ins Erhabene.

So riet er, Schuhlin sollte sein Bett in der breiten Wand Mitte stellen, daß er durchs Fenster über die Landschaft gen Osten zum Horizont in aufgehende Sonne wie Louis Quatorze zu Versailles blickte. Das wurde gleichen Tages angeordnet. Klara flog zu Neander ins Beigemach, und Schuhlin holte nachts allein im Schlafgemach breiteren Atem.

Vier sehnsüchtige Augen hingen an der Tür, aus deren Spalten Licht drang, las der Herr vor dem Einschlafen noch die Zeitung. Rascheln umgewendeten Papiers, Geräusch des sich rekelnden Körpers, ein Knacken der verlöschenden Lampe erregte zwei hochaufhorchende Herzen. War alles still, belauschten Weib und Mann, parallel ausgestreckt an entgegengesetzten Wänden, mit Neid und Erbitterung den gegenseitigen Herzschlag.

Doch während Schuhlins menschliches Ausmaß wie eines ungeheuren Baumes Krone das Dach des Hauses durchbrach, alles, was in ihm tot und lebendig war, beschattete, in Klaras Herz sich Haß gegen Neander zu einem Zuckerhut aus Stahl verdichtete, der eines Tages mit Geschrei des Fluges sein Sprengmehl als furchtbaren Strahl auf ihn niederstreuen mußte, schmolz dem durch wütende, überstürzte Ausgaben das mitgebrachte Geld. Die Gewißheit erfüllte Klara mit so heißer Schadenfreude, daß ihr Antlitz brannte, den Verschwender zittern machte, ihm jede Genugtuung zerschlug. Von des Weibes Gesicht konnte er den Blick nicht wenden, fürchtete ein in ihm auftretendes Lächeln, bevor es da war. Je kleiner seine Barschaft wurde, um so toller schien der Feindin Grinsen. Durch schwarze Nacht glaubte er ihre verzerrten Züge zu erkennen, und ob er sich in die Decke vermummte, es lächelte um ihn, hinter ihm her. Als er einst ein ersticktes Kichern hörte, sprang er aus den Kissen mitten ins Zimmer so zischenden Atems, daß ihm die Bedrohte auf nacktem Boden entgegenstand. Dort griffen sie sich bei Leibern, und stumm rissen, traten, schüttelten sie einander, bis ihnen das Leinen in Fetzen hing, im Allerheiligsten sich leichtes Stöhnen hören ließ. Da nahm jeder die Fänge von des anderen Fleisch, kroch geschunden auf seine Matratze zurück. Zu solcher nächtlichen Melodie klang weiter bei Tag Schubert, Chopin, Schuhlin mit Symphonie und Sonate. Aus Himmeln wurden zwei Menschen in Abgründe geschleudert. Unaufhörlich trieb sie ein Mühlrad aus Sternen zur Hölle, wieder hinauf.

An Schuhlins fünfunddreißigstem Geburtstag waren vier Jahre ihres Zusammenlebens vergangen. Gegen Abend dieses Tages sprang dem Hausherrn wieder der Gedanke, dessen er sich immer weniger erwehren konnte, ins Bewußtsein. Würde man sich heute zur Nacht getrennt haben, wollte er im Bett von Grund auf feststellen, was ihm seine Spekulationen in runden Zahlen verbürgten, was Klara, die er, ihr photographisches Geschick durchzubilden, getrieben, die in Dorf und Umkreis schon Einnahmen mit ihren Bildern hatte, bei zielbewußter Arbeit, was Neander durch Klavierunterricht für ihn verdienen mußte. Bringe er Auslagen für Fahrgeld, Einnahmeminderung durch Krankheit der Verdienenden, alles Unvorhergesehene vom durchschnittlichen Erträgnis in Abzug, glaubte er, die Summe von zwölftausend Mark als nicht mehr zu bezweifelndes Jahresergebnis der gemeinsamen Arbeit für ihn einsetzen zu können. Durch Hin- und Herrechnen wollte er der Sache heute nacht schriftlich zu Leibe, genaue Bilanz mit schwarz und roter Tinte machen.

Immerhin freute er sich der gefundenen Zahl, die er mit oft verändertem Tonfall vor sich hin sagte, von Herzen. Am Tisch sitzend, hatte er Beine von sich gestreckt, die Zunge stand durch Zähne aus geöffnetem Mund schweißend hervor. Volkslied ging ihm mit »O wie wohl ist mir am Abend« durch den gehobenen Sinn. Als er aus günstigen Voraussichten ein hinreichendes Maß Behagen in sich gesogen hatte, formte er, an den Flügel sich ziehend, den anmutigsten Tanz auf Tasten, aus dem er, eine Gegenbewegung zögernden Zweifels erfindend, Hoffnung fröhlicher klingen ließ. Dann riß er das Thema durchs Gewissen in höhere Sphären, ließ Taktgefüge wuchtiger brausen, Harmonien die Melodik begründen, bis seines blühenden Daseins, angenehmer Zukunft Gewißheit so süß aus Saiten rauschte, daß sich überall Tür und Fenster auf die Straße öffneten, Menschen aus Stuben lauschten.

Ins Zimmer aber traten vor des Spielenden transparent erleuchtete Augen zweier Menschen liebende Antlitze. Langflügelige Engel Fra Angelicos stützten sie sich von beiden Seiten an das tönende Instrument. Aus geblähten Backen blies so gewaltig aus Posaunen ihrer Seelen zustimmender Oberton, daß er das Segel von Schuhlins Herz wellte, es beflügelter Ja und Amen zu der Absicht, die es mit den zufriedenen Opfern hatte, spielen ließ.

Als man die schweigende Mahlzeit, bei der Blicke hin und her sprachen, beendet hatte, zog Neander feierlich eine Zigarre, die er dem Meister reichte, aus der Tasche. Sie war lang, dick, glatt gedreht, von graubrauner Farbe. Ein breiter Ring aus gold und rotem Papier lief um ihre Mitte, auf dem das Wort »Intimidad« stand. Hoch auf zuckte Klara im gleichen Moment, wußte sie doch, hier gab der Nebenbuhler seines Vermögens Rest fort, habe in Zukunft keinen Vorteil mehr vor ihr voraus. So erschütterte sie die ersehnte Wahrnehmung, daß sie die Augen schloß, Gesichtsmuskeln verhielt, fürchtend, des ausbrechenden Glückes Gewalt könnte Neander zu einer Verzweiflungstat augenblicklich hinreißen. Wie inständig der ihr Antlitz durchforschte, er fand in ihm gleichmäßige Ruhe.

Schuhlin schnitt mit leichter Verbeugung gegen den Geber umständlich die Spitze der Zigarre herunter, beroch, klopfte, schüttelte die Havanna, bis er sie mit zwei Streichhölzern von allen Seiten in leuchtenden Brand setzte. Während sich Wölkchen hoben, Ringe, Blasen, gezackte Ränder, aus des Rauchers Mund und Nase gestoßen, Klara hinter gekniffenen Lidern jeder einzelnen, die verschwebte, folgte, trat Neandern kalter Schweiß auf die Stirn, des Zimmers Boden schien zu schwingen.

Dämmerung sank; fast saß man im Dunkel. Es leuchtete der Zigarre feuriger Ring bei jedem Zug, noch einmal, immer noch, bis Schuhlin ein Überbleibsel in die Schale warf und zerdrückte.

Dann gab er Neander die Hand, schien dessen gespenstische Grimasse nicht zu bemerken, ging in sein Zimmer hinaus. Klara, das entflammte Auge in Neanders erstarrten Blick gedreht, folgt unmittelbar. Da der Geplünderte allein stand, brach ihm das Haupt von einer Axt angeschlagen auf die Brust, aus der ein einziger Ton heraufgrollte. Den hört, hinter der Tür, die Frau, und während er ihr in allen Sinnen wohltut, überläßt sie sich schrankenlos ihrem größeren Glück.

Als sie, Federn schüttelnd, von Schuhlins Bett her durch die Pforte zurücktritt – ihres stets zu erneuenden Sieges Glanz stand ihr als Stern zu Häupten –

Da sie der Stahl aus Neanders Hand, ins Herz gestoßen, schon hingeworfen hatte, des Totschlägers entseelter Leib, über sie stürzend, an die geschlossene Tür schlägt, in diesem Augenblick dreht Schuhlin sich ermuntert der Nachtlampe zu, beginnt, die Brust weitend, Arme von sich stemmend und wieder anziehend, kraft- und glücksgeschwellt, unter lateinisch A und B Zahlen zu malen, deren Summe ihm seines Daseins materielle Sicherheit gewährleisten soll.

Andern Tages sah er überrascht, daß die gefundene Ausrechnung hinfällig geworden war.

Sanfte Trauer hindert ihn nicht, unverzüglich neue Verbindungen zu suchen, die ihm die Mittel zu jenem Leben, das er als ihm gemäß und seiner Bedeutung zukommend ein für allemal erkannt hatte, sichern sollen.

Meta

1916

Meta war dienender Geist, geboren im gleichen Städtchen, in dem sie Stellung bei bürgerlicher Herrschaft hatte. Siebzehn Jahr, schien sie klein, fest, hatte zu mittleren Formen den vollen Busen der Frau, auf den sie stolz war, den sie herausstrich, mit Brosche und Blume garnierte. Haar, das blonder Welle aufgelöst ins Knie hing, wusch sie mit Branntwein und Kamille. Der dünne Sopran sang Volks- und Kirchenlied; warm wie ein Öfchen war die Person.

Sprang sie morgens aus Kissen in die Kammer, verschlug ihres Körpers Hitze des Nordzimmers Kühle angenehm. Bei jeder Bewegung, warf sie die Arme ins Waschbecken, fuhr mit dem Bein in Hose und Strumpf, hob es zum Schuhknöpfen auf den Stuhl, ging ein molliger Hauch in die Atmosphäre, alle Umgebung war für sie behaglich angewärmt.

So fand sie, von Frost und Schauern nie zur Eile getrieben, Zeit, sich beim Anziehen im Spiegel zu sehen, unter das Haar, in den Rachen zu spähen, Zähne tüchtig zu bürsten. Mit billigen Pasten salbte sie die Haut.

Da sie ihrer Arbeit hingegeben war, blieben die Hände, die in Soda und Lauge schwollen, Risse und Borken bekamen, ihre ständige Sorge. Unter dem Zeug war sie blank wie Porzellan, aus Ärmeln schauten breit und blau die Flossen.

Kleider vom glatten Tuch standen ihr zum Entzücken, beim Schaffen schien die Schürze angegossen. Stand sie hoch auf Leitern, sah man der Wäsche Säume weiß, aus Wolle schwarze Strümpfe. In der Bewegung spielten Glieder rund, im Rhythmus.

Der Herr, erwischte er sie in einer Ecke, patschte sie leutselig aufs Hinterteil. Sie lächelte und nahm's als Herzensbeifall. Schon hundertmal hatte er sie getätschelt, und es sprang kein Flämmchen aus ihr. Noch war sie nur für sich niedlich, Blicke der Männer machten sie in der Selbstschätzung sicher. Im Sommer schwitzte sie, im Winter wünschte sie's zu tun. Frühlinge sagten ihr Besonderes. Da wurde ihr Tun gemessen, sie verhielt sich, Kräften, die sie spannten, begegnend, flog ein wenig von innen heraus; ihre zum Gebet gefalteten Hände drückten die bewegte Brust, das drängende Leibchen nieder.

Im Spiegel sah sie sich ins Auge und fand alles weit und blau. Reiz stellte das Gefieder der Haut auf; sie schnurrte. Oft fiel sie in den Sitz und staunte. Befühlte Gegenstände, sich selbst und mußte, Tränen im Blick, den Kopf schütteln. Abends im Bett, offenem Fenster entgegen, lächelte sie ins Himmelslicht und dachte ihr Teil.

Plättete sie der hübschen Hausfrau Wäsche, hatte sie gerührte Vorstellungen. Zärtlich strichen Hände Spitzen und Rüsche. Armes, dachte sie, glückseliges Weib dann wieder, und aus ihr hüpfte Mitgefühl. Hemd, Kragen, Beinkleid des Mannes weckten ihr gutmütigen Spott. Die Männer, das war eine Sache für sich; doch immer zum Kichern.

Sie lächelte jeden, dem sie Rede stand, an, spürte, es ist nicht ernst mit ihm. Nur ein wenig Blitz brauchst du in den Blick zu stellen, das Mäulchen zu schürzen, mit seiner Gewalt, dem festen Auftritt ist's vorbei. Beamten, die behördliche Mahnung brachten, entgegnete sie auf ihr »endlich!«, »unwiderruflich!« mit Heiterkeit, daß die das Auge schlugen, gleich fröhlich von der Sache wegzureden begannen. Einem Polizisten hatte sie den Arm gestreichelt. Waren die Männer in die Treppe zurückgetreten, schmetterte sie helle Triller nach, daß die draußen lachten und dachten: welch niedlicher Vogel, welch frecher! Und ihnen noch einmal wohl wurde. An Straßenecken grüßte sie Obrigkeit, Wagenführer waren ihr gewogen. Milchmann und Schornsteinfeger grinsten bei ihrer Begegnung, und zum Dank hatte sie für alle einen Blick, Duft ihrer Frische. Regnete es, hob sie Röcke an die Wade, fing sich trippelnd aus Blinzeln und Geschmunzel bärtiger Gesichter eigenen Sonnenschein. Hochgestimmt war sie an Sonntagen, an Festen überirdisch bewegt.

Zu Weihnachten bekam sie von der Herrschaft ein leeres Heft, auf dem in goldenen Lettern »Tagebuch« stand. Dazu ein gedrucktes Buch, einen Roman des Titels »Zug des Herzens«. Mit des Tagebuches Spende war von den Gebern nicht, ihre Magd zur Selbsteinkehr zu führen, beabsichtigt. Die Frau hatte es geschenkt bekommen, gab es, andere Gabe zu sparen, weiter. Der Roman war eigens in einer Buchhandlung für Meta gekauft.

Erste Liebesgeschichte war es, die das Kind erfuhr und vermittelte ihm stürmischen Eindruck. Held und Heldin des Buches liebten sich auf vorbildliche Art; das Mädchen war leiblich und seelisch aus dem Ei gepellt; machte, stand sie bei dem Geliebten, mit Rede und Geste heldische Anstrengung. Ihre Flechten waren gelöst, Augen blitzten, Brust hob sich regelmäßig stürmisch. Auf ihrem Antlitz lag Güte, sie lispelte hold, ließ abwechselnd das Haupt dem Mann an die Schulter und in den eigenen Nacken sinken. Der Liebende war Standbild aus Bronze, sprach Gold, schwieg Erhabenheit. Es ließen Situationen sich himmlisch an trotz einiger böser Menschen, die zum Schluß ihr Unrecht bekannten. Küsse knallten auf jeder Seite, und einmal war von etwas die Rede, was Metas Blut zum Wallen brachte.

Hinterher war sie mit Dichtung gefüllt, schickte mit jedem Gedanken Übersinnliches in die Welt, verband aller Handlung dunklen Zweck. Zittern befiel sie beim Bügeln der Wäsche, es schwindelte sie, räumte sie des Ehepaares Schlafzimmer auf; Geheimnis wuchs in der Brust, sie neigte ein wenig zur Angst. Auch legte sie den geschwungenen Arm an einen Türpfosten und seufzte verzaubert. Schwäche saß in den Schenkeln, von der Küche sah sie zum Hof auf Tiere, die sich berochen.

Erst wälzte sie Gedanken, dann saß sie abends bei Papier und Feder, stach entschlossen ins Faß. Doch flossen vor der Tinte Tränen auf die Seiten, und ihr entfuhr ein »Jesus!« nach dem andern.

Fedor, der Held des Romans, wuchs in ihr Leben. Aus Leonores Armen, der sie auf manche Schliche kam, riß sie ihn, zog ihn zu sich hinüber. Eine Vollkommenheit ihrer Seele nach der andern entschleierte sie dem Entzückten, der mit »geliebtes, himmlisches Weib« respondierte, segnende Gebärden auf sie schwenkte. Dazu murmelte Meta ein erlöstes: »Ach!« Einmal, als sie ihm eine Tugend, die ihr eignete, zuraunte, wollte der Hingerissene ihre Lippen. Da aber richteten Trotz und Person des Mädchens sich hoch, bis sie durch Glut der Blicke versengt, in den Wirbel seiner Küsse einging.

Nun hockte sie, von Arbeit fort, in den Winkel. Die Lippen schmiegte sie zwischen die eigenen Finger, die sie geschlossenen Auges besog. Fedors Atem blies sie an aus ihnen, sein Wunsch und Wille lag ihr wie Faust auf dem Haupt. Er wuchs sich aus, lauerte dem Schluß ihrer Arbeit auf, trieb sie, Hände wie Hämmer auf sie gehoben, in die Kammer. Dort preßte er den Rücken an die Tür, breitete Arme und Beine und sperrte gänzlich den Weg. Dann stellte er die Forderung: ihr Kleid sollte sie abwerfen, Wäsche zeigen. Sie aber schlug das purpurne Antlitz in die Hände, und während Fieber sie quirlten, stieß sie das gerade noch hörbare Nein als Hilfeschrei, der ihn verjagte, heraus.

Das ging Abend für Abend. Beim Einbruch der Dunkelheit sprang seine Tatze aus der Wand und trieb sie. Wo sie stand, blieb der Zugriff hinter ihr. Sie lief mit vorgestoßenem Schoß, legte schützend Hände unter das Gesäß. Das war ihres jungen Lebens Zustand, als Franz erschien.

Er brachte eines Morgens ein Telegramm und sah, als er's gab, in die Luft. Da er auf Antwort wartete, blieb er in der Küche. Meta suchte, seinen Blick aus dem Nichts zu fangen; doch wich er aus. Endlich gelang es ihr, sich ihm in den Sehwinkel zu haken, und nun zog sie des Jungen Haupt gegen ihr Antlitz, ließ es Kreise beschreiben, und als er es geradeaus hielt, Augen aufriß, blies ihm das Mädchen bis zur Herzgrube ihren Glanz. Sofort war er innen mit Licht tapeziert. In Magen und Eingeweide, an des Leibes Wänden verzehrten ihn ihre Feuer. Er stand gelähmt, und erst, als sie ihn rief, schlenkerte er weg. Doch wurden Depeschen im Städtchen nicht mehr schnell bestellt, denn er verweilte auf Brücken, in öffentlichen Gärten. Bog der Büsche Zweige nieder, ließ sie schnellen, und ihm war's süßer Schreck. Er mied Ritzen der Trottoirplatten, ließ Finger an Gittern spielen. Sonntags sackte er in eine Bank im Park, trank des unvergeßlichen Morgens Erinnerung.

Meta aber putzte, nach ihm zu spähen, Scheiben zur Straße. Kam er, hing sie den Rumpf, die halbe Brust ins Freie, flatterte, Tuch in Händen, eine Fahne am Fenster. Den Kopf in die fortstehende Sohle, ihres Rockes offenes Loch gereckt, marschiert Franz unten vorbei. Einmal, als sie ihn anrief, wurde er flach hingenagelt, sperrte Mund und Augen wie ein Karpfen auf, war, ohne daß er sie verstanden hätte, verhimmelt. Nun begann, was Regeldetri ist: dumme Liebe in dem Jungen, der träumte, was das Zeug hielt, mit keuschen Symbolen. Engel war für die Angeschwärmte das mindeste Gleichnis. Er gab ihr Krone, Kelch und Dorn, alle Vollkommenheit voraus. Sie empfand's, als sie mit ihm das erstemal in die Felder ging. Anders als in ihrem Verhältnis zu Fedor mußte sie sich nicht brüsten. Wort aus ihrem Mund war Allegorie, Silbe Botschaft. An ihrer Seite ging er, Andacht und Glaube. Sie schwatzte Blasen ins Blaue und spürte, Basalt fiel ihre Rede auf sein lauschendes Herz. Ihre blasseste Geste blieb ihm denkmalhaft in der Vorstellung; schloß er die Lider, rauschte sie großflügelig mit Schwung und Faltenwurf des Gewandes. Auch Natur, die sie bezeichnet hatte, verharrte für ihn endgültig. Als sie bei einem Spaziergang den sinkenden Sonnenball zeigte, stand er Tag und Nacht seinem Auge an der gleichen Stelle. Silhouette der Berge, an regnichtem Morgen von ihr mit dem Finger an den Himmel gerändert, blieb dort, in Wolken gemeißelt. Überglücklich fand sich Meta, diese Anbetung ein Wunder, das ihres Lebens Sinn erhellte. Was galt Arbeit und Abhängigkeit, stand abends am Haustor der Trabant mit dem Thronhimmel seiner Liebe, unter dem sie als Kaiserin ging? Maskerade war ihr Dienst; Wirklichkeit begann an des Verliebten Seite.

Das Mädchen sah der Gottesmutter Bildnis oft und dringend an, nahm viel aus Haltung und Gebärde für sich wahr. Meinte, des Jünglings Sinn mit Wirklichkeit stützen zu müssen, doch erfuhr nicht, daß der Eindruck ausblieb, weil die männliche Seele sie strahlender, als sie es darstellen konnte, sah. Ihm war sie nicht Maria, doch Meta dazu. Und die war ihm ursprünglich herrlicher.

Flitzte auf gelbem Rad er vorüber – stand sie im Fenster –, riß er die Mütze in die Waagrechte, schickte mit gedoppeltem Blick ewige Treue. Lob für forsches Fahren spendete sie ihm, bat, sie es auch zu lehren. Doch als er bei Dunkelheit kam, sie in den Sattel hob, bewegte sie sich schlecht. Fürchtend aber, seine Erwartung sei, schnell müsse sie die Lenkstange packen und, die Maschine beherrschend, sie mit Schwung aus sich selbst in Gang setzen, stieg sie wieder zur Erde, behauptete, dies zieme ihr nicht.

Überall, weil sie infolge seiner Anbetung eine Formel der Vollkommenheit erfüllen wollte, bemühte sie sich, die Schöpfung von ihr abhängig zu zeigen. Hatten sie des Berges Gipfel bei Hitze erstiegen, starrten, Atem ausbrausend, Rausch der Freiheit an, wollte sie Wasser, sonst nichts, bewußt, anderes möchte nicht zu finden sein, Göttern aber versage sich nichts. Oder sie sprach, wenn schon Tropfen fielen: daß es doch regnete! Und stellte der Elemente Sturm mit Hinweis auf die Pracht des Regenbogens ab, doch so, als hätte der auf ihren Ruf sich erst entzündet.

Sie war sich, unvergleichliches Leben mit Franz zumachen, bewußt. Keine Nebenbuhlerin könnte gefährlich werden; an goldenen Fäden lenkte sie die Welt, zog mit sphärischer Landschaft, englischen Freuden immer Paradies auf die Szene.

Ihr Lohn war sein staunender Beifall. Ausgleich für Gefühle, die sie schon heimsuchten. Einen Frühling hindurch liefen sie umbuschte Wege Höhen in Freistunden hinan. Saßen im Moos, das Bild der Heimat, in das Meta die gestellte Sonne blieb, vor sich ausgebreitet.

Sie lebte Dogma. In seinen Glauben geschient, war ihr Wille seiner Demut unterworfen. Seine herrische Andachtsforderung ließ ihr im einzelnen Spielraum, zwang aber ihres Lebens Richtung unbedingt. Herzlich liebte sie ihn, bewunderte die entfesselte Hingabe und begann ihm die zu neiden.

Baute er sie steil auf, machte Kniefall, sie aber mußte mit seelischer Verzierung stehen, hätte sie hinsinken, auch anschmachten, anbeten wollen. Ihre erzwungene Stärke trieb ihr Tränen ins Auge. Der Gesten Erz begann zu reißen, ihrer Stimme Metall zerbrach. Brüchig ward das eherne Standbild, Fleisch begann in die Furchen zu wuchern. Stand er jung, stark als Mann gewachsen, senkte das Haupt an ihre Brust, auf das sie die gekreuzten Hände legen mußte, konnte sie die Aufwallung nicht unterdrücken. Oft schüttelte Reiz sie so mächtig an seiner Seite, daß Zähne schlugen und Gebein klappte. Er aber sang knabenhaft frei das Marschlied in die Luft.

Sie betete zu allen Heiligen, den Sinn ihm zu ändern, seiner Kraft und Gewalt möchte er sich bewußt werden, wünschte die ins Fenster geschmetterte Faust, daß Scherben vom Kitt klirrten. Vorm Schlafengehen brach sie ins Knie, senkte der Seele Sehnsucht nach Hingabe in selbstvergessenes Gebet. Wollte sie dann sanft mit gütiger Schonung den Anfall ihrer weiblichen Schwäche ankünden, schob er doppelte Riegel vor. Er werde seine Andacht bis zu den Sternen spreizen, doch müsse sie das unzerreißbare, sich immer weitende Gefäß für sie bleiben. Dazu flatterten seine Worte, Arme ruderten mystische Mühlen. So blieb sie Heilige weiter, doch fraß der Wurm in ihrem Blut. Sie duldete seinen Kult, spürte in allen Sinnen, durch welche Mittel sie ihn zerschlagen, Franz vergotten, in der Rolle der demütigsten Magd sich selbst bis zum Rand mit natürlichem Glück füllen könnte.

Als sie eines Abends zum Bad in flache Schale Wasser tritt, das Gesicht über die Schulter in den Spiegel legte, sah sie sich rückwärts so: von mittlerer Größe, schien in der Hüfte die Gestalt edel geteilt. War auch das Postament der Beine höher, saß der Rumpf mit gutem Verhältnis darauf. Leuchtendes Weiß des Fleisches war durch der Flechten Blond getönt, die, von der Hand im Nacken gepackt, von dort in zwei Flüssen mit spitzer Mündung zu jenem Taillenschwung liefen, der Meta ihres Leibes geheimnisvolles Mittel schien. Sie bleibt von Reiz gefangen, als sie der Hüfte Betonung in Linien, die das Kissen des Gesäßes vom Schenkel, das Knie von der Wade trennen, sich wiederholen sieht. Ihr hell gewordenes Auge stellt den vierten Ton fest: die Schulterlinie, die durch den hochgenommenen Arm deutlicher wird. Mit dieser Vierteilung Hilfe geht ihres Leibes Sinn ihr völlig auf: zum Denken der Kopf, Beine zum Schreiten. Zwischen Hals und Hüfte ist der Rumpf Sitz der Organe, die das Himmlische vermitteln: durch Lungen und Herz den Odem Gottes, aus dem wir leben.

Dahin aber, wo, ein geschwellter Kessel, der Leib zwischen Schenkel und Hüfte eingelassen ist, hat ihr kindischer Sinn, hat Franz nie gedacht. Dort, während Blutsturm sie purpert, Arme zur Höhe fliegen, fühlt sie entscheidende Gewalten sitzen.

Ihre Erkenntnis war beim nächsten Beisammensein deutlich. Kopf und Oberteil hatten die Schwere verloren; doch setzte sie Schritte gewichtig, als liefen die Beine in Scharnieren, sie müßte, Reibung und Kreischen der Teile in den Gelenken zu vermeiden, die Hüftknochen emsig drehen, das Rückgrat pendeln lassen. So kam es, daß beim Gehen ihr Rock des Mannes Schenkel schlug, während Metas Blick auf seltsame Art verglaste. Schnell aber merkte sie von seinen Gliedern Widerstand, der ihr die Knochen bog, sie in das lustige Trippeln, mit dem sie neben ihm gegangen war, zurückzwang. Auch im Gespräch duldete er die Einführung solcher Worte nicht, die ein Fallenlassen strenger zwischen ihnen geltender Regeln andeuten wollten.

So griff sie, ihr Gleiten aus Franzens Himmel zur Erde zu ermöglichen, zur List. Den Hut ließ sie fort, Haar vor ihm in Verwirrung spielen; ging leicht gekleidet, daß Wind die Musseline blähte, Sonne sie durchsichtig machte, zeigte an Hals und Armen Streifen rosiger, gepelzter Haut. Auch hob sie, gelöstes Schuhband zu knüpfen, sitzend das Bein übers Knie, war seinen Blicken nirgends geizig. Die aber schienen in solchen Augenblicken mit milchigem Horn gepanzert, schössen Drohungen, die das Mädchen rührten, endlich, als sie den gesunkenen Strumpf in seiner Gegenwart aufzunehmen gewagt hatte, durch lodernde Gewalt erschütterten.

So riß sie sich zusammen, gelobte ein für allemal auf ein anderes Glück zu verzichten, ihm weiterhin die himmlische Liebe zu sein. Für ihren Verzicht aber wollte sie ihn an der Hingabe Grenzen sehen, damit, könnte sie selbst sie nicht betätigen, sie in seiner Seele demütiger Liebe süßestes Bild entzündet finde. Er müßte gesamte Leiblichkeit in ihrem Dienst ändern, Lebenswärme beleben, Geschmeidigkeit, Beweglichkeit ausbilden. Zerrissenes möge er in sich binden, Gebundenes in sie lösen. Höher sollte er jubilieren, und der Träne Gabe müsse ihm immer eignen. Sie fordere Gesamtsinn verfeinert, Einbildungskraft gesteigert; Poesie wollte sie in ihn gegossen, überall stürmische Bewegung der Willenskräfte. Sie sei nicht Heilige, ohne daß er ein im stärkeren Maß ergriffener Gläubiger zu sein sich bemühe.

Durch solche Worte über seiner Jugend statischen Zustand in eine seiner Natur genehme Entwicklung geführt, brach Franz in Ekstasen der Liebe auf. In seinen tiefen, mittleren, obersten Gebieten wandelte er Leiblichkeit in reinen Geist, war zu jeder von ihr gewollten Vision bereit. Während Meta tagsüber Arbeit als simples Stubenmädchen verrichtete, sah Franz sie, wo sie erschien, in höhere Erscheinung transformiert. Er sah ihr Antlitz, Hände, Haare, Atem leuchtend werden. Erlebte sie aus leerer Luft strahlend, figürlich.

Ihr blieb von ihm auf diesem Gebiet nichts mehr zu hoffen übrig.

Da wurde das Land in einen Krieg gestürzt. Männer verließen die Familie, das Vaterland zu verteidigen, wie sie, in Schritt und Tritt marschierend, durch die Gassen sangen. Franz, der das zwanzigste Jahr nicht erreicht hatte, blieb daheim. Doch lag auch auf den Bleibenden Druck, es schien, ihr Schicksal von denen, die im Feld standen, zu trennen, unmöglich. Jeder war von sich zu fremdem Los gerissen. Als in des Feldzuges Fortschreiten immer neue Scharen hinauszogen, war es beiden, auch ihre Trennung stünde bevor, offenbar. Wehmut legte sich auf alles Erleben, Welt schien gewohnte Weite verloren, Brücken zum Himmel zerstört zu haben. Jede Frage wurde praktisch, Antwort lautete aus irdischen Begriffen. Maßnahmen des Feindes zwangen, an Notdurft, Beschaffung von Essen und Trinken zu denken. Die ersten zusammengeschossenen Krüppel traten auf, es galt, ihre künftige Versorgung vorzubereiten. Überall stand Allgemeinmenschliches für menschlich Besonderes. Auch Franz und Meta sprachen von geschlagener Schlacht, Gefahr, Verwundung der Freunde und Verwandten, lernten Artillerie und Infanterie, spickten Sätze mit kriegerischem Begriff, unterlagen dem Eindruck von Sieg und Niederlage. Zeitungen bestätigten der Gegner märchenhafte Niedertracht, bravouröse Tapferkeit der eigenen Truppen stets von neuem. Bei jeder Begegnung rief einer dem anderen zu: »Hast du gehört« und »weißt du schon?« Vom eigenen Schicksal war täglich weniger die Rede.

Als neue Welt sich in Franzens Vorstellung schob, aus Kampfberichten eine herrliche Erscheinung um die andere trat, war Meta aus seines Denkens Zenit gedrängt, führte ein verehrtes, doch peripherisches Dasein in ihm. Das Übermenschliche hatte den Sinn geändert. Des Weibes passive Entrücktheit war nicht mehr anzubeten, doch des Mannes heldischer Griff.

Da hob der Jüngling sich aus dem Gewinde geübter Riten, gruppierte innere Natur nach veränderten Trieben um. Religion war das Vaterland, Vorbild der tapfere Soldat. Ein anderer Gott stand, kriegerisch geschient, in einem Himmel geschwungener Fahnen und Lanzen.

Meta war, mit vergilbten Emblemen friedlicher Güte, in gründlich geänderten Verhältnissen als Ideal unbrauchbar. Handgreifliches Verlangen konnte sich nicht klirrend an sie klammern. Zwar gab sie ihrem Umriß herbere Kontur, der Erscheinung Strenge, Worten Kommandoton, doch vor dem Prall und Knall der Armee-Erlasse, Alarm der Katastrophen und Verlustlisten konnte sie nicht bestehen. In Haltung und Ausdruck ließ Franz Respekt nicht missen. Innerlich aber schaltete er nach neuen Begriffen und Gutdünken mit ihr, fand sie im Waffenglanz nicht denkbar, vor dem schwächsten Manne schwach. Sah ihren zarteren Aufbau, ihrer Stimme dünne Resonanz ein, und daß sie oft zu schonen war. Er stellte sie der mit Standarten stürmenden Angriffslust des männlichen Prinzips, das aus allen Kulissen der Welt blies, richtig als ein anderes, das ruhend ergriffen sein wollte, gegenüber.

Als ihm die Einsicht das erstemal sprang, bäumte herrischer Wille nach ihr, er reckte sich in alle Winde. Den Gestellungsbefehl trug er in der Tasche – da war Knabenalter hin, keck lenkte sein Blick zu des Mädchens Brust, die unter Kattun doppelt gerundet stand.

Als Meta Franz' geänderte Absicht sah, stürzte sie in harten Kampf, spürte aus Ahnungen die augenblicklichen Verhältnisse nicht beständig, daß alles, was in ihnen sich ereignete, dem Wechsel, späterer Verdammung unterlag. Aus allen Lüften sah sie Gebraus, Geschmetter der Kraft in des Geliebten eindrucksvolle Seele geblasen und glaubte dennoch nicht, es fände dort ursprünglicher Gefühle Begegnung. Zitterte, vom süßen Moment hingerissen, möchte sie, fallend, ihm seine Neigung trüben, sich ihm gründlich zerstören.

Da sich, was sie einst geträumt, wirklich erfüllte: Jung, stark als Mann gewachsen, hat sie ihn vor sich, er senkt das Haupt an ihre Brust, stößt ihr das Gesicht in die Taille, schlürft ihre Wärme, bis sich Blut entzündet, im Kessel des geschwollenen Leibes Überschwang an den Ventilen siedet zwingen sie Rufe der Not, Furcht, ersehnter, vorzeitiger Hingabe mit schleunigem Aufbruch, schmerzlichem Aufschwung der Seele zu entfliehen.

Es weiß der Mann aus seines Leibes Verlangen immer unsinnigere Schmeichelei; Natur, alle Kreatur zaubert er in taumelndem Aufruhr vor ihre Augen, und kaum weicht, von eigenem Verlangen gepackt, das Weib noch aus. Schon wird auf blankem Boden des Mädchens Hals und Brust in einer Mondnacht nackt, da ruft am anderen Morgen Franz Befehl zu seinem Truppenteil, in der notwendigen Besorgungen Hast gibt es kaum Abschied.

Erst aus der Garnison, dann vom Lager her, versichert er sie einer Leidenschaft, die hinter schneller Heirat völlige Vereinigung will. Zart fängt er zu bitten an, doch blitzt zum Schluß des Geschriebenen Mannesmut, trumpft geballte Faust auf. Ihr aber, nach häufiger Wendung des Geschickes, beginnt Ahndung eines natürlichen Glücks, von Gott und Menschen gesegnet, zu dämmern, und mit gefaßtem Wandel bereitet sie schlicht in sich das Wesen seines Weibes vor.

Nun herrscht der Allmächtige und »Urlaub« in ihr. Mit Kirchengehen, Gebet bekräftigt sie die innere Sammlung. Aufs Wiedersehen ist sie ganz gestellt, und nur manch Weibliches leuchtet ihr daneben ein. Es kam um diese Zeit die hübsche Hausfrau mit einem Knaben nieder, und Meta ist für alle Vorgänge bei der Geburt Feuer und Flamme. Als aus zitterndem Schoß das Kind entbunden war, der Wöchnerin erlösten Leib in frischen Kissen Jubel des Mutterglücks schüttelten, lag Meta an der Bettkante in den Knien, küßte der glückselig Erschöpften Hände. Reicht ihr durch des Zimmers Sonne das Bündel Windeln, aus dem es quiekt und winselt, an die Brust, staunt auf das Saugende und Gesaugte, Spitzen Rot an den getürmten Brüsten, das in Milch verwandelte Blut, fühlt sich im Hinblick auf die eigene mütterliche Zukunft königlich erhöht, hegt für das aus ihr noch nicht Geborene zärtlichste Gefühle. An Franz schreibt sie: »Mach schnell, komm bald! Alles ist bereit für dich.« In ihrer Seele steht das Häuschen, das sie mit dem kaiserlichen Briefträger bis ans Ende ihrer Tage bewohnen will: zwei Räume, die Küche in einem Garten mit tüchtig Gemüse. In

Stuben lärmen Kinder; im Stall lärmt ein Schwein. Am ersehnten Tag kommt statt seiner die Nachricht, Urlaub sei verweigert; er selbst, näher den Ereignissen, ins Quartier eines hohen Stabes geholt. Ist Metas Enttäuschung groß, verbirgt sie sich nicht, ihr sei das Leben des Geliebten auf neuem Posten sichergestellt, Ordensschmuck unter den Augen oberer Gewalten für ihn wahrscheinlicher als in der trüben Masse an der Front. Was bedeute die Trennung, könne sie seiner endlichen, ruhmvollen Heimkehr sicher sein? Schilt er, man habe ihm den Auszug ins Feld verwehrt, ihn vor Kameraden benachteiligt, lacht sie und sitzt den Winter über geschnittener Leinwand, aus der sie Notwendiges zu baldigem Gebrauch schafft. Brennt in der Kammer die Lampe, schnurrt der Ofen mit dem Kätzchen um die Wette, setzt sie Stich zu Stich mit lustigen Gedanken, ist mit der Gewißheit, in ihrer Liebe hat sie gelitten, geschwankt, doch schließlich sich bezwungen, und nun steht ihr in einem braven Mann richtiges Frauenschicksal bevor, das beglückteste Mädchen.

Franz, der in des Stabsquartiers Haushalt gleiche Obliegenheiten wie Meta für ihre Herrschaft erfüllt – er ist dort Mädchen für alles, putzt, wäscht und wichst zu täglichem Gebrauch, was vor seine Griffe kommt –, fällt nach Monaten treuer Pflichterfüllung in ein hastiges Leiden, das ihm die Därme immer von neuem entleert, bis seine gemarterte Seele aus kaum angebrochenem Leben entweicht. Mit rühmlichen Gefallenen verschwindet sein Kadaver ohne Sang und Klang in fremde Erde.

Frei durch den Himmel ihrer Zukunft schweifend, erhält Meta abends die Nachricht; fällt in Ohnmacht des Begreifens und bleibt, vor selbstmörderischer Torheit bewahrt zu sein, lange genug ohne Bewußtsein. Doch scheint des eingebrochenen Winters Starre sie mit erfaßt zu haben; lange wandelt sie, vor Besinnung gefeit, in Stummheit und Taubheit eingeschneit, huscht, ein wundes Tier, vom Bett durch Stuben zu Bett; keinen Seufzer hört man von ihr. Manchmal steht ein Schweißtropfen, aus Knochen gefroren, auf ihrer Stirn.

Eines Tages sprach der Hausherr sie freundlich mit väterlichem Tätscheln an. Sie sollte zu sich erwachen. Jung sei sie, mannigfach liege Leben vor ihr, Männer gäbe es viele. Auch litte mit ihrer Zerrissenheit der Arbeit Wert. Gott sei gnädig, des Vaterlandes Sache stünde dank siegreicher Schlachten gut, und im Grund sei mehr gewonnen als verloren.

Oben sah Meta die genähten Hemden und Herrlichkeiten, daß es sie an den Elementen packte, über weiblichen Kram in einen Jammer warf, der Tage hindurch sie selbst und Zeug und Wäsche näßte. Auf Bett und Stuhl, wohin sie blickte, saß Franz; an Tor und Tür erschien er wieder, lachend, vertraut zu ihr aufschauend. Dann hurtig enteilend, Mütze schwingend, aufs Rad flatternd. Oder seine Augen sahen vorwurfsvoll aus dem Dunkel; doch bei ihrem zartesten Laut strahlte sein Glaube. Und er läge gestorben? Wo wäre da Sinn? War in ihrem gemeinsamen Leben ein Fehler, Unreines in der Seelen Zusammenhang, und stimmt Gott der Harmonie nicht bis in der Schöpfung verborgenen Winkel zu? Halb entkleidet steht sie zur Nacht in feuchtem Aufruhr im Loch des Fensters, sucht dem Himmel, des Busens Hügel lüpfend, den Weg zum Herzen frei zu machen, daß er es einfältig mit Franz erfüllt schaue. Wäre das Unfaßbare wahr, wo sei in der Umstände Verkettung der Irrtum des Geschehens als Schuld anzurechnen, auf ihrer demütig irdischen oder der allmächtig himmlischen Seite? Doch die Sterne erblassen nicht vor der geheulten Anklage. Kraß und klar leuchten sie tägliche Bilder.

Noch wartet Meta, schiebt den Tag der Abrechnung mit Gott auf, und während das Ohr auf Nachricht aus dem Feld gespannt bleibt – sie ist gewiß, auf einmal kommt seines Lebens Alarm, bebändert, besternt steht er vor ihr, wirft verhaltenen Lebenssturm als Gewitter und Blitz in sie –, prüft sie von neuem ihre bisherige Führung nach Vorschriften der Religion, um sich nicht über des Gläubigen berechtigte Enttäuschung hinaus anklagend zu empören. Sie bekommt auch günstige Zeichen. Ein Sergeant beim gleichen Stab, den ihrer Briefe Jammer rühren mochte, antwortet in geschraubten Reden so Unterschiedliches, daß Hoffnung viel in ihnen finden kann. Aus hundert Zeitungen erhält sie Bestätigung, daß Totgeglaubte, Totgewußte in der Liebenden Arme zurückkehrten. Franz sei sicher, von Fiebern jugendlichen Willens hingerissen, aus eintönigem Tagdienst in die Hitze der Gefechte geeilt, werde sich in Berichten als ein Held und lebend wiederfinden.

Bis sie ein Bündel mit der Post erhält, das der gleiche Kamerad, ihrer Beschwörungen überdrüssig, sandte: Lumpen von seinem entseelten Körper geschält, in beschämendem, kläglichem Zustand.

Ihr entgeht des Schicksals hämische Geste nicht, die des Verblichenen Andenken schänden will. Doch ist ihr der endliche Fall je tiefer, um so lieber, da sie schon merkt, wieviel herrlicher sie sich von ihm erheben wird. Inmitten verwüsteter Hoffnungen, jämmerlicher Trophäen seines Erdenwandels bleibt sie trauernd liegen, aus tausend Erinnerungen saugt ihr Haß rasenden Zorn gegen sinnlos Geschick und seinen oberen Lenker. Als sie jeden Ort des Leibes mit gleicher Überzeugung gefüllt fühlt, erhebt ein sich neuer Mensch zu gewandeltem Leben. Mit Gott macht sie nicht viel Worte. Frei sieht sie ihm ins Gesicht, zeigt ihre Meinung: Seine Entscheidung in ihren Sachen hat sie verurteilt, hängt nicht länger von ihm ab. Zum zweitenmal nimmt sie vom Dasein Besitz, belebt von sich selbst aus die Welt. Aus deren Mitte sie das bisher Verehrte hebt, durch einen Götzen es zu ersetzen: Franz, den sie mit allem Tand der Phantasie schmückt. Je weiter sein irdisches Leben zurücksinkt, um so frischer macht sie ihn lebendig. Alle Kräfte müssen für den einzigen Zweck, den toten Freund ihr fortwährend seiend zu schaffen, sich regen. Unaufhörlich hat sie Gesichte, Begegnungen, vertraute Zwiesprache mit ihm, riecht, schmeckt den angebeteten Mann, und ist sie mit ihm im innigen Verein der Gemüter, fliegt höhnisch ihr Blick durch Scheiben zum Firmament, Trotz lacht hell auf.

Sie wird eine Nonne, schlicht und eindeutig, geht, dem gewählten Bräutigam treu, mit Zäunen umstellt. In ihre Bestimmung mit sich selbst ist von außen kein Pfeil, anderes Verlangen zu senken. Sie weiß, wie der Geliebte sie wollte: nicht kleinmütig verzagt, doch über der Sterblichen Los. Die selbstherrlichen, keuschen Gebärden muß sie bewahren, daß seine Erwartung von ihr sich beim endlichen Wiederfinden bestätigt. So wandelt sie in Stahl gepanzert. Schicken Frühlinge Begierden, blühende Natur Versuchung, zwingt sie das Fleisch in kühle Richtlinien, lacht zum Schluß über der Geister Blendwerk. Männer, die ihr wollüstig aufgeschwänzt nahen, erledigt sie mit dem Blick eines für sie zu gewaltigen Maßes, in das sie wie Erbsen in riesigen Topf fallen. Je mehr sie das Leben versucht, um so freudiger wirft sich ihm Meta furchtlos hin, gewiß, mit ihrem Liebesbegriff aller Wirklichkeit überlegen zu sein, und daß der verschmitzten Himmel lockere Absichten an ihrem Willen zerbrechen müssen.

Der Friede, den das Land erlangt, schwemmt der Männer Menge in die Arme der Jungfrauen, Bräute, jungen Frauen zurück. Eine allgemeine, gewaltige Hochzeit hebt an, und des Weibes Demut ist an sich vor dem heimgekehrten Helden groß. Als aber sein Arm richtend und regelnd in der verwahrlosten Heimat fühlbar wird, Jugend den zu Haus gebliebenen Greisen und Verschnittenen der Ämter und Geschäfte willkürliche Leitung entreißt, bricht befreiter Dank so stürmisch aus allen Herzen hervor, daß die Verehrung männlicher Kraft und Vernunft oberstes Gesetz ist. Auch Meta, der es einfällt, wie Franz sich in ihres Beisammenseins letzter Spanne zu eigenem Willen gereckt, Herrschaft, Gewalt über sie gefordert hatte, formt den Geliebten dem allgemeinen Ideal nicht nur, doch eigenem, ursprünglichem Wunsch nach. Macht ihn zu ihres Gewissens, ihrer Glieder unbeschränktem Gebieter; endlich stürzen die inneren Gewalten ins Bett einer einzigen Leidenschaft: schrankenloser Hingabe Leibes und der Seele an den Vergötterten. Alle Organe, von Besessenheit ergriffen, werden Eingangspforten für den Atem seines Wesens. Männlicher Geist fährt Schwert in das Weib, reitet es mit Windsbraut in alle Abgründe des Empfindens, peitscht es durch Hohlwege und Schluchten sinnlicher Wünsche. Man hört sie unter seiner würgenden Faust aufschreien, sieht sie bäumen, stürzen, wieder stehend, halb sich heben und zum andernmal mit Wucht in die Bettstatt schlagen. Sie fühlt sich von ihm in Wälder, an alle Plätze entführt, an denen sie einst gemeinsam scheues Gespräch geflüstert. Dort packte er sie, und während keusches Andenken sie rührt, bricht und knickt er sie nach seinem Willen in ein Bündel keuchender Wollust.

Tagsüber erfüllt sie mit geschundenen Gliedern Pflichten dienender Stellung. Aus der Stärke der sie schüttelnden Empfindungen fühlt sie sich von eigenen Gnaden Überwinderin des von Gott mit ihr gewollten Schicksals, Urschöpferin ihrer Lust, nimmt düstere Kraft aus diesem Bewußtsein. Doch ist es ihr Beweis der eigenen Person nicht genug. Rings horcht sie Frauen nach dem Maß des natürlichen Glückes mit ihren Männern aus, jubelt, hört sie laue Anerkennung, oft Enttäuschung. Mit ihrem süßen Mann haben Sturm und Schwelgerei kein Ende, sie unterliegt seinen Launen, Bedenken, Schwächen nicht. Jahre hindurch steigert sich das Maß des Entzückens, das von ihm kommt. In alle Blut- und Nervenbahnen ist sie von ihm besessen; doch immer noch findet Begierde Genuß und blendende Überraschung.

Bald sieht sie Folgen ihres unbändigen Glückes mit dem Mann. Der Leib, aus einem Teil einst, regelmäßig praller Formen, brach Bünde gehügelter Üppigkeit, hat strengen Rhythmus schon gesprengt. Entzückt sieht sie ihre Schönheit wie bei Weibern mit lebendigen Gatten zerfließen. Nicht weniger scheint sie gestülpt, brüchig, gerupft. Mit Triumph hängt sie in den gleichen Spiegel, der einst ihrer Jugend Knappheit faßte, zerfallene Kuchen der Brüste, des Bauches schleppende Fettgirlande. Meckert sich Beifall, schlägt die entstellten Lenden, sie mit Inbrunst neuen Visionen auszuliefern. Doch zu den Freuden ekstatischer Liebe leidet sie Schmerzen und täglich andere. Erst ist es Freßgier, die sie befällt und unzähmbar quält. Mit tierischem Hunger schlingt sie Erreichbares wahllos in den offenen Schlund, bis Ekel vor sich selbst sie packt, der aufgetriebene Magen sich brüsk erleichtert. Dann quillt Speichel in Wellen aus Häuten des Mundes und der Nase, schäumt auf Lippen, wechselt dort in vielen Farben. Oder eine Hand preßt, daß sie zu ersticken glaubt, den Hals zusammen; gespenstische Kugel steigt aus der Gurgel in die Eingeweide, wobei ein kalter Wind den Leib durchweht. Traumloser Schlaf wechselt mit anhaltender Schlaflosigkeit, die sie erschöpft, und wüster Halluzination. Doch immer gelingt es ihrer trotzigen Kraft, Franz, zur Umarmung bereit, vor sich aufzuzaubern. Als aber Materie vom Knochen geschabt ist, Fett verlebt, Säfte, nicht ergänzt, träg geworden sind, kann sie die erlangten Ohnmachten und Zerschmetterungen nicht mehr mit neuem Aufschwung ausgleichen. Nur hier und da faßt sie noch des Mannes Gestalt. Meist muß sie sich mit einem Schatten begnügen. Und ob sie Augen aus Höhlen dreht, die mageren Hände sehnend reckt, fühlt sie nur etwas unwirklich Zerschlissenes bei sich. Dann stöhnt sie große Seufzer, fällt durstend in die Kissengrube; doch stürmt der ausgemergelte Körper in Schlaf, Sehnsucht der Halbentseelten flieht vom Gift des Sichzerfleischens zu Bildern guter Ruh.

Das angetrümmerte Gebein, dicht vor Vernichtung, schreit nach Befreiung. Mit dem Mut der Verzweiflung wehrt es sich, bereit, alle Möglichkeiten des Seins gutzuheißen, ihnen zu dienen, nimmt man von ihm die Zentnerlast der durch Jahre getragenen Qualen.

Alsbald tritt der Umwelt Bild in das erfrischte Gehirn zögernd wieder ein. Sie nimmt des Stübchens Einrichtung wahr: den Teppich vor dem Bett, dessen Mitte vertreten ist; bunte Gardinen am Licht. Erstaunt sieht sie ihren Fenstern das Dach eines Hauses gegenüber, das die frühere Aussicht ins Grüne und Gärten sperrt. In der Küche glänzt Kupfer mit Zinn, bemerkenswert scheint ihr der Ausdruck in

Menschenaugen. Da kommt morgens ein Mann ins Haus, der Zeitungen trägt. Blond, greller Rede, drängt er sich in Metas Wirklichkeit, stellt sich quer vor ihres Schattenmännchens blasses Bild. Gaukelt sie das manchmal her, bringt seine Züge nicht bündig zusammen, ist quick der Stellvertreter da, zu allem möglichen bereit. Sie dreht sich, vager Absicht, in seine Bahn und hat ihn plötzlich Aug in Auge vor sich. Gespannt sieht sie sein vorbereitendes Gebaren, schluckt seine bis zu den Haaren steigende Röte, Wasserperlen auf der Stirn, zitternde Hände. Auch leises Knirschen der Kaumuskeln belustigt sie sehr. Als er aber, männlich perfekt, in die Horizontale schwenkt, macht sie der Schwitzende lachen, sie springt von ihm fort. Zu albern wirkt sein strikter Angriff, es mangelt phantastischer Hinschwung; sie hat die Fanfare nicht gehört, unwiderstehliches Muß ganz vermißt.

Aus halber Anschauung, vollendeter Ahnung sah sie der hingegangenen Liebe unvergleichliche Höhe ein. Und wie Natur, sind Trotz und Eitelkeit in ihr befriedigt. Reste Zärtlichkeit und Schwärmerei schwinden aus dem Herzen, und dreißigjährig stellt sich Meta, immer noch Dienstmagd in des Färbereibesitzers Familie, mit veränderten Begriffen zu weiterem Dasein kräftig gewillt fest.

Bedient sie jetzt Gäste, die regelmäßig einmal in der Woche kommen, bei Tisch, reicht ihnen Teller und Schüsseln, sieht sie die Speisenden eindringlich an. Merkt ihre Gespräche, kennt bald der Geladenen Verhältnisse. Doch, was sie erzählen, mit Zwinkern und Blinzeln an Gefühlen ausdrücken – ihr menschlicher Inhalt scheint Meta armselig, flach. Sie, die gemeiner Herkunft wegen Schauer des Respekts vor diesen Bürgern gefühlt hat, merkt aus der Überlegenheit selbstgewollten, überwundenen großen Schicksals, Hochmut in sich wachsen. Die da sitzen, scheinen geschlagene Leute, denen das Menschliche zu karg gemessen ist. Ihre Begierden bleiben hinter Metas Sehnsucht zurück. Um kleine Vorteile treibt ihr Ehrgeiz, aus des Vermögens Größe sind sie sich wichtig. Dem Unbemittelten dienen Fabeln seiner geschäftlichen Verschlagenheit, sich zur Geltung zu bringen. Da ist ein Herr mittlerer Jahre, in kaffeebraunem Rock, der von seinen Geschäften Wesen macht. Zum Schluß seiner Vorträge, die er mit Witzworten krönt, pflanzt er, beifallheischend, der Hausfrau jüngerer Schwester, die seit kurzem zu Besuch da ist, einen Blick ins Gesicht. Meta kennt die Stelle, wo auf des Mädchens Backe antwortend der Fleck aufbrennt, sieht aber geschwind zum Erzähler zurück, um wahrzunehmen, wie der herausfordernd mit dem Mundtuch die Schnurrbartspitzen wichst. Sie findet diese Spießbürger Würmer, die man bodenlos gering zu achten, nach dem Maß der Verachtung zu behandeln das Recht hat. Mit dieser Feststellung begnügt sie sich nicht, beginnt, sich in der Lendenlahmen Schicksale zu mischen, sie zu treiben. Erst springt sie das Mädchen an, das nach trägen Gesetzen Tage verschleißt, indem sie Gedrucktes aus des Hausherrn Bücherei ihm in den Weg legt, das es durch gewagten Inhalt erregen soll. Durchs Schlüsselloch sieht sie der sich Entkleidenden zu und wartet auf den Effekt. Doch hält die klassisch Nackte, deren ebenmäßige Schönheit Meta gehässig belauert, lesend das Buch mit der gemarkten Stelle, kein Hauch rührt ihr Gesicht. Sie gähnt, nestelt, kämmt, dreht die Lampe aus und schläft.

Und steckt doch seit Wochen, glaubt sie sich unbemerkt, dem kaffeebraunen Herrn die Finger in die seinen. Sieht ihn geschwungener Braue an, senkt den Kopf und entschwebt. Als die Herrschaft eines Abends ins Städtchen fort ist, die Jungfrau sich vorm Spiegel mit gelöstem Haar und blanken Beinen zur Nacht schickt, schiebt Meta den scheuen Verehrer, der nach der Freunde Anwesenheit gefragt hatte, der Überraschten in die Kammer, wartet verhaltenen Atems vor der Tür. Da es innen still bleibt, bringt sie den Blick an das Schlüsselloch, sieht Mann und Mädchen beieinander, Hand in Hand, Aug in Auge. Dazu atmen beide kräftig aus geblähten Nüstern. Ein Weilchen, während das Herz vor Erwartung steht, sieht Meta ihnen zu; als aber der Aufrechten Haltung sich nicht verändert, öffnet sie erbost die Tür, zwingt das monumentale Paar zum Aufbruch.

Doch gibt sich nicht zufrieden. Nach ihren höheren Absichten sollen sich die Geschicke der Armseligen erfüllen. In stärkerem Feuer will sie die Seelen glühen sehen, gewiß, noch immer wird sich ihr eigener Wert über dem der anderen erhärten, sie kann sich von neuem an ihrer salamanderhaften Unverbrennbarkeit berauschen. Engeren Anschluß sucht sie an die Ahnungslose, ist ihr beim Anzug behilflich, streift Strümpfe schmeichelnd an die Beine, das Hemd auf zarte Haut. In Kürze vollendet sie mit sympathischen Strichen jeder Nerve zärtliches Verständnis, und als sie ihr Opfer zu eigener Regung flügge glaubt, weiß sie es, daß der lau Temperierte das junge Weib allein im Aufruhr der Gefühle findet, einzurichten.

Von der völlig Entzündeten fängt der schwer zu Entflammende Feuer. Nun girren Stimmen hinter der Tür, es fordert Verlangen, seufzt die Schwäche. Des Sieges Mal leuchtet auf Metas Stirn.

Allem, was folgt, widmet sie sich inständig; vermittelt den Liebenden Bequemlichkeit. Je dringlicher er Halt will, um so stürmischer wird der Mann geliebt, und das schleunige Ergebnis ist des Mädchens pralle Schwangerschaft. Da aber ist die Mittlerin selig. Für des Hauses Ruhe, die nur durch banalen Anlaß gestört wurde, hofft sie Sturm und Raserei, reibt die Hände, schneidet dem Himmel Grimassen, und als sich das Unglück nicht länger verheimlichen läßt, im grünen Salon Aufschrei und Verwünschung schallt, zweier Frauen Ohnmächten zu enden sind, Nasenbluten des erschütterten Färbereibesitzers ihre Pflege und Essig fordert, schwebt Meta, überlegene Zuschauerin der Blamage und Verlegenheit, in sieben Himmeln.

Jede Stunde ist ihr höchster Erwartung voll. Sie hofft zerschelltes Geschirr, eingetretene Türfüllungen, den aus dem Fenster in den Hof geschmetterten Leib. Auf den Pistolenschuß wartet sie, der die Nachbarschaft alarmieren soll, hört Feuerwehr und Polizei die Treppe stürmen. Doch steigt das allgemeine Elend nicht über ein finsteres Schweigen und Tränen in Strömen. Eines Morgens aber erscheint der Verführer im schwarzen Rock mit hohem Hut; Verbeugungen, Komplimente, Umarmungen werden getauscht, und bald kleidet Meta die Braut in Batist, Schleier und Atlas. Während das erlöste Mädchen Kapriolen in den Spiegel stellt, fühlt sich die Bedienende, von himmlischen Gewalten aufs neue geneckt, um jeden Erfolg gebracht.

Aber sie will, da ihr der Weg zu eigener, bedeutender Fühlung gesperrt ist, aus von ihr aufgeregtem, fremdem Schicksal die fortdauernde Bestätigung nicht gewöhnlicher Natur. In Gestalt eines alternden Mädchens, durchschnittlicher Dienstmagd zum Kehricht geworfen zu sein, diesen Ausgang ihres Lebens ertrüge sie nicht. Sie weiß nicht, wie der Dämon in sie kam, doch daß sie vor jedem Atemzug gelten, vor sich selbst bestehen muß, daß, diese Voraussetzung ihres Lebens zu schaffen, ihr jedes Mittel gilt.

Als die jung Verheiratete mit dem in gesetzlicher Ehe geborenen Sprößling aus ihrer Macht, ihrem Gesichtskreis entschwunden ist, spürt sie der Hausfrau Launen auf und wo bei ihr der Eingriff ins Leben zu wagen sei. Sie sieht die noch begehrenswerte in simplem Haushaltkram befangen, weiß lange Zeit nicht, wie ihr beizukommen ist. Da springt ihr Zufall zu Hilfe, als sie den Erzieher des zwölfjährigen Knaben im Unterricht über ein samtenes Band der Prinzipalin träumend findet. Der Brennpunkt ist entdeckt, mit unwiderstehlichem Drang facht sie Feuer unter den Primitiven, kocht sie Monate gar, bis des Topfes Boden, in dem sie schmoren, wie Papier mürbe ist, die Minute, wo die Siedenden und Gesottenen ins Feuer fliegen, sich ankündigt.

Dicht vor der Katastrophe kommt ihr ein Einfall, macht sie vor Freude toll. Nicht halbe Arbeit will sie mehr leisten; diesmal soll das ganze Haus, der Familie rundes Ganze in sie untertauchen; Herrschaft auf alle soll für fünfzehnjährige Sklaverei der Lohn sein. Als sie der Herr in einer Ecke tätschelt, sprengt sie durch den ihm zugeschleuderten Blick seine gedämpfte Existenz, überläßt sich am gleichen Tag, da auch der junge Lehrer das ersehnte Glück findet, dem täppischen Alten.

Der hat durch seine Lebensstellung gefällige Umgangsformen mit der Frau. Meta nahm befriedigt, ohne Eifer, was er bieten konnte. Aus lebendiger Phantasie macht sie ihn abhängig; unterjocht ihn, probt und spannt ihn wie einen Handschuh, der sich streckt; ersah an seinem Beispiel, wie weit der Mann dem Weib wirklich folgt, stellte nach ihm das Bild von Franzens Männlichkeit richtig. Der Rest Bedauern, den sie über dessen Tod noch fühlte, minderte sich füglich. Als sie den Alten am Schnürchen hatte, er, ein Pudel, in ihrem Dunstkreis hüpfte, zwang sie die Hausfrau aus der Mitwisserschaft um ihr Verbrechen in dramatisch geführten Szenen zur Unterwerfung, zu striktem Gehorsam. Jetzt gab sie im Haus die Kommandos, nicht so mit Worten als mit Blick, einer verlorenen Geste; spielte Richter und Gesetz. Nie wollte sie, was jene wünschten, verbot, was ihnen erfreulich war, schlief nicht, gab ihr des hingegangenen Tages Überblick nicht die Gewißheit bewiesener Macht. Drohten die Geprügelten anfangs sich zu empören, ungewohntes Joch abzuwerfen, dämpfte sie durch anonyme Briefe, die das Infame mit gemeinen Worten an die Wand malten, Lust zum Aufstand; durch Strafen den Wunsch, Widerstand zu wiederholen.

In ein geräumiges Zimmer zog sie am Hausflur, das sie mit hübschen Dingen, die ihr anderswo entbehrlich schienen; schmückte. Setzte den Papagei im Bauer, einen Lederstuhl ans Fenster, in dem sie als erste die Zeitung las, rückte das Grammophon im Mahagonischränkchen aus dem Eßzimmer zu sich herüber. Ein buschiger Kater hockte auf ihrem Schoß.

Für die Arbeit hat sie eine Magd genommen. Samt den übrigen Hausinsassen dient ihr die zur Befriedigung dunkler Instinkte. Durch neue Nadelstiche, gesiebte Bosheiten, gegen die sie wehrlos ist, im Mark des Lebens gelähmt, sinkt die Sippe in so bodenlose Abhängigkeit, daß jede Reibung schwindet. Für den Besucher bildet die Gemeinschaft das Bild himmlischen Friedens; wie zärtliche Verwandtschaft das Leben der verehrten Tante zu erhalten, liebenden Eifers vor Schreck und Trubel zu bewahren bemüht ist. Man buhlt mit niedrigsten Mitteln um ihre Gunst; der Gatte verleumdet die Gattin, das Kind die Eltern, alle die Magd, die sich auf gleiche Weise rächt. Wo Meta auftrumpfen will, liegen die Stiche auf dem Tisch. Ihr zum Schlag gehobener Arm fällt auf Samt, zutretender Fuß taucht in Watte. Um sie ist Luft von Thymian und Lavendel, und wie sie streng im Einzelfall entscheidet, sieht sie verklärte Gesichter. Man ist unter allen Umständen mit ihr, unbedingt für ihren Willen. Ihrer nicht erloschenen, leidenschaftlichen Lust am Aufruhr stellt sich in ihrer Umgebung kein Gegner.

Sie muß ihren Groll päppeln, sich aufsagen, wie sie von Gott und Menschen tödlich beleidigt ist um etwas, das ihr lange deutlich war. Während sie im Genuß ertrinkt, betet sie sich vor, sie sei gemartert, grausam gehöhnt; doch stehe des Himmels Sühne noch aus. Sie fühlt, verliert sie Aufstand und Empörung aus dem Blut, muß in ihr eine Leere entstehen, die sie in Abgründe schleudert. Aber die vier Menschen um sie, die den Schlüssel ihrer Natur gefunden haben, singen Hymnen, überstürzen die geringste Forderung an sie von sich aus, entkräften Metas einst lodernden Haß immer mehr.

Schon wenn am Jahresersten die Familie mit dem frühesten an ihr Bett tritt – sie aber liegt in schleifenverzierter Haube, kostbarem Hemd, mit gefalteten Händen, ein rarer Gegenstand, auf dem Rücken – und das erdenklich Gute wünscht, das Haus an ihrem Namenstag mit brennenden Lichtern und Kränzen ein Tempel der Freude ist, Likör, edler Wein in Römern, der die Geister verzaubert, schwebt, schwindet ihr alles Gewesenen Erinnerung. Und als Musik, Enthusiasmus mit frohen Toasten, an ihrem vierzigsten Geburtstag Segenswunsch prasselt, die Träne der Rührung in allen Blicken hängt, fühlt sie das Heftigste aus sich gerissen; sitzt betäubt und gestäupt als Attrappe im Kreis der Feiernden.

Alle Arbeit ist ihr aus dem Weg geräumt, keinen Finger darf sie rühren, der geringsten Handreichung wird mit stürmischer Abwehr gewehrt. Aber Überraschung bringt man von draußen, der Bekannten freundliche Grüße, nur gute Nachricht. Jeder Eintretende stellt strahlenden Auges mit lachendem Mund lebendes Bild vor ihr. Alle haben zierliche Bewegungen, holde Sprache, Händedruck, Herzbeteuerung. So ist jeder Anlaß zu Scheltworten genommen. Wie sie Argwohn und zänkische Erwartung spannt, stets endet der Vorgang über Erwarten glücklich in Sonnenschein. Man schmeichelt dem Vogel im Bauer, bringt ihm Biskuits, fragt mit schmelzender Besorgnis: »Wen liebst du am meisten auf der Welt?«, und kreischt der bunte Bursche: »Meta!«, scheint man gerührt, entzückt, erschüttert. Vom Sitzen und Gefüttertwerden wird die Verwöhnte von neuem unförmig fett. Ihre gefräßige Natur widersteht Leckerbissen nicht, die man ihr reicht, und aller Welt macht es, die Anschwellende nach Kräften zu mästen, gehässigen Spaß.

Ißt sie reichlich zu Tisch, schlürft viele Tassen Kaffee und mummelt Kuchen, dösen träge die Augen ins Leere. Nicht Feuer mit Blitz steht in ihnen, kaum noch des Lebens Strahl. Bei Zeitungstratsch, Phonographengeplärr läppert sie Tage. Ihrer Umgebung achtet sie nicht, läßt die beherrschte Welt immer mehr aus den Zügeln, kümmert sich nur ängstlich um ihre Verdauung.

Doch die vom Leitseil Entspannten schweifen in freies, früheres, durch sie nur unterbrochenes Sein. Mit vorgeschrittenem Alter hat man eine gewisse Höhe des Lebens erreicht. Vom Hügel sieht man Jugend, Torheit, Tollheit, und sicher vor ihnen, betrachtet man sie kritisch, belächelt sie. Ohne treibende Flamme sind die Gatten aus der Häuslichkeit nicht mehr fortgerissen, doch, schwacher eigener Kräfte, der Kämpfe im Dasein bewußt, zu schmalem, letztem Lebensgenuß aufeinander angewiesen. Und was man nie vermochte: da man Gleiches will, traut man einander, nähert sich und lernt sich wirklich kennen. Der silbernen Hochzeit steuert man zu, geht Vergangenes im Geist durch, macht entschuldigend begreifende Anmerkungen und ist mit Hin- und Widerrede eines Tages soweit, daß man spürt, wäre es nötig, könnte man dem andern auch einen Fehltritt, der weit zurückliegt, ohne Gefahr bekennen.

Als diese Wahrheit erkannt und eingesehen war, begann man, die Gehätschelte im Lehnstuhl mit neuen Augen zu sehen. Noch ließ man es an der Speisen Anrichtung nicht merken, wie sich die Lage schlimm für sie geändert hatte, doch sparte man mit Besuch, machte keine Anstrengung mehr für sie. Meta nahm die mangelnde Teilnahme nicht wahr oder empfand sie als erhöhte Rücksicht, die ihrer Bequemlichkeit erwiesen wurde. Immer mehr dämmerte sie in den Zustand zufriedener Gleichgültigkeit hinüber.

Doch wollte sie eines Morgens Dienstleistung, hatte dreimal den Klingelknopf gedrückt. Als niemand kam, sie ohne Erregung weiterschellte, öffnet die Hausfrau die Tür und fragte schnippisch, was ihr denn einfiele. Verdutzt, blieb Meta glotzenden Blickes die Antwort schuldig. Da erhob die Scheltende die Stimme, sie verbitte sich Art und Weise. Was im Werk sei, ob sie sich, was sie brauchte, nicht selbst holen wollte und überhaupt ... da höre alles auf! Je weniger die Gescholtene zu entgegnen wußte, um so mehr tobte der Frau entfesselte Wut. Zischend spie sie Wortschlangen auf die Verdatterte, berauschte sich so unmäßig an deren demütiger Stille, daß sie Stühle, Gegenstände durchs Zimmer schleuderte. Mehr von der Stürmenden Dynamik als vom eigenen Trieb bewegt, richtete Meta, nach bewährtem Rezept zum Angriff überzugehen, sich auf. Sah aber beim ersten Blick dem Gegner ins Gesicht, der hatte alle Angst vor ihr verloren, ihr Spiel sei unwiederbringlich, gründlich verspielt. Trotzdem machte sie eine fürchterliche Bewegung, zeigte das alte, von tödlichem Haß entstellte Gesicht so drohend, daß die von neuem Geängstigte den Gatten gellend zu Hilfe rief. Der sieht, im Schlafrock herbeieilend, mit einem Blick nach rückwärts und vorwärts die Lage, nie wiederkehrende Gelegenheit, fuchtelt die Arme wuchtig aufwärts, dröhnt mit riesiger Stimme, daß alles zusammenläuft, Löwentöne, Nachbarn an die offenen Fenster eilen. Da er fühlt, ihn verlassen die Kräfte, zum Schluß aber müsse die entscheidende Granate einschlagen, kreischt er mit schneidendem Schrei, sie solle nicht vergessen, daß sie Dienstbote und gelitten sei. Der Satz tat dämonische Wirkung. In die Brust flog die Familie. Vom Blitz zermalmt, knickte Meta in Wirbeln, fiel, Plunder, ins Dunkle. Dann flog Bann und Fluch auf sie, und ehe ihr ein Gedanke keimt, ist ihr für vierzehn Tage später gekündigt, befohlen, das Haus am gleichen Tage zu verlassen. Lohn und Kostgeld würden nach dem Gesetz bezahlt.

So endgültig, spürte Meta, war ihre Niederlage, daß sie, die Ereignisse aufzuhalten, keinen Versuch machte. Aus Winkeln räumte sie Habseligkeiten und Siebensachen. Beim Umkehren der Schübe fiel ein Bündel beschmutzter Lumpen vor ihre Füße. Erst begriff sie deren Sinn und Herkunft nicht. Dann, da Ekel sie schnürt, erkennt sie

Franzens irdische Hinterlassenschaft. Sie kneift die Mundwinkel, stößt den Packen zum Kehricht.

Wenige Stunden später sitzt sie im Gasthof allein, aus dem sie nach ein paar Tagen, halb im Traum, zu einer Verwandten aufs Land übersiedelt.

Von dort wollte sie, das letzte Wort im Streit zu behalten, der ehemaligen Herrschaft einen Brief schicken, in dem Verachtung und Überlegenheit maßlosen Ausdruck hätten. Da sie das Schreiben trotz Mahnung des Verstandes von Tag zu Tag aufschob, merkte sie, wie gleichgültig im Grund die Katastrophe sei, sie eher mit diesen Leuten als die mit ihr fertig gewesen sei. Sie fand jetzt, die letzten Monate seien als einzige ihrem Leben durch innere Teilnahmslosigkeit verloren gewesen. Aus eigenem Antrieb hätte sie eher aus einem Haus, das längst von ihr mit Stumpf und Stiel gefressen sei, aufbrechen müssen. Aus welchen Quellen hätte sie dort Lebensgefühle speisen sollen? Welche Gewißheit der Gegenwart und Aussicht konnte sie da für die Zukunft beschwingen? Ein grämlich bequemes Alter sei ihr gewiß gewesen. Halber Tod im Leben. Hier aber war ihr Landschaft, zu der sie aus der Vergangenheit keine Beziehung hatte, Phänomen, und sie hoffte, die werde befeuernd auf sie wirken. Mit der menschlichen Umgebung, die sie ihrer Erfahrung gemäß fand, trat sie am neuen Ort nicht mehr in Wettkampf. Wo des Fühlens, der Instinkte Wucht entschied, wußte sie sich ein für allemal auserwählt, der Menge gründlich überlegen. Auf dem Gebiet geistiger Kräfte aber suchte sie keinen Anschluß, der ihr aus Begabung und Erziehung verwehrt war. Hochmut, Neid, Zorn fielen fort, als sie merkte, simples Bauernvolk stand hinter den besiegten Städtern an Geltungswillen zurück. Unter Unbewaffneten im Harnisch zu gehen, schien sinnlos. Hübsche Ersparnisse gaben ihr in diesen bescheidenen Verhältnissen zudem die Sicherheit, die ihre kurzen Gesten, knappen Anmerkungen von innen her bezeugten.

Da sie aber spürte, sie wende noch zuviel Kraft an täglichen Umgang mit belanglosen Menschen, nutzte sie ihr Geld dazu, einen Mann zu fesseln, der Mittler zwischen ihr und den andern sein, Unkosten des von der Welt geforderten Entgegenkommens tragen sollte. Jakob war Kriegsinvalide, rüstiger Fünfziger mit Stelzfuß. Medaillen, Schnallen auf der Brust bezeugten seinen Sinn für Gemeinschaftsideale, Willen, sich in bürgerlichem Verein bemerkbar zu machen und die Fähigkeit dazu. Sie heiratete ihn, setzte ihn als Damm gegen der Nachbarn kleinliche Zudringlichkeit vor ihre Person. Es wirkte nicht störend, ein Hans in allen Gassen hatte eine schweigsame, zugeknöpfte Frau; ließ sich im Gegenteil versöhnend an. Jede Satzrakete ihres Gatten, seine Schwärmer und Leuchtkugeln, die verständnisvolle Bewunderer fanden, sicherten ihr auch dann Stille und innere Abgeschiedenheit, saß sie im aufgeräumten Kreis, der bei der Erzählung von Jakobs Kriegsanekdoten lärmend vaterländisch begeistert war. Sie stützte seine einfache seelische Mechanik, ölte die Maschine, drehte Kurbeln, stellte sie auf Jahrestage beliebter Schlachten, auf Kaisers Geburtstag oder sonst ein Jubiläum, ihn, rasender Brisanz mit Lampions und Feuerwerk auf Zeitgenossen loszulassen.

Sie selbst ging heimliche Wege in die Landschaft. Am überraschenden Wirken sprühender Natur wollte sie ihr eigenes, kräftiges Leben messen. Morgenröte, Sonne im Zenit, Sternbilder am Firmament, Wind, Regen, Hagel, Schnee stellte sie als wechselnde Erscheinungsformen fest, von denen sie den jedesmal gewollten *Effekt* zu erkennen suchte. Sie mochte nicht einsehen, *Regelmäßigkeit* sei das Prinzip, aus dem Natur sich regte, sträubte sich zu glauben, Sonne ginge ohne besonderen, heutigen Zweck auf, zu sterben und morgen wieder am Platz zu sein. Am Wiederkehrenden wollte sie das einmalig Notwendige, das es bekräftigte, erkennen.

Doch je tiefer sie in den Plan der Schöpfung eindrang, sah sie Gleichförmigkeit und Gegebenheit als Gesetz ein. In höherem Maß als der Mensch waren Pflanze und Tier artmäßig übereinstimmend; im weiten Umkreis der Natur ging es gattungsgemäß nach Formeln von der Geburt zum Tod ohne den Aufschwung, den einmal im Dasein selbst der niedrigste Mensch hat, vor sich. Was aber mit Gewißheit vorauszubestimmen war, langweilte sie nicht nur am Menschen; so langweilte sie erst recht Natur. Was man Reihen des aus gleichem Stoff Gewesenen in gleicher Absicht nachtat, könnte als eigentliches Sein nicht rechnen, dachte Meta. Denn es entkleide des Selbstgefühls und Erhabeneren, das sie nicht nennen konnte, doch mit allen Fasern ihrer Seele anstrebte. Sie mochte nicht aus fremden Zungen reden, aus fremder Gewißheit nicht handeln. Von sich mußte sie fortwährend zeugen, im Haus und draußen wollte sie nur mit Organismen, die,

Form sprengend, andre eigentümliche Form bildend, sich bewiesen, umgehen.

In des Hauses entlegene Stube zog sie, saß im Halbdunkel. Da die Gegenwart ihrem Erlebnisdrang nicht günstig ist, lebt sie von Erinnerungen, während sie, eine Spinne im Netz, auf Anlaß, sich zur Höhe ihres Gefühles von neuem aufzurichten, lauert. Sie zaubert den Abglanz aller Stationen ihres weiblichen Blühens und Welkens her. Franz tritt mit vollkommener Frische zu ihr, jetzt erst kennt sie ihn in seinem ganzen Verein: Er war, absonderlich jung, so wenig eigene Person, daß sie ihren Traum vom Mann mit ihm hat träumen können. Je eindringlicher sie ihn gliedert, eine Zukunft bildet, die er, wäre er vom Krieg heimgekehrt, gelebt hätte, um so deutlicher wird er Jakobs Ebenbild. Derselben Begabung, gleichen seelischen Gewichtes, hätten Sprüche in seinem eitlen Maul den Mangel an Tatkraft ersetzen müssen. Wie Jakob hätten Schnallen und Medaillen ihn in seiner Welt beglaubigt; hinreichende Bestätigung seiner selbst hätte auch er in Prost und Toast gefunden.

Zehn Jahre früher hätte sie ihn aus dem Herzen verloren, und ihres höchsten Aufschwungs Zeit mit ihm wäre nie gewesen.

Mild stimmte sie die Erkenntnis mit Gott, sie sah ins treibende Gewölk, als läge noch Überraschung, neuer Aufruf zu tätigem Leben hinter ihm. Ihre inneren Bestände mustert sie und stellt fest: nie habe sie sich gegen den Höchsten vergangen, hätte sie, ein menschliches Weib und nach den Worten der Schrift sein Abbild, das Recht auf die eigene Person, volle Verantwortung für sich vom ersten Lebenstag gefordert. Denn nie, wohin Sucht persönlichen Erlebnisses sie geführt hätte, sei sie noch so schrecklichen Folgen ausgewichen. Sie hielt es sogar des Menschen als des göttlichen Gleichnisses für unwürdig, lebte er im Hinblick auf Gottes Allgegenwart und Allkraft träge im Bett der Gewohnheiten, ohne die überkommenen Begriffe mit seinem Blut zu füllen, für sich lebendig zu machen. Ihr ganzes Leben hindurch hatte sie gegen Sattheit, Ruhe, Stillstand in sich und anderen gemeutert, sich gegen den Tod in jederlei Gestalt empört als gegen des allebendigen Gottes grimmigsten Gegner. In Menschen, die nach Schema und Klischee ein nutzloses Sein hinbrachten, war sie als Flamme gefahren, hatte sie zu eigener Äußerung gebracht.

Wo sie weilte, hatte Gefühl in Marsch und Aufruhr gestanden, niemand mit ihrer Bewilligung einfach geschlafen, gegessen oder von beiden ausgeruht.

Als mit dieser Einsicht Bedenken über die Vergangenheit in ihr ausgeglichen waren, regte sie sich, nach des Gatten Jakob Tod, rüstiger, richtete unmittelbarer den Sinn von sich fort auf die Mitwelt. Es reizte sie nicht mehr aus dunklem Drang, doch ganzer Erkenntnis, manchen schwächeren Weltkindes Bürde auf ihre Schultern zu nehmen, seine Bedenklichkeit, sich zu sich selbst zu bekennen, in alle Winde zu zerstreuen. Eine alte Eva war sie, gebraucht und in den Kesseln des Geschlechtes gesotten. Doch unter weißem Haar stand ihr das Menschliche frisch und unversehrt. Nicht weniger als die Jungfrau einst, im Fenster auf Ausschau hängend, war sie für sich und andere keck und zukunftssicher.

Ihre Kraft in abgestecktem Raum aufs beste zu nützen, trat sie in das Altfrauenhaus ihrer ländlichen Gemeinde ein. Zwanzig in durchschnittlichem Leben verblaßte Seelen traf sie dort, erloschene Flämmchen, die sich, noch zu schwelen, schämten. In verschlissenen Kleidern, das weibliche Aussehen vernachlässigt, schlichen die menschlichen Trümmer unsicher im Dämmerlicht.

Meta fuhr Jugend, Sturm, himmlische Überredung in sie. Rollte ihnen des Lebens Film zurück, zeigte die häufigen Höhen, jeder an der entsprechenden Stelle ihre unvergleichliche, irdische Wirksamkeit. In welken Brüsten entzündete sie späte, doch vollkommene Überzeugung von der einzigen Bedeutung dessen, wofür sie geblüht hatten.

Und jede dieser Kreaturen setzte schüchterne Triebe an. Kahles Holz begann in der Gewißheit zu treiben, solange es lebte, am neuen Morgen immer noch den ersten Tag zu haben. Es wurde Licht der Augen hell; Hauben gebügelt und gewaschen, bekamen Rüschen; Spitzen, gefaltetes Weiß sahen aus Ärmeln. Finger, Ohren und gepflegtes Tuch der Kleider waren plötzlich goldgeschmückt.

Nach vollbrachtem Tagewerk findet man allabendlich die Runde der Weiber um die gewaltige Tafel: aus Hälsen Häupter steif gehoben, Hände wie bewiesene und bedeutende Einheiten breit auf des Tisches Platte gelegt, lauschen sie andächtig Metas Rede. In allen Antlitzen brennen zinnoberrot hektische Flecken, manchmal klopft ein Fuß zu dem Gesprochenen mit hohem Bewußtsein den Boden.

Als vom benachbarten Kloster die Nonne Äbtissin, die von Metas Hochgemutsein in strenger Abgeschiedenheit gehört hatte, sie aufsuchte, mit ihr plaudernd, meinte, vielleicht sei auch für den Rest ihrer Tage das Kloster der rechte Ort, gab die alte Magd bescheiden, doch sicher dies zurück: »Ihr seid nicht stolz genug auf euch, ihr klösterlichen Weiber. Mir gefällt nicht Demut, Bedauern der eigenen Unzulänglichkeit, nicht Unterwerfung unter hohe, unumstößliche Vorschrift. Schönste irdische Wirklichkeit bin ich mir selbst, und auch vor meinen Herrn muß ich einst so treten, daß er mich als das Höchstpersönliche erkennt, welches er, von aller Menschheit unterschieden, schuf, und das er Meta nannte.«

Die Schwestern Stork

1917

Hundertachtzigtausend Mark hinterließ Kaufmann Stork seinen Töchtern. Hunderttausend bekam Martha, den Rest das Kind Maria. Gründe für die ungleiche Erbschaft waren im Testament nicht angegeben, doch als der Vormund zustimmte, blieb des Toten Verfügung. Die Ältere wird mit der Kleinen Erziehung Plage haben, dachte man. Zudem hinkt Martha. Das verdient ein Pflaster.

Und wäre der Zahlenunterschied zuungunsten Marias größer gewesen, sie hätte keinen Verteidiger ihrer Rechte gefunden, weil die Zwölfjährige im Kleid bis zum Knie schön war, in aller Welt Gedanken der reiche Freier mit ihr ging. Das Geld würde zu einer Erziehung, die sie zu ihrem Platz auf der Menschheit Höhen befähigte, reichen. Mehr brauchte es nicht.

Vor den Toren der Stadt, wo Häuser durch Wiesen getrennt stehen, nahm Martha Wohnung. Voll elterlichen Hausrates, Kissen, Decken eigener Stickerei darüber, schienen die Stuben wohnlich, warm. Sah man durchs Fenster, lag mit Hügeln und Tiefen die Landschaft so, daß weiter Horizont der Freiheit Bewußtsein unterstrich.

Der beste von vier Räumen war Wohnzimmer; verschlossen und kaum betreten. Aus schmaler Rente hatte Martha keine Mittel, der Schwester die für die kindliche Erwartung notwendigen Überraschungen zu bieten. Darum sollten hinter verschlossenen Türen des erwachenden Lebens Geheimnisse wohnen, Maria selten einen Blick auf die wirklichen Sessel und Spiegel tun, zwischen denen das schwer zu Nennende sich bewegte. Dort sollte bodenlose Tiefe, übersinnliche Weite, das Loch der Erde des Himmels Unendlichkeit ins Weltall münden, von da alle Figuren, die für Marias Entwicklung erwünscht sein möchten, auftreten. Denn vom Tag an, da der Vater starb, hatte Martha, das ältere Mädchen, ihre durch nichts geschwächte Empfindung als umfassende Liebe auf das anblühende Geschöpf geworfen, von Menschen ihr Schwesterchen Maria genannt; das für Martha irdischen Geschehens Mittelpunkt und namenlos zu werden begann.

Als vor zehn Jahren das Geschwister noch in Kissen lag, war die halb Erwachsene, Erstgeborene selbst Anlaß kühner Träume für die

Eltern gewesen. Schien sie damals nicht schön, hing in ihres Putzes Locken und Fransen soviel Anmut, daß ihr Kommen Freude und Überraschung bedeutete. Da der Familie Umstände geordnete, selbst wohlhabende waren, zog sich manch Heiratswilliger an die Jungfrau heran, und geraume Weile hatte man unter Bewerbern die Wahl. Zu diesem Zeitpunkt zerstörten Unglücksfälle des Vaters Vermögen, und eines Tages, als trotz deutlicher Misere das Mädchen durch der Eltern Bemühung noch über des Lebens Unbilden schwebte, erreichte sie ein Unfall, der ihr durch eines Fußes Verkürzung die Sicherheit, von aller Welt nicht unterschieden durchs Leben zu gehen, raubte.

Denn jetzt war alles wesentlich für sie geändert. Unter vielen blieb sie durch Mangel kenntlich, in jeder Gemeinschaft peinlich gezeichnet. Alle Begrüßung quittierte ihr Hinken, sie kannte ihres Auftritts Eindruck ein für allemal. Mochte sie erst hoffen, es könnte ihr einer, der das Gebrechen nicht im ersten Blick spiegelte, begegnen, verlor sie den Glauben bald, verschwand zu sich und einer Beschaulichkeit, in die der Menschen Teilnahme wie schmeißender Insekten Biß drang. Sie ließ sich auf das seit ihrer Geburt Gewesene prüfend ein, ordnete verwirrtes Gestränge verflossenen Seins mit reiferem Urteil. Gab aller Person, sich selbst im Lebensplan nach einem Einmaleins Bedeutung, das zu häufig, Fehler zu enthalten, von ihr überrechnet war.

Mit dem Holzklotz unter dem Schuh hatte Martha für den höheren bürgerlichen Gesichtswinkel einen Stich, wie Birnen den braunen Fleck auf der Haut. Zur Repräsentation in mittleren Laufbahnen wußte sie sich ungeeignet, als Rechtsanwalts-, Kaufmanns-, Beamtenfrau hätte man sie nur vorstellen können, murmelte Fama die entschuldigend große Mitgiftsumme. Doch war davon keine Rede, das Mädchen bündig Bruch. Immer weniger ließ sie die Welt darüber im Zweifel, immer deutlicher zeigte auch Martha gefrorene Verachtung.

Selbst die Eltern hatten Enttäuschung über das Unglück nicht emsig genug, als daß sie eine Ausnahme mit ihnen gemacht hätte, verheimlicht. Die Mutter, aus dem Land der Flamen, von ihrem Mann nach Deutschland geführt, hellhaarig, fleischlich genußfroher Menschlichkeit wie ihre Landsleute auf den Schildereien des Brueghel, sprach ihre zertrümmerte Hoffnung auf dem Sterbebett aus, wozu Martha gläsern lachte. Der Vater, ein karger Thüringer, würgte sie mit in den Tod hinüber. Martha war froh, als sie den Begriff von Niedrigkeit und Durchschnitt nicht mehr auf lebende Erzeuger anwenden mußte.

Vielleicht hätte sich ihr Leben nie aus Verzicht erhoben, wäre nicht einen Augenblick das Ufer jenseitiger Empfindung für sie sichtbar geworden.

Einundzwanzig Jahre war sie alt gewesen, da hatte im Wartesaal eines Bahnhofes der Mann ihr gegenübergesessen, dessen Blick auf ihr Gesicht, ihr ins Herz geflogen war. Schließlich war sie, von seiner Dringlichkeit betäubt, in warmem Fluß ihres Blutes geblieben, hatte, Vergangenheit leugnend, sich bis in die Knochen bezaubern lassen.

Vor ihr war der Zeiger der gewaltigen Uhr immer näher an des Zuges Abfahrtsminute gerückt, doch konnte sie sich, aus dem Innersten fürchtend, nicht erheben. Als das letzte Zeichen rief, war sie todesgewiß hochgeschossen, schräg und schief in ihren Weg zum Bahnsteig eingetaumelt.

Von hinten hatte Rede geklungen, eine Stimme gesprochen – und ob sie ein Dutzend Schritte gemacht hatte –, frei, ohne Unterton; Worte, die der Mann zum Weib spricht, sie mit Durchschnittlichkeit berauschend. Die sie, wie ein Durstender die Zunge mit allen Warzen ins Nasse hängt, schlürfte. Er sei, habe – und während ein entschlossener Blick sie durchschnitt – sie aber kippte in himmlischem Trotz ein Schrittchen beiseite –, kurz, er möchte und wollte! Dabei floh Vorsatz aus seinen Augen, Gefühl stand leibhaftig da.

Diesen Abend heimgekehrt, hatte sie in bunter Lust geschaukelt, Fahrten auf zerwühlten Kissen in vergitterte Bezirke gewagt und war mit hellem Aufschrei eingeschlafen. In Tagen der Erwartung bis zum Wiedersehen hatte Gebet sich verdichtet, und als sie zur angesagten Stunde am Ort erschien, war sie, des Messers Stolz im wohlgefälligen Opfer mit der Herzmitte aufzufangen, gewillt.

Der Mann war nicht da, kam nicht, wurde nicht mehr gesehen. Da wurden, was Glaube zu des Entschwundenen Rechtfertigung sagte, die Türen in die Welt der Menschen zugeschlagen, ein Wall gegen Mitlebendiges gebaut. Aus der Gewißheit ihres bis dahin sicheren Anstandes und schnellen Entschlusses zu bedingungslosem Fall aber entschied Martha die Unwahrheit aller über das junge Mädchen von heute in Erzählungen der Dichter ausgesagten Dinge. Das war längst nicht mehr das kühl abseits stehende Figürchen der Romane, doch mit Mann, Weib und dem Jüngling ein Fleisch, jeden Tag in den Wirbel der Geschlechtsliebe zu tanzen bereit.

Aus diesem Tanz langten die meisten um das Ende der zwanziger Jahre gerupft, aus seelischen und leiblichen Fugen vor der schwarzen Wand an, die das Elend eines zu jedem Aufschwung unfähigen Lebens einschließt. Man hatte ihnen die Haut gegerbt, warf den Abfall auf den Mist. Keine hatte in Händen der Karriere machenden Kerls das geringste gewonnen, ein Lot geistigen Fleisches angesetzt. Ihre Seele war Ausguß bürgerlichen Spülichts gewesen, männlichen Trübsinnes die elastischen Körperchen. Jetzt kerbten Narben das Fell, sie konnten nur den Abdecker erwarten. Die einzelnen unterschied bessere oder schlechtere geldliche Lage voneinander. Im übrigen klatschten und verleumdeten sie, Zeit totzuschlagen, um die Wette.

Als des Kindes Bäckchen Umrisse für ein reizendes Antlitz formten, eine Stirn edel kam, Lippen sich ausdrucksvoll bogen, war Maria ein Mädchen von zehn Jahren geworden. Von ihrem Guckloch auf des Lebens Szene, wo Puppen sinnlose Auftritte spielten, sah Martha in den Blick der Schwester um. Es war dann, als liefe Bergwasser über ihrer Augen Fenster, spülte sie klar. Himmel stand bei Hölle auf Erden, das Gute und Schöne sah Martha in einem Kind wie das Abscheuliche aller Menschheit ein. Damit war ihre Laune aus Dunkel ins Licht, das sie durch Anschluß an die Kleine reichlicher zu gewinnen suchte, gerückt. Aus des zwanzigsten Jahrhunderts trostlosen Gewißheiten trat ihr Bewußtsein in zeitloses Träumen der Jugend zurück.

Bei des kranken Vaters Pflege bekam Maria zuerst Gesicht. Bisher war sie angezogen, auf Stühle gesetzt und herabgenommen worden. Außer bescheidener Antwort auf Zurechtweisungen hatte man nichts von ihr erwartet. Jetzt fiel, wie sie ungerufen ins Krankenzimmer just in Augenblicken trat, wo alle Mittel, den Leidenden zu stillen, versagten, auf, Bewegungen, Schritte und ein Nahen hatte, das ihr des Erschöpften Blicke zuwandten. Sank sie an seiner Brust in die Kissen, tauchte das Köpfchen zu ihm, weißblondes Haar auf ihn schüttend, fuhr aus des Vaters gekniffenen Lippen sanfter Atem. Vom oberen Bettrand sah Martha des Kindes Augen mit Ausdruck auf den zerfallenen Mann gerichtet. Blau mit Silber bebte in ihnen, war ein Stern, der das Zimmer bis in die Winkel erhellte. Als einer Ebenbürtigen überließ Martha der Kleinen Handreichungen für den Kranken, die sacht an dem Liegenden zog und zupfte, des Körpers Last mit überlebensgroßen Griffen in die gewünschte Lage hob. Auch nahm sie Auswurf, Exkremente schwebenden Ganges fort, hatte beim Wiederkommen ein doppelt Segnendes und Gesegnetes. Mit engelhafter Sachlichkeit entblößte sie den Mann, tat ihm das Nötige mit entrückten Händen.

Da war, sah Martha, aus zwei Rassen ein Gefäß von solchem Wert gebildet, daß aller Inhalt der Erziehung, ehe man ihn einschüttete, gewogen, gesiebt und nachgesiebt werden mußte. Aus eigener Erfahrung wagte sie der Schwester nichts mitzuteilen, legte bei einfacher Anrede den Finger an die Lippen, verbot sich das Wort. Und doch trat die Mahnung »Unterricht« von Tag zu Tag strenger an sie heran, besonders als Marias Entwicklung mit des Vaters Tod in ihre Hand gegeben war.

Bei des eigenen Lehrganges Prüfung erkannte Martha, wie man nach beigebrachtem Lesen- und Schreibenkönnen mit aller Lektüre ihr Einbilden für festgelegte Allerweltsideen gestohlen hatte. Den durchgreifenden Erfolg des Systems konnte sie an Mitschülerinnen sehen, die von solchen Vorstellungen als von Hebeln gelenkt, Signalstangen im Städtchen standen, mit grünem oder rotem Licht ein bürgerliches »Erlaubt« oder »Nicht erlaubt« für die Fahrt jedes Einzellebens stellten. Sie wußte auch, wie schwer sie sich von des Bedeutenden und Heldischen gelernten Begriffen hatte befreien können, es ohne den verhängnisvollen Unglücksfall nicht gelungen wäre. Wie körperliche Entstellung *ihr* zur Befreiung vom bösen Schema des Menschseins geholfen hatte, müßte Maria der Glanz ihrer Erscheinung zur Anerkennung billiger Gemeinschaftswünsche führen, weil sie, mit der Gesamtheit im Wollen einig, die durch die Natur geschenkte Macht erst ausmünzen könnte, drängte man sie durch Erziehung nicht in andere Richtung fort.

Saß Maria über Unterrichtsanfängen im Erker des Schlafzimmers, sah Martha die Buchstaben Malende an: der junge Rumpf war so ins Fenster gedreht, daß die Körperachse vom Scheitel zur Sohle durch das gewendete Haupt, den übers Knie gehobenen Schenkel in schönem Verhältnis geteilt wurde. So war der zeichnerische Eindruck. Unbeschreiblich das Farbige: Haut des Gesichtes und eines freien Halses machten hinter bläulichen Scheiben schwimmend mit Fliederblüten ein schimmerndes Email, das oben in des Haares Schaum sich löste. Unten gaben dunkle Tinten von Rock, Stuhl und Schuh des Bodens Vorstellung, in dem das Blühen wurzelte, vom Streifen weißer Hose unterbrochen, der, eine Schleife am Bukett, aus überstülptem Bein hing. Stets würde alle Welt diesem Bild, ehe es Laut von sich gegeben, anhängen; Worte, Reden auf ihren Wert nicht prüfen. Mit Anschauen ganz gestillt.

Vor der Menschen Bedürfnis, anzubeten, mußte aus Marias anderem Verlangen eine Kluft sich öffnen: das im Rohstoff Vollkommene durch eigenes Verdienst erst kostbar zu machen. Leicht sah Martha das Mittel ein: Erziehung zu vollendeter Geistigkeit. Doch ohne, wie sie die Elemente an Maria bringen könnte, zu wissen. War ihr einiges Wissen von Absichten frei, war es mehr als beschränkt.

Manche Nacht kämpfte die Ältere an der Jüngeren Seite harten Kampf. Sie wußte sich nicht fähig, was zu lehren war, zu lehren, mochte aber an das Kind nicht Lehrer oder Unterrichterin lassen. Das lag, eine gemalte Putte, zu Bett. Im Schlaf hatte sich alles pausbackig an ihm gewölbt. Über dem Ensemble wob gewölkter Atem. Von Fremden konnte sie das gute Gewissen, das sie dem Engel gegenüber zu haben bereit war, nicht fordern. Selbst wollte sie Tag und Nacht, was Maria begreifen mußte, vorlernen, damit die nicht durch ihre Erscheinung, doch durch innere Bedeutung den Massen und ihren Instinkten entrückt sei.

Schulbücher der jungen Generation ließ sie kommen und war in Trauer gestürzt. Vor ihr lag ein Lesebuch für Mittelschulen. Sie las die Kapitelüberschriften: »Bürgerpflicht«, »Ich möchte Steuern zahlen«, »Die Wäsche im kaiserlichen Haushalt«. Im Lehrgang für Erdkunde gab es bei des entferntesten Erdwinkels Schilderung nur Hinweise auf die Heimat. Was dieser Weltteil bei seiner Bodenschätze Reichtum, wäre er deutsche Methoden anzuwenden imstand, bedeuten könnte. Nirgends wurden dem jugendlichen Eindruck fremde Himmel mit ihrer zu begreifenden Besonderheit, doch am Maßstab eigener Verhältnisse überall Mängel gezeigt, die nach der Pädagogen Ansicht dem ganzen Erdball anhafteten. Wo der Obrigkeit Macht auf eigenem Boden zu Ende war, versuchte man gleichviel, Materie unter die geltenden Vorschriften zu bringen. In der Abteilung »Naturleben« hießen die Aufsätze: »Wenn die Natur straft«, »Die Polizei in der Tierwelt«, »Das Schöffengericht der Mutter Natur«. Mannigfaltigkeit der Schöpfung wurde erdrosselt, Buntheit als Schande ausgelöscht, alle Erwartung in eine mechanische Entwicklung, deren treibendes Mittel das Kapital war, gesetzt. Doch längst hatten die kahlen Zwecke wieder blühende

Aufschriften erhalten. Dichter waren für dies Ziel tätig gewesen, hatten, platonische Kapaune, reimend Begriffe verwirrt.

In Tränen saß Martha vor dem Bücherhaufen. Das war Abhub von der Durchschnittlichen Tisch, Schutz vor Weisheit und Erkenntnis mehr als Weg zu ihnen. Dem fremdesten Wesen hätte sie die Bettelsuppe nicht eingegeben.

Maria, allem erstmals Gehörten eine Andacht des Gefühles, die sie bis ins Haar glühen ließ, schenkend, gab der Ratlosen Erleuchtung: Es sei ein geistig zu Fassendes erst fühlend zu durchdringen. Kein Besitz ginge in des Gedächtnisses Schacht ein, als der die Seele schon bewegt hätte. Der Lehrer brächte dem Schüler den Stoff um so näher, als sein eigenes Gemüt eher von ihm erschüttert war. Nicht das zu Lernende, Bewegung, die den Lehrer mit ihm packte, merkt vor allem das Kind.

Darum sperrte von der Wirtschaft fort, für die eine Magd genommen wurde, Martha ihren Drang in Weltgeschichte, Erd- und Naturkunde. Gab sich an Mythologie, vernichtete Rassen und Kulturen hin, spürte am eigenen Brennen und Erkalten den Wert großer Männer der Vergangenheit für die Jetztzeit. Kam sie flammenden Blickes zu Maria, brachte ihr Alexander den Mazedonier noch warm vom Ofen, schoß der mit entzündetem Blut der neue Begriff als Rakete ins Hirn. Buddha, Lykurg und Cäsar kamen ihnen einfach in den Sinn, weil sie über sie staunten, lachten, oft die Tränen nicht verhalten konnten. Erhitzter Einbildung liefen sie durch Asiens Steppen, unendliche Flüsse entlang zu Eismeeren, sahen Chinas, Japans Tempel, suchten phantastische Formen des Angeschauten mit dem Stift auf Papieren zu übertreffen. Führer verschiedener Epochen, die ihnen eines Sinnes zu sein schienen, setzten sie in Gedanken zueinander, malten Tafelrunden, bei denen Coriolan mit Friedrich dem Großen das Glas anstieß. Dann wirkte das Nüchterne, wirkten England, Scharnhorst und die Kuh abwechselnd nicht albern und kahl.

Nur, wo es einer Wissenschaft Selbstzweck war, in der Mathematik, standen Lehrerin und Lernende verlegen, setzten Hebel von allen Seiten an und wußten den Stoff nicht zu bewegen.

Methode vom Arbeitstisch nahmen sie ins Freie mit. Botanische Kenntnisse festigten sie mit dem Spaten im Garten, suchten, hatten sie einer Spezies bekannten Spielarten wachsen sehen, durch Kreuzung und Veredelung außergewöhnliche Produkte zu erzielen. Weil sie das andere nie sich voraussetzten, waren sie die Überraschten. Auf Gängen glitten sie ins Gras, machten nach links und rechts die Augen auf und hatten keinen Willen. Tier, Pflanze, Element sollten ihnen nicht ihrer Notwendigkeit Beweise geben, doch als Schmuck des ins Auge gespannten Gemäldes dasein. Reichten sie nicht aus, besserte Einbildung Fehlendes hinzu. Leicht war aus Wölkchen ein Adler, Meere aus Weizenfeldern zu machen. Dafür war man Mensch und schwebte täglich freier.

Kam man abends nach Haus, fiel der Eindrücke Ungefähr in ein Lied, straffte sich zu bündiger Bemerkung. Die Arme Segens voll, gingen sie daran, ihn mit Urteil zu binden. Zum Schluß steckten sie sich Sträuße an die Brust, einen großen die Ältere der Kleinen; die der anderen ein paar mit Anschauung gesammelte Blumen.

Oft verzagte Martha. Nicht immer stand sie auf der Auffassung Höhe. Sah sie den Stoff, den sie in der nächsten Stunde lehren sollte, an, glaubte der ermüdete Wille zu früh die Lösung gefunden zu haben. Richtete dann Maria das feurige Auge auf sie, brach der mitgebrachte Vergleich, zu leicht befunden, auseinander, Martha blieb für Augenblicke ratlos. Doch löschte die Jüngere ihre Person vor der Lehrerin aus, daß die das Gesuchte kräftiger spüren und mitteilen konnte.

Drei Jahre vergingen den Schwestern, in denen Maria gedieh, weil sie turnen, sich nach Regeln bewegen mußte.

Denn als die Zeit gekommen war, in der sich vom Kind das Mädchen schied, in ängstlicher Nacht ein Leib an ihrer Brust hing, fassungslos ein Wunder gestand, nannte Martha, während ihre Finger die Aufgeregte zur Ruh strichen, nachdrücklich das Körperliche. Nahm's aus dem Winkel, in dem es ungekannt gestanden hatte, sprach, als sei es ein Beliebiges, wie alles andere sachlich zu bereden, von ihm. Die Mutter führte sie als Gleichnis zu Marias Leiblichkeit an, wie sie deren Neigung zu fleischlicher Fülle geerbt hatte; bewies aus des Vaters Wuchs ihre eigene Magerkeit. Als morgens Sonne in die Laken schien, hatte sie den Leib der Schwester noch immer in Händen, lehrte am lebenden Vorbild.

Unbekümmert bot Maria ihre Nacktheit den schwesterlichen Blicken, mußte sie vorm Schlafengehen Glieder beugen, strecken oder morgens den Leib im kalten Wasser erfrischen. Stand das Knospende triefend, Tropfen schüttelnd im Zimmer, lachten sich die Mädchen in einen frohen Morgen, beherztes Lernen hinein.

Als Maria mit fünfzehn Jahren eine natürliche Person geworden war, öffnete Martha den Zwinger strenger Abgeschiedenheit. Ihres Schützlings, der mit kräftigen Trieben stand, sicher, ließ sie aus bürgerlicher Welt eine oder die andere Gleichalterige zu ihm. Die Mädchen mit gezierter Turnüre kicherten und zwinkerten bei aller Anrede. Eines Satzes simplen Sinn faßten sie nicht, vermuteten Schliche, Winkelzüge hinter ihm, entgegneten Kauderwelsch, Anspielung, die Maria fremd blieb. Schwarze Schatten hatten sie um die Augen, drehten, banden an sich zurecht. Manchmal seufzten sie und schienen in Blicken erblindet. Maria sagte, sie schwitzten kalt und röchen schlecht. Eine habe gefragt, ob sie liebe. Seit früher Jugend, habe sie geantwortet. Wen? Alles. Das sei nichts, meinte die.

Einmal fand Martha, durch Geschrei gerufen, die Schwester, als sie eine Rotblonde, Aufgeschossene mit Püffen aus dem Garten jagte. Über des Zornes Ursache, der ihr Kopf und Hals gefärbt hatte, gab Maria keine Auskunft.

Besser vertrug sie sich mit Mädchen vom Land. Die waren warm und still. Doch wurde ihr Schweigen nicht wie Marias Ruh durch sprühende Blicke, entzückte Gebärden unterbrochen. Ungerührt starrten sie Menschen und Landschaft an.

So kam man mit größerem Vergnügen zu sich, gewohnter Lebensweise zurück, indem man der Älteren, die absichtlich beiseite gestanden hatte, mit großem Kuß an den Hals flog.

Ihr Umgang war zart. Da alles gleichmäßig von ihnen vorausgesetzt und gewußt wurde, hatte man sich Neuigkeiten nicht zu entdecken. Bald war die eine nicht klüger als die andere; durch Besserwissen machten sie keinen Eindruck aufeinander. Nur mit Fühlern lebten sie, und waren die berührt, vermittelte ein Lächeln. Welche Wortstille, Blickeindringlichkeit eintrat! Sprachlos tat man einander alles. Abends lösten sie sich Wäsche und Schuh.

Waren sie in ihrer Eintracht zu unterscheiden, schien Martha die Heftigere, Maria gelassen. Wurde Tat notwendig, griff Martha zu. Nur das Einfache, leicht Vorauszusehende kam in Betracht. Aus bescheidenem Einkommen war ihres Lebens Ablauf geregelt. Achttausend Mark Rente gab Nahrung, Kleidung, das bequeme Haus. Durch freies Geld ohne Bestimmung war man nicht vor die Notwendigkeit, Entscheidung über seine beste Verwendung zu treffen, gestellt. Mußte zu keiner

Reise, nichts Besonderem, das Entschluß verlangte, rüsten. Doch daß für jeden Monat eine Summe auf dem Tisch lag, gab der Mädchen Dasein Frieden. Und lebte man hundert Jahr, am bestimmten Tag brächte der Briefträger Geld. Andererseits erregte des Betrages Bescheidenheit keines Nachbarn Neid.

So genossen sie umständlich das Elementare. An warmen Tagen wurden Stühle ins Grüne gerückt. Wechselndes Licht änderte den Ausblick auf Dörfer und Niederlassungen, an deren äußerem Bild Martha hängenblieb, glücklich ausruhte. Doch Marias Einbildung lief an den Horizont, überstürmte ihn, verlor das vor ihr liegende Land.

Zu anderen Menschen jagte sie unter fremde Himmel fort. Die trugen Kleider von ehedem. Waren von hellen Haaren umweht, trieben den Pflug vor sich her. Erdboden fiel, Kloß, vom Eisen nieder. Manchmal ruhten sie, spritzten Schweiß und Wasser ab, beteten beiseite. Kanal war bei ihnen, betürmte Mauern einer Stadt. Dann fühlte Maria ein Jauchzen in sich, Tanz und Wiegen in den Hüften.

Oder sie kroch in des großen Kirschbaumes Zweige, ließ Beine auf die unter ihr liegende Martha hängen, die, irdisch bewegt, das vom Ast gestützte Gesäß, weiße Strümpfe mit Zipfeln Zeug dazwischen anstarrte. Aber Maria sah vor der Wolken Rouleau turnierende Ritter in Harnischen und Scharnier, schneeblonder Frauen auf Baikonen der Tribünen in Sonne wehende Schönheit, die in fremder Sprache bunte Schreie riefen. O diese Laute! Keine Silbe hätte sie nachsprechen können, und doch hingen ihr alle Texte im Gemüt.

Sprang sie solcher Gesichte voll zu Martha hinab – Auge hatte Lust gehißt, Blust hob den Rock, es stand die Brust unterm Kleid –, bebte die erwartungsvoll entgegen.

Aus der Jüngeren Lebenskraft kam Fülle und Gewißheit der Erscheinungen. Man sprach von Beliebigem. Martha hatte ein Urteil darüber, das herkömmliche, und es hätte gelten können. Doch begann Maria am Leib zu glühen, die heiße Welle packte Martha und alle Umwelt mit. Ergriff das Fragliche, schleuderte es ins allgemeine Brennen, und bald hatte es das ureigene Gesicht in der Gefühle Weißglut gewiesen. Und Martha gewann gewaltige Sicherheit an Marias Seite. Was kann meiner Seele geschehen? dachte sie. Und wäre die Welt voll Teufel, wacht nicht Maria über mein Gewissen? Werde ich durch sie nicht an das wahrhaftig Wahre bis in des Todes Stunde angeschlossen sein?

Weil Maria rund an Leib und Seele schien, sie in Höherem von ihr abhing, ergab sich ihre Rolle der Schwester gegenüber für alle Zukunft: ihr anzuhangen, sie gegen Störung von außen zu schützen. Trabant stand sie bei der Erblühten. Jedes Wort aus Menschenmund dünkte sie überflüssig und gemein; sie ersparte es Maria, indem sie fremde Person von ihr hielt. Richtete jemand Rede an sie, unterbrach Martha brüsk und sofort. Die Bewachte war's zufrieden. Wollte geregelten Tag, Arbeit im Garten, Wege durchs Land, ein Buch und freie Zeit, das gefühlsmäßig Erfaßte in tiefere Gründe der Natur zu leiten.

War so, ohne daß Martha Einspruch gewagt hätte, Deutung der Welt an Maria gegeben, in einem hatte sie instinktiv, dann mit Überlegung auf die Schwester weitergewirkt, verdächtigte sie ihr nach jeder Richtung hin das Männliche. Nachdem sie die Ideale der männlichen Gesamtheit bei ihren Schwächen gezeigt, das Verwerfliche der Ziele bewiesen, hatte sie den Einzelmann wie einen Schmetterling gespießt, vor der belustigten Zuschauerin mit gepfeffertem Humor zerlegt. Da war kein Trieb an ihm, den sie nicht mit Hohn durchlaugte; seine Überzeugungen, die er mit verdrehten Augäpfeln vortrug, schienen Vorwand für eine Laufbahn; Frömmigkeit und Menschlichkeit Maske, die die unmenschliche Sucht, durch Macht, die Besitz war, sich über andere zu erheben, verdeckten. Aus allen Literaturen hatte sie der Emporkömmlinge Figuren als Beleg zur Hand, und Rothschilds, Astors, Vanderbilts waren gigantische Gauner, die Almosen mit der linken Hand gebend, in der rechten griffest das Jahrhundert hielten, es, Gold in ihre aufgesperrten Säcke zu speien, zwangen. Der Mann war unter allen Umständen Karrieremacher. Aufzeichnung sämtlicher Ehrgeizexzesse von jeher Weltgeschichte.

Maria hörte zu. Bei einem gelungenen Vergleich klatschte sie in die Hände, spornte durch Beifall Martha zu größerer Lästerung.

Unbewußt einte sich in der ein Ressentiment des vom Schicksal benachteiligten Frauenzimmers mit der aus eigener Erfahrung begründeten Angst, durch des Mannes Auftritt möchte Marias Glanz, das aus ihm für sie stammende Glück verdunkelt werden. Von Tag zu Tag besaß die Furcht sie mehr, und indem sie Beispiele von des Mannes Trunksucht, Gewissenlosigkeit, Bilder jedes denkbaren Familienunglücks durch seine Schuld zum Beweis anführte, predigte sie Widerwillen gegen ihn ohne Vorbehalt. In blindem Haß ging sie mit zunehmender Gefahr über Grenzen des von ihr selbst Geglaubten.

Als Maria neunzehn Jahre alt war, das Wort deutlich an sie sein durfte, schob Martha dem Mann, der der Frau sich nahte, mörderische Krankheit als sträfliche Absicht zu, hielt nach der ungeheuren Anklage Marias Blicken stand. In einer Atmosphäre der Zartheit und Keuschheit verlor sie in dieser Hinsicht jeden Halt. Die gleiche Kraft, die seit Marias Erziehungsanfängen dieser das Weltbild von Lügen gereinigt hatte, fälschte hier leidenschaftlich mit schwärzesten Farben.

Nach Martha steckte im Gleichnis von Evas Sündenfall der erste Beweis für die Niedertracht und fabelhafte Verdrehungskunst des Herrn der Schöpfung. In seinem Gaumen hing die Lüge, schwärendes Gift, die symbolische Viper an seinen Lippen und Fingern.

Als ihre Besinnungslosigkeit einen Atlas übler Krankheiten entdeckt hatte, stieß sie die schlimmen Karten, die in gelben und roten Flecken zum Himmel schrien, so kaltblütig in des Mädchens Vorstellung, wie prompt der Mörder bei Shakespeare sein Werk tut.

Daß Maria in die Bettnische ging, den Vorhang über sich zusammenschlug, rührte sie nicht. Sie glaubte, ein Gott wohlgefälliges Werk zu tun, und der Zweck heiligte die abscheulichen Mittel.

Da Maria auch ferner Marthas Behauptungen aus besserer Kenntnis nicht widerlegen konnte, floh ihr bekümmerter Sinn in Gottes und seines Sohnes Vorstellung als zu makelloser Bildung männlichen Wesens. Je lauter die Schwester den Teufel in Mannsgestalt kündete, um so griffiger ward Marias Seele des Herrn, und als Martha aussprach, was besser verschwiegen geblieben wäre, sah und hörte das jüngere Mädchen, was Zungen unaussprechlich ist. Starrte in glanzreichen Widerglast, trank der traurigen Dinge, die zu ihr schallten, unmittelbares Vergessen; saß in des Menschen Schlechtigkeit und war inwendig voll himmlischer Gewißheit.

Doch begann Martha an jedem neuen Morgen eindringlicher den harten Kampf, wollte ihn nicht enden, es sei denn der Haß in Maria beständig und fest.

Doch trat die eines Abends in ihren Winkel, nahm das Taschenmesser, und während sie ihren Busen hob, ritzte sie unter dem Herzen die Haut, stach hin und her, bis sie mit dünnen Linien den Namen »Jesus« ins Blut gezeichnet hatte.

Als Martha das Mal aus des Hemdes Wellen sah, erschrak sie, verstand, das Ding sei ausgeredet. Und in der Mädchen Gesprächen galt der irdische Mann als verworfen.

Still lebten sie miteinander fort. Im Winter in den Stuben, wo Maria im Erker, der am Schlafzimmer hing, unter Blumen hockte, mit denen sie zusammenstimmte; an warmen Tagen in des Kirschbaumes Schatten, wo sie ihres Leibes reiches Gewicht ins Gras drückte. Dort lag sie, die Knie in die Luft gestemmt, gegen die sie das gelesene Buch lehnte, Taulers Predigten und des guten Seuses Schriften. Oder sie grub Ellbogen und Brüste ins Erdreich, zeigte dem Himmel den Rücken, während die Beine aus weit geöffneten Röcken klopften.

So sah sie durch Buchenhecken der Junge in grüner Mütze, letzthin ins Nachbarhaus gekommen. Der Witwe Sohn war er, der das Anwesen gehörte; nach bestandener Prüfung vom Gymnasium heimgekehrt. Bald sollte er die Hochschule beziehen, Wochen an der Mutter Tellern brachten ihm in Sommerwetter auf dem Land nach zehnjähriger Gefangenschaft erste Freiheit. Aus seiner vergewaltigten Person kochte das eigene Selbst zutag. Wo er stand, griff er ins Gefüge der Welt, köpfte Blumen im Garten, schnitt an Büschen und Bäumen herum. Über Stangen turnte er, sein Sprung und Lauf pfiff in die Luft. Aus dem Turm sah man ihn die Fahne stecken, daß Ahnung von Wind und Sturm war.

Von Seilen zwischen Pfosten nahm Martha Wäsche, Tücher und manches heimliche Stück. Vorhänge ließ man zum Nachbarhaus nieder, saß im Freien auf der abgewandten Seite. Vorm Schlafengehen wurde jeder Gardinenschlitz mit Nadeln gedichtet.

Doch war der Junge nicht aus der Welt. Die Elemente schien er zu besitzen, in der Atmosphäre zu stecken. Insekten, Gewürm im Boden, Tiere der Nachbarschaft waren ihm untertänig. Vom Trog stürzten Hund, Katze, Geflügel ihm zu, wußten mit drolligen Sprüngen, Geheul sich nicht zu lassen. Zäune gaben, verriegelte Türen nach; kein Gemäuer, Spalier war ihm zu steil. Martha meinte, ihn auf Dächern zu erblicken, sah ihn in Kamine fahren, gewöhnte sich, Schlüssellöcher zu stopfen, nach heimlichen Durchblicken zu spähen. Von seinen Absichten wußte sie das Schlimmste, behauptete seine Verruchtheit, die sie in Blick und Gruß ihn vor Maria spüren ließ, erfolgte trotz Vorsicht Begegnung mit ihm.

Er aber hing durch Martha den Blick an Maria, ließ ihn an ihre Haut, von dort verjagt, an ihre Brüste flattern, während seines Schopfes Rot flammte.

In solchem Feuer sich zog Maria zusammen. Diese männliche Jugend war abstoßend in ihrer Zudringlichkeit. Sie setzte Sprödigkeit auf und sah den Lümmel nicht mehr. Ins Zimmer hätte man ihn stellen können, sie hätte keinen Eindruck von ihm gehabt.

Martha verlor den Kopf. Ihre drohende Abwehr übersah Gustav, drängte ans Haus. Wespen gab es im Garten, Fledermäuse in den Stuben, die keiner als er verjagen konnte. Ratten nisteten sich in die Keller, drohten zu der Mädchen Entsetzen ins Haus zu steigen; es bedurfte seiner tagelangen Jagd über Treppen und Flure, sie zu erlegen. An der Küchenseite hatte der Bach die Brücke gesprengt; Wind blies Scheiben ein; immer war rechts und links mit männlicher Hilfe zu richten. Ohne Anmerkung ging nichts ab. Man ist nicht Nachbar, bekannt, ohne gleiches Interesse kurz zu bereden, und kommt die Mutter, kommen von drüben Mägde her, gibt ein Wort das andere.

Ein Köter biß die heimkehrende Maria am Gartentor. Hell auf schrie die; Martha aber hatte die Arme besinnungslos hochgeworfen. Gustav prellte mit gezieltem Tritt den Hund fort, griff nach der Wunde. Doch den Strumpf riß ihm Martha aus den Fingern, fuhr ihn mit Geschrei an, zog die Verletzte in Sicherheit. Über die Wanne hielt sie der Schwester blutende Wade, saugte sie, daß das Gift sich nicht staute. Maria lächelte, streckte das Bein näher aus der Hose der Besorgten hin, obwohl sie wußte, der Biß sei einfach und belanglos.

Durch der Badstube winziges Fenster, die frei über den Bach hing, sah sie in Gustavs gesperrte Augen. Sie rührte sich nicht. War, wie er den Abgrund überstiegen hatte, durch welche Gewalt er an der abstürzenden Wand gehalten wurde, ahnungslos. Doch mochte er schauen; nach seiner vernünftigen Hilfe sehen, wie man sie weiter pflegte.

Als der Jüngling mit anbrechenden Nächten von den Geländern der Mädchen nicht mehr wich, lähmende Wärme im Sommer herrschte, man die Freiheit in Gustavs Kleidung entschuldigen mußte, als Entschluß, an ein Ziel zu kommen, entschiedener in seine Blicke kroch, Bereitschaft als ein Panther in ihm duckte, wußte Martha in ohnmächtiger Angst keinen Ausweg mehr. Sie sah schneidige Mannheit als Pfeil auf überzogener Sehne liegen, sah das Ziel und bebte vor Wut und Entsetzen. Zu seinen Füßen wollte sie, er sollte gehen, bitten und wußte, er mußte sie auslachen. In dem zappelnden Knaben war das Feuer nicht auf Schonung entzündet, brannte vor keinem angeschwärmten Bild zu Beleuchtungszwecken. Es wollte, bis es zu ruhiger Glut zusammenstürzte, alle Flammenseligkeiten haben.

Marias Gleichmut mißtraute sie. Zum erstenmal machte Argwohn vor der Schwester nicht halt. Daß Mädchentum von solcher Leidenschaft nicht gepackt sein sollte, schien ihr gelogen.

Nun turnte bei Dunkelheit Martha ums Haus; lautlos war ihr Tritt. Sie sah im Schwarzen. Mit allen Trieben bebte sie an Schatten und Erscheinung vorbei der Entscheidung entgegen. So fand sie sich in undurchsichtiger Nacht bei ihm, der auf ihr Fensterbrett von der Bank ein Bein gestellt hatte, während Rumpf und Gesicht an den Scheiben klebten, die er mit seines Leibes Dampf beschlug. Mit beiden Händen packte sie des Jungen Knie mit Rucken der Verzweiflung, zog sie männliche Last auf sich nieder. Schwebend auf dem Mädchen, schlägt dem im Exzeß Gelähmten der Wunsch in andere Richtung um. Doch als Martha die Faust zur Wehr ballt, Gewalt über den Greifenden hat, hält ein Gedanke, der die Himmel öffnet, sie könnte mit ihres gleichgültigen Leibes Hingabe Maria aus Verfolgung retten, sie am Boden, und während sie die Gewißheit stärker besitzt, bricht ihr von ihm gewürgter Leib in Stücke.

Schlicht erfüllt sie Pflichten, die sie auf sich genommen hat, als sie sieht, der Jüngling bleibt in sie gestillt, des Opfers Sinn ist erfüllt. Nach außen verrät keine Regung ihre Tat.

War's da nicht seltsam, daß Maria ein Unmaß Zärtlichkeit für die Schwester hatte, das sich vom Morgen bis zum Abend nicht genug tun konnte? Ihrer küssenden Begeisterung gelang, der Älteren Bedeutung so zu heben, daß das Geschehen ausgeglichen, Respekt vor der eigenen Person in der gestärkt wurde. Und was Beschwörungen nicht vermocht hatten, jetzt zog sich Maria zu Haus hinter Vorhänge, draußen hinter schützenden Schleier zurück.

Die Gewohnheit ward ihr eigentümlich. Als der Zurückhaltung besonderer Grund mit Gustavs Abreise geschwunden war, schien sie scheuer. Keinen größeren Gegensatz gab es, als in des Zimmers Heimlichkeit das ausgelassene Mädchen und der schönen Maria Stork beherrschtes Bild auf der Straße, das aller Welt die frommste Überraschung war.

Achtete Maria des eigenen Eindruckes nicht, war Martha kein Blick der Bewunderung für sie zuviel; den verstohlensten fing sie sich; hatte die Gefühle stolzer Eltern, des in die strahlende Braut verliebten Bräutigams miteinander.

Nahm sie daheim der Bewunderten das Mützchen, den Mantel ab, faßte bei Händen das reizende Fräulein, schlenkte es nach rechts, nach links ein wenig und sah lachende Zufriedenheit in ihrem Gesicht, war das der Lohn für manches Leid, das sie mit zusammengebissenen Zähnen getragen hatte.

Gegen ihren fünfundzwanzigsten Geburtstag wurde Maria krank. Schon einigemal hatte sie Stechen in den Seiten behauptet; doch traute besorgteste Liebe dem nie angegriffenen Körper kein Nachlassen der Kräfte zu. Bis es soweit war, daß man die Leidende legen, den Arzt rufen mußte.

Der trat ans Bett, stellte, ohne die Liegende berührt und mehr als flüchtig gemustert zu haben, die Erkrankung, für die er Arznei verschrieb, fest. Er sagte nicht, was zu fürchten sei; nur begriff man aus seiner Stimme, Kranke und Pflegerin würden harter Prüfung unterworfen sein. Und wirklich stürzte Krankheit ein Orkan in die Tücher, und als wüte sie über den begegneten Widerstand, ließ sie fürchterlichem Überfall gründlichere Angriffe folgen, bis das gemarterte Fleisch alle Beherrschung verlor, Hemd und Laken durch die Kissen schleuderte. Hinterher duldete es nicht, die dampfende Haut zu bedecken, doch legte den Leib frei an die Luft, bis sich Wellen der Erregung, die das Bauchfell sprengen wollten, durch die Kühle glätteten. War der Arzt im Zimmer, enthüllte sich Maria, lobte Martha seine Haltung, wandte er zum Hintergrund sich ab.

Und doch war des Mannes Gegenwart in diesen innigsten Stunden ihres Lebens mit der Schwester unerträglich. Lag ihr Abgott trotz des Zuschauers Beherrschung nicht bis in die Eingeweide bloß, und erkannte dieser Fremde das ängstlich gewartete Mädchen nicht bis in unaussprechliche Heimlichkeiten? War sie darum Hüterin des Schatzes gewesen, daß der durchschnittliche Berufsmensch mühelos an ihm teilhatte? Martha haßte den Eindringling und immer mehr, als die Gefahr am zwanzigsten Tag über alles Erlebte wuchs. Rasend stritten Wehen des Lebens und Sterbens um den Leib im Bett, und mit dem Mann verlor sie für Stunden alles Denken, im Schweiß der Glieder bemüht, die im Kissen sich Schnellende zu bändigen. Als der Körper zur Entscheidung in die Matratze gebrochen war, Martha gefühllos neben der Kranken kauerte, ließ ihr rasendes Verlangen nach Marias Genesung nach, wie in die Ruhelage ein gespanntes elastisches Band zurückkehrt.

Der Mann, der auf dem Bettrand eingeschlafen, des Mädchens Hand hielt, schien mit ihm der gleiche, in Erschöpfung hingeschmolzene Stoff, ließ sich aus Marias Sein nicht mehr fortdenken. Durch Berührung war zartester Schmelz von ihr gestreift, Gefieder geknickt.

Halbbetäubt, spürte Martha in Sekunden, deren jede das Leben der Schwester auslöschen konnte, ihre Teilnahme an des Kampfes Ausgang schwinden.

Dann kam der Augenblick kahler Leere. Aller Atem stand im Zimmer, keines Gedankens Spur war da.

Doch flog ein Wölkchen Rauch von Marias Lippen, Blicke schlug sie kurz ins Schwarze und wieder zu.

In dem Moment vergewaltigte Haß die Ältere; nur flammender Wunsch war sie noch, es sollte die Schwester auf der Stelle sterben. Vorgebeugten Hauptes, mit wehenden Flügeln der Nase lauerte sie bis zum Morgen, blieb, von nichts mehr sonst bewegt, ein drohender Koloß.

Maria genas. Beide Fenster sperrte eines Morgens der Arzt auf, ließ Luft und Licht in die Stube. Mit einem Schwaden Arzneigeruch zog das Andenken erlittener Qual hinaus; neuen Lebens freundliche Bilder hielten Einzug.

Doch in allen Stationen rührender Pflege stand zwischen den Schwestern eine Wand; es war, sie sähen sich nicht mehr ursprünglich, doch ihr ähnliches Bild in der Mattscheibe des photographischen Apparates. Auf ihr hob sich jede seelische Bewegung ab; man konnte sie bewundern, aber anschauend übte man Kritik.

Glaubte Maria, ihre Kräfte reichten zu freiem Sehen noch nicht aus, wußte Martha, wie der Abstand zwischen sie gekommen war. Und ob die prächtiger sich aufbauende Schönheit der Gesundenden sie wieder zu Hingabe und Liebe lockte – zu fest steckte der Stachel in ihrem Fleisch, der sie wurmte, bis in Elemente quälte.

In den Wochen fortschreitender Besserung kam noch oft der Arzt. Doch machte er von sich so wenig Aufhebens, daß man nicht wußte, war sein Besuch gewesen, oder müßte man ihn erwarten. Doch statt daß Martha die strikte Zurückhaltung beruhigte, erregte sie sie stürmischer. Nach allem, was gewesen war, dünkte es sie Lüge, der Mann von einigen dreißig Jahren sei zu Maria ohne Beziehung geblieben. Hier konnte nur ein verruchter Plan bestehen, der nicht mit List an ihr vorbei, doch sie zu Kampf auf Leben und Tod bereitfinden sollte.

Längeres Beisammensein mit dem Verhaßten suchte sie, seine Finten durch Beobachtung aufzudecken. Doch wie sie die Sinne spannte, auf keinem Blick, zweideutigem Witz oder nur der Behauptung seiner Person ertappten sie ihn. Keusch blieb sein Wesen, Rede sachlich, ungeschmückt. Als einen in seinem Beruf durchschnittlich Erfolgreichen stellte er sich hin. Martha aber hätte, unsichtbar für ihn, sich um sein Wesen bewegen, seine Tagebücher und Aufzeichnungen lesen mögen, die ungeheure Niedertracht, die über allen Zweifeln stand, ans Licht zu ziehen.

Verschlagenheit wollte sie auch von sich aus mit Überlegung begegnen. Ihr Anzug ward sorgfältiger, gewählt die Erscheinung. Maria sagte ihr Schmeicheleien über ihr Aussehen, und am Spiegel bestätigte sich Martha das Urteil. Doch mit äußerem Reiz nicht nur, mit Geist und menschlichem Wert ging sie den Feind an.

Der stand, wie schon Maria, auch ihr lässig gegenüber. Litt ihre Begeisterung ohne Zeichen eigener Teilnahme, was Martha nicht entmutigte. Hatte sie doch von Anfang an gewußt, hier war ihr ein reifer Gegner als einst der kaum flügge Gymnasiast gegenüber, und im Kampf mit ihm mußten ihre letzten Reserven bluten.

Gelang es nicht, den Feind zu werfen, erfocht sie kleine Vorteile, die nicht zu bezeichnen waren, doch feststanden. Beim Willkomm und Abschied, auch im Gespräch, hingen an Marias Bett ihre Beinpaare beieinander, gab es Gelegenheit, den Mann sichtlich zu verwirren.

Dringendere Blitze schoß sie aus gesenkten Lidern, die eines Abends, endlich, unterirdisch, von ihm erwidert wurden.

Da hob mit Ruck Martha ihr Haupt über die Welt, und als von der im Bett schon schlummernden Maria der Gast in den finstern Garten fortging, stand sie dem Aufgeregten am Rhododendron mitten im Ausgang gegenüber, zu allem Menschlichen entschlossen und gewillt.

Doch wie war da, im leichtgeknöpften Kleid, das Hemd durch alle Ösen zeigte, Maria plötzlich bei ihnen erschienen? Sterne hatten am Firmament gewankt, das Stückchen Mond verlor am Himmel seine Stütze. Und während aus der Schwester Mund herzliches Lachen scholl, eine Hand nach dem verzauberten Mann griff, fühlte Martha aus eben noch farbiger Fülle sich ins grenzenlos Leere für immer geschleudert.

Ulrike

1917

Ulrikes beflaggtes Elternhaus, Schloß Miltitz, stand unter Föhren in einem Blachfeld der Uckermark. Trat man von der Anfahrt und geharkten Wegen zur Seite, sank der Fuß durch Sand auf Grund. Manchmal stak eine Stange, saß ein Rabe im Park; sonst war Acker. Latten fehlten Bänken, Rabatten das Mittelstück. Am Haus des ersten Stockes viertem Fenster eine Scheibe.

Von Blei schien meist der Himmel. Blaue Fahnen klafften kaum hinein, häufig strich Regen schräg, mengte aus Erde klebriges Gelb, durch das ein Wagen sich vors Haustor wälzte.

In das trat Paschke, der Diener, stracks, gab allem, was ankam, den Arm. Die Kinder warf er wie Bälle zum Flur, wo sie Graf Bolz, der Vater, mit dröhnendem Willkomm empfing. Aller Mahlzeit Beginn und Schluß hieß Gebet. Brot, Schwein und Kartoffel lagen inmitten. Das und die Familie war protestantisch. Preuße der liebe Gott.

Evangelisch war Magd, Knecht, Vieh und alles sehr in den Herrn gekehrt. Über der Gemüter fader Landschaft lag des Hausherren Zufriedenheit in Kindern und Gesinde als Licht, als Sturm und Gewitter sein Unwille. Auf seine Person war alles Begreifen gedrillt, der Hosen Sitz, des Bartes Schmiß früh allemal Symbol.

Ulrike von Bolz sah in des Vaters Blick und war mit Ruck ein Bündel Angst. In Gewohnheiten und Erfordernisse tauchte sie, ohne den Sinn zu wissen. Wuchs als Teil eines Ganzen, das Bolz hieß und Rang vor der Umwelt hatte. In der es Bolzburg, Bolzmühle, Bolzweg gab, bürgerliche Bolze durch alle Dörfer balgten. Hier lebte aus dem Geschlecht ein Sproß, ohne sich weitläufig zurechtfinden zu sollen. Denn überall ging durch Mensch und Landschaft seine Blutspur; am besten lief er wie der windende Hund der Nase nach.

So machte an Ulrike sich alles selbst. Zum Knie wuchs der Rock, zur Wade, zum Schuh. Haar floß in längerem Blond, Brust sprang zu Kugeln vor, es rundeten sich mählich die Beine. Sie reichte dem Obst in die Äste, mußte, es zu pflücken, nicht mehr klettern. Sechzehn Jahre war sie alt und wußte nicht, wie sie's geworden.

Pastor Brand blieb tabakbestäubt, kalt feiertags die Kirche, im Saal des Harmoniums F im Diskant verstimmt. Und immer noch schwang der Graf, war er mißlaunt, die Hand der Tochter um die Löffel. Nur über dem Knie hatte sie ihm letzthin nicht gelegen, seine Faust nicht auf sich gefühlt. Doch konnte das stündlich wiederkommen.

Im Stall führte sie der Kühe Melkung. Morgens um fünf, schlief sie noch halb, sprang ihr das Litermaß ins Bewußtsein. Wie oft würde sich's heute unter den Eutern füllen? Würde trocken die Spreu, Rübe verdaulich, warm, mehlig und schmackhaft die Kleie sein? Ob die Mägde Hände, Schleuder, Buttermaschine gespült haben möchten, durch Klee und Luzerne die Tiere nicht im Pansen gebläht wären, daß, ehe der Vater vom Gräßlichen erfuhr, sie mit dem Trokar das Schlimmste verhüten müßte.

Auch die Hühner waren ihr anvertraut. Mit Futter und Frohsinn hielt sie sie bei Laune, daß emsig sie legten. Keins hatte letzthin den Pips gehabt oder wäre sonst zu heilen gewesen.

Liebe und Ehrfurcht, die ihr das Vieh für die Pflege bot, bewegten in Ulrike ein Gegengewicht zur Unterwerfung unter Vaters Willen, der kränkelnden Mutter Nörgelsucht. Von den Brüdern, denen sie im Weg war, setzte es Püffe zwischen die Schenkel. Zog sie abends Kleider aus, legte sie auf den Stuhl am Bett, war sie blau davon. Später wurden in Silber und Grün mit Litzen, Schnüren und Tressen die beiden Husar und Ulan. Fleißiger sparte man zu Haus, daß Dietrich und Horst im Regiment sein konnten.

Im Herbst bliesen Jagden schmetternden Auftakt in des Lebens Blaß. Tagsüber flimmte Korn in Kimmen, knallte Pulver im Hag; kleine Leichname lagen abends, in Parade gestreckt, auf der Terrasse. Geröckte Förster hielten Fackeln, Gäste kamen groß daher.

Ulrike aber zog ein weißes Kleid an, das zwischen Strumpf und Hose die Knie sehen ließ, strich unter Männern, die nach Schweiß rochen und sie auf den Schoß holten.

Nachts war Türenschlagen. Das weibliche Gesinde, sonst mit den Hühnern im Bett, huschte durch Flure und hatte Feuchtigkeit in Mundwinkeln. An ihres Stübchens Gegenwänden hörte Ulrike der Fremdenzimmer Betten seufzen, fürchtete sich melancholisch.

Als sie Pelzmantel und Federhut bekommen hatte, fuhr sie mit den Eltern nach Berlin. Vor der Abfahrt war der Pastor dagewesen, hatte ein Menetekel geflammt, sie ins Blut erschüttert. Nein, ihr sollte die Fahrt nichts anhaben! Die gleiche Ulrike wollte ihrem Seelsorger wieder zufliegen, ihres Busens fromme Himmel sollten nicht wechseln. Sie war getrost und hatte mit Tränen den Kopf geschüttelt. Auch wußte sie nicht, was Brand wirklich meinte.

In Berlin war alles elektrisch. Schon am Bahnhof hing Kuppel an Kuppel vom Plafond wie in Miltitz der wächserne Mond. Man flog durch Straßen, Treppen im Hotel hoch, indem man kurbelte und Knöpfe drückte. Auch in den Zimmern ging alles auf Druck und Zug; doch wie jedermann mit Blitz entsprach, mußte sich der eigene Geist tummeln. Schnell sollte man, wo aller Auge wartete, zu Aufträgen ausholen.

Durch üppige Mahlzeiten triefte der Leib vor Saft und wuchs zu Außerordentlichem. Ihre Glieder sah Ulrike flitzen. Schon wenn sie morgens das Bein aus dem Bett warf, Wäsche, Kleid, Frisur im Sturm vollendete, mußte sie ihrer Flinkheit staunen. Hier, wo Bilder an den Wänden des Daseins Reize priesen, den Augenblick mit Liebesszenen und Schwelgereien zum Verweilen luden, erfüllte sich der Sinn der in Miltitz in Holzbrand prangenden Weisheiten: Was du tun willst, tu bald. Und: Doppelt gibt, wer schnell gibt.

Von früh bis spät war sie purpurne Eile. Herz und Backen brannten vor Angst, Wichtiges zu versäumen. Auch die Eltern holten mit Schritten aus, mit gespreizten Beinen sprang Ulrike an ihren Armen. Nach links, rechts klopfte der Zopf, flogen die schlürfenden Augen. Nie gesehenen Ausdruck der Gesichter, überraschende Haltung der Figuren, der Linien, Kreuzungen, Schnürungen gab es, Geräusche festzustellen, bei Gerüchen zu schaudern oder lustigem Kitzel zu wehren.

An Soldaten, die im Helmbusch mit paukendem Klamauk stampften, sah das Mädchen des Mannes Strammheit ein, und daß in Miltitz die Knechte lümmelten. An Frauen, die beim Regen Röcke hoben, stellte sie einer freien Wade heftigen Reiz anders als bei den Mägden fest, die arbeitend Beine ganz entblößten. Selbst eines Pferdes Stallen wirkte auf der Straße bei stürmender Wagen allgemeiner Hast als schallende Sensation.

Panoptikum und zoologischer Garten schlossen in Ulrike die Vorstellung des brodelnden Topfes, in den sie geworfen war. Doch ließ auf einmal Spannung nach, in sich brach sie zusammen, war nur noch matt und schlapp. Der Gottesdienst im Dom, bei dem ein feister Geistlicher, das Ordensband auf dem Talar, zur Andacht rief, konnte ihre Sehnsucht nach Miltitz' Kühen und Hühnern, dem Himmel von Blei, Pastor Brands schlechtduftendem Rock nicht mehr beschwichtigen.

Doch bis sie nach Haus kam, blieb eine Aufführung des »Wilhelm Teil« zu erleben, in der Rudenz die Federn prachtvoll vom Haupt schaukelten, man Trude Stauffachers Strumpfbänder vom Parkett sah und in der der Apfel auf seines Knaben Scheitel nach Teils Schuß liegenblieb. Das war in dieser Stadt, die in eilenden Treibriemen kreischte, das erstemal, daß eine Nummer versagte. Tiefen Eindruck machte das Ereignis auf Ulrike, sie ließ in überanstrengtem Bemühen nach.

Das Schadenfeuer in des Hotels Nähe packte sie nicht, weil ein anderes im Kino plastischer gebrannt hatte. Insbesondere konnte ein von Dämpfen Betäubter auf der Leinwand mittels sinnreicher Anstalten noch durchs Fenster ins Freie gebracht werden, während Schreie hinter Rauchgardinen in der Wirklichkeit schlimmen Ausgang verrieten.

Doch war für den nächsten Morgen endlich der Aufbruch angesagt. Am Abend gab der Graf den Freunden im kleinen Saal noch das Abschiedsessen, und Ulrike mußte dabeisein. Die Herren, eines Sinnes, einer aus gleichen Quellen bechernden Fröhlichkeit prosteten mit roten Antlitzen zu weißen Haaren. In vorgerückter Stunde trat unter die Zecher groß, wuchtig, mit gut gemachtem Glatzkopf ein Mann. Auf seiner Brust am Frack hing ein Stern.

Augenblicklich hatten wippende Stimmen sich befestigt, Köpfe sich zurechtgerückt, Ulrikes Nachbar dem Nebenmann zugeraunt: »Spät kommt er, doch er kommt, der Jude!«

Dem flog des Mädchens Spannung zu. Nicht der Weltstadt fehlender Glaube und Miltitz' unverlierbare Liebe zu Gott zeigten ihr den Abgrund zwischen der Heimat und neuer Umgebung schneidend, aber wie dort zu Blum, dem Pferdehändler, der Vater Berge gesellschaftlichen Abstandes türmte, hier Abkömmlinge alter Preußenfamilien vor diesem Fremdblütigen sich zusammennahmen, bewies Ulrike, Berlin könnte ihre Welt nicht sein; unberührt und geprüft sei sie sich selbst zurückgegeben.

Noch manches hatte der Vater auf der Rückfahrt von diesem Mann gesagt, den man mit einem Dutzend seiner Glaubensgenossen bei wichtigen Sitzungen nicht missen konnte. Bedeutend hatte die Mutter genickt, und Ulrike ward durch der Frau Zustimmung dieser Männer Kraft gewisser als durch des Vaters Beweise. Es besaß also der wie ein Araber gemachte Mann aus seines Blutes Wucht Eigenschaften, die Führer wie den Vater zwangen, ihn trotz Abscheus an ihrer Seite bei Geschäften zu dulden, deren Sinn Ulrike dunkel war, von denen sie aber spürte, ihretwegen spielte sich das nach außen gerichtete Leben ihres Volkes ab.

Doch zog sich das Herz vor dieser Erkenntnis zusammen, und als man an der Station in den Wagen sprang, schwur das Mädchen mit Schwung, tiefer in sich und Gefühle zu fliehen, die keiner Elektrizität und brausender Eile, doch auch nicht Berlins und keiner Juden bedurften.

Brand war seines Zöglings froh. Statt erzogener Neigung für den Erlöser entspannte sich der jungen Brust so warme Hingabe, daß, wohin Ulrike kam, Blühen über Miltitz wuchs. Nicht mehr Pflicht war ihr Erscheinen, doch gab sie mit dem Notwendigen den Armen ihrer Güte Licht, kleidete die Kleinen, küßte sie auf die kümmerlichen Backen; drückte mit dem Goldstück den Wöchnerinnen Ströme guter Hoffnung in die Hand. Über ihre Tiere hinaus schuf sie helle Gesichter unter Menschen, blieb ihnen, Gott meinte es gut mit ihnen, Versicherung.

Nur zwei-, dreimal im Jahr schien sie bei festlichen Anlässen noch eine Bolz, und der Spruch über der Haustür:

Doch im Herzen starr der Glaube:
Wer den lieben Gott läßt walten,
Und rassiger Trotz und Treue zum Thron
Haben sich wunderbar erhalten.
Wo ein Turm in sandige Wüste ragt
Am Tor das alte Wappenschild –
Zwischen Elbe und Oder liegt das Land.
Wo Luther und Hohenzollern gilt –

dünkte sie, als sie erwachsen war, beschränkt. In ungehemmterem Sinn war Ulrike Christin.

Eifrig glaubte sie, auf gleichen Freuden und Leiden mit aller Umwelt beharren zu müssen. Eigenes Glück dürfte sie von den übrigen nicht trennen, Vorrecht kein Leben erleichtern. Wollte sie sich auszeichnen, sollte sie an des Menschenstroms Spitze trotzender Wogen Gewalt brechen. So war aus ihr zu allem Menschlichen die Brücke geschlagen, Himmel und Landschaft nur Staffage allgemein kreatürlichen Gedeihens.

Schlichte Tracht, bescheidener Hunger und Wunschlosigkeit machten sie zur angenehmsten Hausgenossin, und Vater Bolz hatte den Beifall zu ihrem Wandel längst in die Anrede, mit der er sie grüßte, gelegt: Jungfrau Märtyrerin; in der er anfangs das letzte Wort betonte. Doch als Ulrike älter, der zwanzigste Geburtstag ein Weilchen gefeiert war, glitt der Ton in des Vaters Mund auf das erste Wort. Und mit den Jahren so entschieden, daß das Mädchen den Sinn zu fragen begann. Stellte man mehrmals am Tag vor aller Welt ihren ledigen Stand fest, war er eine Eigenschaft, die allmählich zu denken gab; so wurde Ulrike dahin gebracht, die Möglichkeit zu überlegen, das Elternhaus, ihr ausgefülltes Sein mit einem neuen, von dem ihr jede Vorstellung fehlte, vertauschen zu müssen.

Denn sie sah die bessere Kraft nicht, die sie aus einem Mann beglücken sollte, als die sie aus des eigenen Lebens Wurzeln täglich überraschte. War aus ihr zur Welt und in sie zurück himmlischer Rundlauf nicht offenbar, und wo gab's einen Halt, Ursache in diesem Strömen, es nach vorwärts, rückwärts zu verbreitern? Las sie nicht aus allem Blick, zu jeder Tat Bejahung?

Wo war der irdische Mann, in dessen größere Gewalt sie ihren Drang hätte senken sollen, daß steiler der Strahl der Liebe in ihr sprang, ihres Daseins Sinn sich gründlicher erfüllte? Keiner, den sie gekreuzt, hatte mit ihr an Demutswillen gewetteifert, und war sein Tun und Predigen gesegnet, Pastor Brand nicht.

Aber Kandidat Kittels Barmherzigkeit wuchs aus Ulrikes feurigem Anstoß. Lau war, als er gekommen, seine seelsorgerische Lust gewesen, und brach seine Nächstenliebe jetzt wie Fall zu Tal, empfing er von ihren Gnaden die treibende Kraft.

Auf dem Friedhof die Kapelle bauten sie nach gemeinsamem Plan, wählten den bläulichen Stein, Gläser gedämpft, ihrer gegenseitigen milden Neigung füreinander gemäß. Ton, der mit evangelischen Schwingen aus des Jünglings Brust zu dem Mädchen fuhr, blieb unverändert fern und zart.

So wünschte Ulrike ihr Leben nicht geändert. Wie war ihr in dieser Welt jede Wegstation fröhliche Ankunft, gesegneter Aufbruch aller

Abschied. Viele Schicksale füllten sie, und mannigfach war erdiente Erfahrung in ihr, die in die jungen Züge zu schreiben begann. Sie hoffte, der Vater müßte, an so entschlossener Führung sei nicht zu deuten, begreifen. Geworfen sei ihr Los, und was zu hoffen blieb, sei, durch höhere Ereignisse möchte das Maß des durch sie zu lindernden Elends gesteigert werden. Das war auch ihrer Gebete Sinn.

Der sich erfüllte, als die europäischen Kriege kamen. Nach des Rausches, der Panik Tagen fand sie sich, aus friedlichem Wirken geschleudert, in kaltem Gemäuer, wo auf Stroh verstümmelte Rumpfe lagen, die begossen, gewickelt, entleert sein wollten, deren stinkenden Abfall sie den Gossen, bis die sich mit teigigem Schlamm verstopften, zukehrte. Zu der Front Gebrüll drang Fluch, Gestöhn, letzter Seufzer so gewaltig zu ihr, daß sie Einzelnes nicht mehr unterschied, faulige Jauche der Blutströme des massenhaft Amputierten ohne Besinnen in gurgelnde Kanäle goß. Erst nach Wochen stockte der pestende Auswurf, begannen Gesichter durch Krach und Qualm in ihre von Schreck gesperrten Augen zu blinzeln. Nun schickte sie sich, Fälle und Namen zu merken, an, schied von den übrigen die Männer ohne Arme und Beine, die ihrem Beistand auf Gnade und Ungnade verfallen waren, gehörte ihnen ganz. Bestrich lindernd Stümpfe, durchgerissenes mürbes Fleisch, flog mit Gefäßen so hurtig herbei, daß Wind der Schürze Segel blähte. Dazu schoß sie ihrer Hast verheißende Blicke voraus. Hob Kissen mit Schwung, ließ Decken wie Watte flattern, daß zage Häute keinen Druck von ihnen mehr spürten. Der Ärzte Strenge fiel durch ihrer Mienen Sieb wie Trost an der Duldenden Ohr, zu Leid und Qual schwang allmählich Gelassenheit und frisches Zutraun durch den Saal. Blume erschien erst einzeln, dann in bunten Reihen vor den Fenstern, ein Bild hing da, und Tücher blühten frisch und weich.

Hatte sie abends letzte Bedürfnisse überall gestillt, fiel ein Auge nach dem anderen zu, gab sie den Müden menschlichen Lächelns, sanfter Bewegung Reiz mit in den Schlaf. Ohne Nahrung, stürzte sie in verschwitzter Wäsche in die Matratze, trank Kraft für den neuen Tag.

Innig schlossen sie die Männer in liebeshungrige Herzen. Mit kupierten Leibern waren sie doch galant und gaben sich in Kissen mit gewolltem Schick. Mußte ein Peinliches sein, sagten sie Pardon, erröteten wie Knaben. Das Ungehörige war ihnen vor dem Engel gräßlich, lange nachher wußten sie vor Scham nicht aus noch ein. Von ihres

Lebens besten Dingen sprachen sie, suchten, ehe sie die Pflegerin riefen, aus der Erinnerung fleißig nach feinen Worten. Deren Bitte war mehr Befehl als des Vorgesetzten Weisung; den Widerspenstigsten zu zähmen, genügte des Kameraden Ruf: »So will's Ulrike aus der Uckermark!«

Nahmen die meisten ihre Güte als geschuldeten Ausgleich finsteren Schicksals, gab es andere, die in Schwärmerei fielen, an ein Himmlisches mit ihr glaubten. Die hatten morgens Blicke von ins Trockene schnappenden Karpfen, bis die Schwester ihnen das Glück besonderen Hinsehens schenkte. Bald vermochten sie wie auf Rollen den Körper, dem angeschwärmten Mädchen Last zu sparen, in die gewollte Lage zu schieben, lachten übers ganze Gesicht, fand das sie in der neuen Stellung, deren Zustandekommen es sich nicht deuten konnte.

Einer von den Soldaten, August Bäslack, war nur noch Rumpf mit einem Arm. Niemand wußte, zu welchem Ende Gott das Paket verwahrte. Er selbst, nachdem er tagelang in Morästen faulte, schien auf Stroh unter Dach und Fach sich wohl zu befinden. Kam Ulrike, riß er Mund und Nase auf, starrte sie, als sei sie Theater, an. Erst sprach er nicht, schlang nur Speise und Trank. Tränen flössen ihm in den Teller, die nicht Leid, Entspannung waren. Unter dem Leintuch trommelte Sturm der Leib; oder Schweiß brach in Bächen aus, und wie ein Kessel dampfte der Mann.

Allmählich dichteten sich die Fugen, der Musketier ward Saalinsasse wie die anderen. Nun blieb Ulrike auch bei ihm, zog Schicksalhaftes in Gesprächen aus ihm. Ein Unhold war er vor dem Krieg gewesen, in Gefängnissen häufiger Gast, der zugesehen hatte, daß unter seelischen Erregungen, die er nicht missen wollte, jeder Tag mit Diebesabenteuern und Schlimmerem für ihn verlief. Putzige Grundsätze hatte er, behauptete, aller Menschen Absicht ginge auf Raub aus, seine Art sei nur die einfältigste und schäbigste von allen. Doch reiche sein Verstand zu höherer nicht. Ulrikes sittliche Einwände hörte er höflich, mit Ermüdung an; meinte, sie seien auch darum überflüssig, weil der alte Beruf für ihn ohne Beine und Arme nicht tauge.

Als das Mädchen sah, hier fiel zum erstenmal ihr Wort auf Stein, flammte Bekehrungseifer auf. Häufiger stand sie an Bäslacks Bett, öffnete ihrer Gründe Schleusen weit. Während sie den Liegenden mit Bibeltexten überschwemmte, brannte das gute Herz bis zu den Backen und erleuchtete den Verstockten. Doch wies der sich als kein schlichter

Gauner, aber verteidigte begeistert sein feindliches Verhältnis zur Menschheit, das er mit Moralbegriffen nicht zu messen doch natürlich fand; das er politisch nannte. Wie sie Christentum den Greueln verbinde, mit denen ein Erdteil gerade kreise? Ob es nicht peinlicher sei, in des Erlösers Namen unter besiegten Völkern brennen und sengen zu müssen als nach eigenem oder der Obrigkeit Willen? Er spüre Genugtuung, nicht jedesmal bei solchen Anlässen erst seelische Turnkunststücke vor seinem robusten Gewissen wie die Kameraden machen zu müssen, doch das Befohlene, anscheinend Notwendige mit Humor und wirklichem Genuß auszuführen. Schema rede sie, betäube sich mit Gang und Gäbem. In folgende Dinge solle sie sich hineindenken: Und nach knappen Fakten, die er verbürgen wollte, malte er kaustisch die geschaute menschliche Demenz.

Er lüge, schrie Ulrike ihn an, und für solche Geschichten wollte sie ihn zur Verantwortung ziehen. Doch knickte Bäslacks Geschiel ihre Entrüstung, entformte sie zu Zweifel und Angst. Immerhin hatte sie am anderen Morgen Haltung genug, mit Überzeugung wieder bei ihm zu sein; und aus ihres Glaubens Kraft bliesen zwei Menschen sich fiebrig an, bis des Mannes Gewalt aller geschändeten Kadaver Gesamtheit vor sie hintürmte, ihr seelisches Gleichgewicht stürzte, daß ihr als Pfeil im Herzen aufrecht ein Finsteres stand. Da hatte Ulrike Ringe um die Augen, über den Kiefern lagen Schatten in des Fleisches Teichen. Hielt sie sich äußerlich vor Bäslack steif, sah sie, er kannte ihren Bruch und würde sie nicht aus den Fängen lassen.

Zu den übrigen floh sie, suchte aus ihrem Glauben Mut. Alle Soldaten im Saal haßten Bäslack, der sie wie betrogene Betrüger maß, Zähne zeigte, sangen sie unter Ulrikes blonder Führung:

»Rußland, o Rußland,
Wie wird es dir ergehen,
Wenn du die deutschen Soldaten wirst sehen?
Deutsche Feldsoldaten
Schießen alle gut,
Wehe dir, wehe dir, Rußlands Blut!«

oder übers ganze Gesicht lachte, folgte laut das gemeinsame Nachtgebet.

Übrigens neigte jäh sein Zustand zur Krise, und eines Morgens stand der Tod so dicht bei ihm, daß er vom Sterbenden nicht mehr mißkannt sein konnte. Da schlug Bäslack Ulrike den Blick mit dem Hammer ins Herz, daß sie platt an ihm festsaß, goß ihr mit heimlich obszönen Bewegungen eine Flut unflätiger, alle menschlichen Ideale schändender Worte ins Ohr, wozu er selig, fast verklärt, wie zu lösender Beichte lächelte.

Als Ulrike eine Gebärde des Abscheus machte, ließ er sie, die Decke lüpfend, seines zertrümmerten Leibes Grauen noch einmal schauen, warf ihr mit letztem Schwung das Gesäß entgegen und verschied.

Nach einjähriger Arbeit an der Front ließ Ulrike sich in die Etappen holen. Auf ihrer Station fand sie Kittels Schreiben, der als Feldgeistlicher das Eiserne Kreuz erworben hatte. Sein Brief war Begeisterungsschrei. Mannschaft, untere, obere Führung – prachtvoll. Schlacht und Sieg folgten sich wie in Bilderbüchern. Der Soldat rief Halleluja und Hurra, fiel angemessen schlicht. Zum Schluß schrieb Kittel, wie ihn oft ein Zwang treibe, selbst die Waffe zu nehmen und mit den Stürmern sich in des Qualms geballteste Wolke zu werfen. Einmal habe er nicht widerstehen können: Als bei einem Angriff des Bataillons sämtliche Offiziere gefallen waren, habe er den erstbesten Degen geschwungen, und unter seiner und des Stabsarztes Führung sei die Attacke bis in die feindlichen Gräben geschwenkt worden. Gewiß, sie spüre voll und ganz, welche unvergleichliche Zeit ihnen mitzuerleben vergönnt sei, drücke er ihr, ihr Bruder in Christo, die Hand.

Ulrike sah ihr Leben in Schläuchen, die nicht mehr dicht waren, sickern. Kittels Brief stimmte zu Bäslacks Bekenntnissen wie der Jugend hübsches Einerlei zum heutigen Chaos. Doch merkte sie Krieg und Krüppel unmittelbarer, jetzige Zustände den Menschen der Epoche gemäßer als alles, was im Frieden gewesen, das ihr von einem ironischen Konditor verzuckert schien.

Gelang es noch, mit Standesgenossen deren Sprache zu sprechen, fand sie sich in zwei Wesen zersprengt, von denen eins den alten Text geduldig sprach, das andere ihr jedes Wort von den Lippen fing und in ihm allemal einen fatalen Gegensinn feststellte. Erschreckend fand Ulrike das Gespenst, belustigte sich aber mit ihm über die andere Ulrike aus der Uckermark, wie die Soldaten sagten.

Durch Erschütterung entrundet, tat sie im Lazarett mechanisch ihre Pflicht. War mit gähnendem Maul wie die anderen Pflegerinnen, schlürfte durch Bettreihen und schien den Kranken wie Trank und Arzneien bitter.

Doch ekelte sie Unlust zur Arbeit. Kühe und Hühner hätte sie wieder füttern, mit Leuten vom Land deren Notdurft bereden mögen, um nicht bei jeder Handreichung wachsenden Widerstand beugen zu müssen. Das Härteste war, des Zerfalles Ursachen zu nennen und aufzuklären, erlaubte sie sich nicht. Als sie die Verwandlung erkannte, hatte sie jenen unwiderstehlichen Geist in sich gespürt, der auch im Elternhaus manch Überkommenes belächelte, es aber mit Stolz und Absicht weiterschleppte, als hingen Geltung und Leben von ihm ab.

Sie ging geköpft durch tolle Zeit. Und als in Reden und Schriften der Unsinn kraß wurde, groteske Ereignisse lärmender prasselten, rettete sie sich vor der Not in äußere Zerstreuung. Fand Licht vor europäischer Nacht bei exotischen Kinobildern. Jede freie Stunde, die sie sich auf Grund ihrer bevorzugten Geburt jetzt unbedenklich verschaffte, saß sie in der besetzten Hauptstadt Lichtspielsälen, in deren gepflegtestem Krankenhaus sie seit kurzem wirkte. Aus dem Film rollten Geschöpfe in Situationen, die kaum noch wahrscheinlich waren, doch Kanäle zu vertrauten Empfindungen offenließen. Wilde gab's im Busch, zur Rache gekämmte Indianer auf dem Kriegspfad, Schakale in der Jagden Rausch; doch immer konnte der Beschauer an der Kreaturen Gewalttätigkeit begreifend teilnehmen. Es blieb gewissermaßen der Gott sichtbar. Nicht Christus, doch Jehova, Mohammed oder ein Fetisch, der die Dinge in höherem Sinn lenkte. Im Mord war Vergeltung, Hunger im Raub, vor Urteil Verbrechen. Es klang die im Orchester gemachte Musik aus Ereignissen mit. Von feurigen Wassern solcher Abenteuer gewaschen, konnte Ulrike den täglichen Dienst gefaßter verrichten.

Doch schlug mit der Ereignisse Folge Sucht nach eines Herzens Umgang zügellos aus ihr. Von Bekanntschaft sprang sie zu Bekanntschaft nach dem erlösenden Zeichen, mißachtete Schnurrbarte, Monokel, ersehnte vor Essen und Trinken ein einziges Wort, wie sie Bäslack in Katarakten vom Maul geflossen waren. Ihn sah sie innerlich wieder, seiner Blicke klirrenden Fluch, die blanken Verdammungen. Und wie in Rotguß erschien ihr die mit dem letzten Atemzug präsentierte Plastik wieder. Durch Gassen lief sie, stöberte im Gesindel nach kühnen Visagen, drängte in des Mobs Zusammenrottungen und fand auch da zu Brei gewälzte Phrasen, denen die Druckerschwärze vom Morgen nachstank. Menschengewühl, über das man Kübel Kleister gestürzt hatte.

Am Ort, wo sie mit Bekannten aß, saß ein Landsmann, der durch sein Äußeres auffiel. Da er mit Herren an ihrem Tisch sprach, hörte sie manches von ihm: Maler, Hilfsarbeiter im Gouvernement und Jude. Man sprach halber Zurückhaltung zu ihm, nicht wie Vater Bolz zum Pferdehändler Blum, doch weiter noch von der feindlichen Hochachtung entfernt, die Ulrike am festlichen Abend in Berlin bei den Ihrigen jenem Besternten gegenüber bemerkt hatte.

Als sie, unterspült und Hemmungslosigkeiten preisgegeben, den Blick durch die Welt nach Hilfe sandte, blieb er manchmal bei jenem Mann, der aus Quarz die Kinnlade, gestielte Augen trug, auf der Bank in sie hineingetrieben saß. Mächtige Schlucke und Bissen tilgte er und schwang aus stählernen Gewinden. Oft entzischte ihm Feuer wie aus Gasgebläsen, das Ulrike versengte.

War ihre adelige Struktur bis zum Grund gelockert, hielt Vorurteil sie ab, diesen Menschen als aus ihrer Welt zu sehen. Tauchte seine Vorstellung auf, wuchs ihr vom Hals zum Fuß eine Gänsehaut. Als einen Orang-Utan sah sie ihn, doch nicht, ohne daß sie wie vor solchem Tier Schauer kühner Gewalt und urfremd elementarer Art bewehrten. Ihr Leben, das sich gegen eine Welt gesträubt hatte, suchte sich nur noch vor dem Nachdenken über die männliche Bestie, die die Freunde Posinsky riefen, zu bewahren; zum erstenmal fand sie sich eine richtige Bolz, vor einem Lebendigen mit geblähten Nüstern stelzend.

Eines Tages bot er ihr in Regengüssen einen Schirm an; sie trat zu ihm, und gleich pfiff er ein so besonderes Lied, daß sie mit allen Sinnen horchte. Merkte sie, er führte sie über Straßen und Plätze kreuz und quer, hinderte sie ihn nicht; betrat an seinem Arm eine Wirtschaft.

Ellbogen auf den Tisch gestemmt, hieb er dort so erbarmungslos in das Gerüst der Welt, daß sie einzelne Zusammenbrüche nicht merkte, nur sah, wie er mit besessener Kraft und besserem Wissen zuschlug. Als tränke sie Punsch, sei wieder köstlich warm, hatte sie das Gefühl. Und als er gegangen war, hielt eine Wolke sie aus seinen Worten schwebend.

Da waren ihres Urteils mit Mühe verriegelte Schleusen geöffnet. Begriffe in des Gedächtnisses Schacht wechselten Farbe, in ihrer Erkenntnis war vor Taifun jüngster Tag. Mit schärfstem Mikroskop in der seelischen Brille stand sie vor der Schöpfung, erbrach ihrer Erziehung frommen Betrug auf einmal.

Nun sehnte sie das Wiedersehen mit Posinsky herbei, daß seine guten Gründe ihr das Entdeckte stützten. Doch war er das zweitemal ein anderer. Gut gelaunt und sanft, wies er Zeitgenössisches von sich, begann von Dingen außerhalb heutiger Vorstellungen zu sprechen. In Afrika war er gewesen, erzählte von Negervölkern. Auf des Kaffeehaustisches Platte zauberte er Tropenlandschaft und, im Sturz des Lichtes, ein scharlachenes Paradies. Von dieser Einfachen Trieben sprach er so dringlich, daß Luft um ihn sich vor Vergnügen rötete, Hitzschauer durch Ulrikes Wäsche liefen. Europas Veitstanz ließ er hinter sich, buchstabierte ihr begeistert einen schwarzen Kanon.

Bei späteren Zusammenkünften fuhr er damit fort, riß in des Cafés Winkel sie und sich aus Wirklichkeit. Um rotes Sofa blühte der Brotbaum, kieselten Stromschnellen durch Urwälder, schwitzte der schwarze Kontinent seine leckere Fruchtbarkeit. Unter Bambus, Bananen, Früchten, Orchideen verschwenderischer Natur sahen sie in blauen Winden ebenholzenen Rassen beim Schaffen zu. Wie Balubas, Hussahs, Watussis rinderweidend, auf der Jagd, oder webend, töpfernd, stickend, schlichten Tag, der seit Karthagos Zeiten dauerte, hinbrachten. Das war Posinskys Trumpf, des Negers klassische Beständigkeit in jahrtausendelanger Reibung mit den Weißen zu zeigen. Aus ihrem Blut allen Lockungen der Zivilisation trotzend, erhielten sie sich der Götter zauberisch parfümiertes Eiland, um das ein Wall von Eis, dörrender Glut, Wüste, dichten Wäldern gekeilt, sie vor eiliger Beweglichkeit schützte. Doch diese Wilden wies er ihr ohne Philosophie mit handfesten Begriffen, ohne Kunst bildnerisch, fromm ohne Dogmen. Wie ihre Handlungen, aus Trieb aufspringend, die Welt nicht zu Entwicklungen vorwärtsstoßen, doch Glück am Feuer bewahren wollten, sie sich nicht erobernd ausgebreitet und versprengt, aber kraftstrotzend ihre Weiber am gleichen Platz mit seßhaft gewilltem Samen gefüllt hatten.

Aus Ulrikes Brust schoß groß und dunkel eine Blume, die sie mit Lebenssaft begoß, als deren Schöpfer sie Posinsky ohne sein Wissen, wie man das sich Offenbarende verehrt, liebte. Holz- und Elfenbeinskulpturen der Sudanneger besaß er und wollte sie ihr bei sich zeigen. Sie folgte, bestaunte die kubischen Hölzer; durchblätterte seine afrikanischen Skizzen, in denen er die feurig edle Gestikulation anmerkte. Sie, aus uraltem Stamm, sagte er, habe eine Neigung des Kopfes, der Beine Drehung, die ihn an schwarze Weiber mahnte.

Bald darauf zeichnete er sie vor seinem Tisch. Plötzlich wischt er Kragen und Krawatte fort; man sieht, wie ihn Begeisterung packt. Aufrecht stellt er sie, zieht Zeug und Wäsche ihr von den Hüften, daß sie in Bluse und Schuhen nackt vor ihm ist. Dann fegt er mit Faustschlägen aus dem Pinsel des Schenkels Kontur auf den Malgrund.

Modell und Geliebte war sie ihm, wie er sie wollte. Aus allem Sonst war sie in ihn auf eine Spirale gerollt, aus der er sie schnellte und sich ducken ließ. Bald stand sie hoch auf Podien, er renkte ihre Maße in seines Bildes Erfordernisse, daß Getast unter seinen Griffen bäumte, Gesait zu spitzen Tönen schrie oder in Geheul verseufzte. Pedal war sie, von ihm getreten, englische Stimme, durch ihn gelockt. Doch gebar sie in raumloser, zeitloser Fülle fortwährend Himmlisches.

Aus gekappten Rändern lief sie in ihn aus, war nur noch Teig, an dem er aß und satt wurde. Da er sie afrikanisch wollte, schickte sie sich an, Trope, schwarzer Beischlaf, halbtierische Schwellung und Geruch von Negerbeize zu sein. Alles Wirkliche war so von ihr gespült, daß Geschosse, die oft genug noch in die Stadt fielen, ihr von draußen schreckliche Gegenwart nicht mehr vermittelten.

Doch auch Vergangenes ward apokryph. Kam es ihr selten in den Sinn, glaubte sie an Traum und Sage. Das arme Mädchen, das das alles erlebt hatte, mußte fremder Rasse, deren Aufnehmer welk und verblüht waren, angehören. Manchmal summte Ulrike eine Strophe, die ihr exotisch klang, der Worte wegen, an Schnüre gereiht:

»Gouvernante, Stundenplan,
Knicks, Pflicht, Ordnung, lieber Gott!
Taufe, Impfung, danke schön,
Polizei und Magistrat –«

und tanzte dazu, indem sie den Bauch kugelig und immer runder rollte.

Mit Posinsky lebte sie auf einem Flur, und ihre Stuben liefen ineinander. Vorhänge hielt sie geschlossen, ging, ihres Dienstes ledig, kaum zur Straße. Tag war Vorbereitung für ihn, kam er nach Haus und wollte verschnaufen.

Im großen Wohnzimmer hatte sie den Kral an Pfählen aufgemacht, unter dem sie auf einer Löwenhaut die grellgeschürzten Lenden, fleischige Beine spreizte, einfachste Vorstellungen hatte. Quelle war sie, in die er, sich zu nässen, tauchen sollte, hielt sich rein, von anderem Verlangen ungetrunken. Kaum gab sie dem Licht nach, das nach ihr durch Gardinenschlitze leckte, doch war ohne ihn aus aller Wahrnehmung in lächernden Halbschlaf geschält, hörte das Murmeln ferner Meerbusen.

Trat er aber ein, und es klirrten des Himmels Soffitten, entschränkte sich das ausgeruhte Weib, renkte Gelenke an Ketten hervor, motorisches Pochen klopfte aus allen Gliedern den Boden. Dann war Kilimandscharo, keine Zeit, heißer Wind im Halbdunkel, eine polierte Magd und ein saftiger Häuptling. Fast nur ein starker, behaarter Affe und die berauschte Äffin.

Von Entwicklungen tropfte Ulrike sich frei, schabte Ursprüngliches, in Geschlechtern verschüttet, aus sich heraus, bis sie blank und ihr dichtestes Ich war. Jahrtausende hatte sie rückwärts eingeholt und wünschte das späte Paradies nicht herrlicher.

Lächelnd ließ sie sich von Posinsky die Häute bemalen und tätowieren; zu tiefem Schwarz das Haar färben. Lippen und Zitzen spitzte sie selbst zinnoberrot.

Ganz im Glück hatte sie nur Gehorsam. Peitsche kam von selbst, nach der sie schwank und fröhlich tanzte.

Der Mann fühlte sich auch behaglich, verbrauchte eifrig Ulrikes Rente zu seinem Einkommen. Seiner geschmeichelten Eitelkeit gelangen sogar beträchtliche Bilder.

Oft kam er sich erhaben vor, schleifte das berückte Fleisch vor ihm, das eine deutsche Gräfin war. Manchmal war er traurig und wußte nicht warum. Immerhin schien er nicht unglücklich, als Ulrike einen Knaben entband und in der Geburt mit verzückten Grimassen starb.

Da ihm das Kind mit aufgekippten Lippen widerlich schien, gab er es an ein Findelhaus, nicht ohne seine Umrisse auf der wichtigsten Leinwand der unter Palmen schlafenden Ulrike in den Schoß gemalt zu haben.

Das Bild heißt »Never more« und hängt in öffentlicher Sammlung.

Posinsky

1917

Da durch der Gräfin Bolz' Tod Posinsky im Leben allein steht, bleibt für den gründlichen Chronisten manches von ihm zu sagen, das späteren Geschlechtern Wesentliches von den im Weltkrieg zu Haus Gebliebenen an einem üppigen Exemplar der Gattung zu zeigen vermag.

Aus Mitteln der wohlhabenden Geliebten hatte er bei ihren Lebzeiten so reichlichen Proviant in die gemeinsame Wohnung gestaut, daß leibliche Verlegenheit, die im vierten Kriegsjahr peinlich wurde, ihn zu rascher Tat, überstürzten Ruderschlägen nicht zwang. Vielmehr paddelte er flacher Fahrt wochenlang in den stillen Stubenteichen, angenehm von der Rücksicht auf das hochgeborene Fräulein befreit, das er beherrscht, vor dem das Elementare in ihm sich nicht nackt ans Licht gestellt hatte. Jetzt spreizte er die Glieder entfesselt auf Liegegelegenheiten, war beschämt, nur ein Arm- und Beinpaar zu haben. Schamlos schweifte Instinkt durch freies All, Gedanken schleiften Schleim auf alles mögliche.

Bestimmtes wollte er nicht. Mit Inbrunst wußte er nur wieder: Posinsky hieß er, setzte Atmosphäre aus dem ihm innewohnenden Motor in genehme Schwingungen. An und für sich gab es kein Gebiet, auf dem er sich zu glücklichem Ziel nicht finden würde. Auf Ulrikes Kissen und Fellen spürte er mehr und mehr als wichtigste Erkenntnis: Welt war hinter Fronten jetzt männerleer, der vor den Ereignissen störende Wettkampf der Gehirne so gut wie aufgehoben.

Wären Vorräte, die Küche und Keller füllten, einmal vertilgt, müßte es ein leichtes sein, sich aufzumachen und an eine Stelle zu schwingen, die Unterhalt in jeder Hinsicht gab. Inzwischen wollte er in seinen vier Wänden Zeit gewinnen, den Leib für später notwendige Bemühungen zu stählen, seinen Gefäßen mit einem Maximum von Zweckmäßigkeit den ganzen vorhandenen Lebstoff zuzuführen.

Denn er verhehlte sich nicht: bei aller persönlichen Bescheidenheit hatte die verehrte Tote doppelt auf seiner Weide mitgefressen. Einmal, weil sie mit wenigen genossenen Bissen trotzdem seine tägliche Ration verringert, dann, weil er aus Repräsentationsrücksichten mehr inneren Anteil an manches Tun, als ohne sie notwendig gewesen war, gewandt hatte. Denn vor sich selbst, das spürte er gerührten Entzückens, machte er seelischen und geistigen Aufwand nicht mehr mit. Er war in des Krieges Verlauf, sich ohne Umschweif nackt zu sehen, fähig geworden.

Und fähig dazu, satt zu werden. Ihm gegenüber aber stand im großen und ganzen hungrig die Welt. Natürlich hatte sie noch immer andere Bedürfnisse, doch während früher Beziehungen von ihm zu Menschen mannigfaltig gewesen waren, durfte er jetzt damit rechnen, wenn er des ungestillten Appetits in einem Gegenüber gedacht hatte, war das Dringende in dem überwunden, er brauchte weitere Berechnungen nach dessen Individualnenner nicht anzustellen. Zweifellos hatte der Krieg im Menschen ein Unmaß überflüssigen Aufruhrs gebändigt, als er durchschnittlichen Organismen die Kraft zu geistigen Turnkunststücken, sittlichen Forderungen nahm, sie auf die ursprüngliche Notdurft zurückschnitt. Freudig empfand Posinsky, niemand forderte mehr jene innere Regsamkeit von ihm, die er im Grund stets ungern geleistet hatte.

Nichts schien ihm wie das Schöpfungsprinzip schlicht: immer wieder werden ohne Ursache Menschen geboren, die, sich wie ein Ei dem andern gleichend, ein kurzes Dasein nach unveränderlichen Bedingungen hinbringen, das, dem irdischen Leib heiter zu gestalten, ihre verständige Sorge sein müßte. Doch wird durch zu große Freiheit und Unabhängigkeit von Gemeinschaftsforderungen die bemittelte Kreatur in Friedenszeiten dahin geführt, mit der Kenntnisse übermäßiger Vermehrung auch die Sorgen zu vergrößern. Aufklärungswut entdeckt mehr Leere als Fülle um sich, und während Phantasie durch angenehmer Irrtümer Entlarvung verarmt, macht die Aufstellung sogenannter Werte das Dasein trauriger. Durch Erziehung, begriff er, wird das natürliche Talent, sich auf Erden zu amüsieren, dem Menschen amputiert, macht in ihm Pflichten Platz. Aus Wille und Vorstellung wird er Funktion, die zu Zielen denkt, sich eher, als man mit des eigenen Temperamentes Gangart ans Ende käme, zu Tode galoppiert.

Wie hatte die verstorbene Geliebte sich zu eigenem Nachteil an ihm übernommen! Hätte sie mit sachtem Schmelzen auf sanftem Feuer ihr Verbrennen nicht hindern, auf späteren Termin verschieben, ihn nicht mit natürlichem Schwung jenseits seelischer Exzesse wirksam und taktisch gestuft lieben können? Wo war der Zwang gewesen, durch das Idyll mit ihm dritter, rasender Übersetzung zu fahren, während sie ihm eine Summe hinterlassen hatte, die behagliches Leben für mindestens zwei Jahr verbürgte? Aber hinterher hätte Gott noch Leben gegönnt.

Oft hatte er ihr mit Gründen in die Liebesraserei fahren, sie schonend aus Verkrampfungen lösen wollen, doch bis in Eingeweide wollte sie sich versengen, keine Minute aufgespart sein. Nicht daß sie lichterloh für ihn gebrannt, daß sie vor seinen Augen sich körperlich verzehrt hatte, schien Posinsky närrisch. Man könnte lieben und bei richtiger Einschätzung der in Betracht kommenden Umstände, wenn nicht Fett ansetzen, doch gut bei Leibe bleiben, war er überzeugt.

Heilsames Regulativ war also immer in ihm wirksam gewesen, doch nicht methodisch genug, daß er mit sich zufrieden sein durfte. In zuviel Tat, unnützes Ereignis war er mit dem distinguierten Mädchen noch verstrickt gewesen, als daß die seiner Veranlagung wirklich genehmen Lebensregeln gründlich hätten in ihm festgestellt werden können. Jetzt aber mit Proviant, gefüllter Brieftasche und einem infolge seiner gründlichen Erschöpfung ihm bewilligten langen Urlaub lagen seines Lebens erste Ferien vor ihm, und er war feurigen Ernstes gewillt, zwischen sich und der Welt jenes Reibungsminimum zu schaffen, das ihn am Zünglein der Apothekerwaage entzückte, aus dem heraus zwei Schalen schwank und bequem, wie er es zu tun wünschte, im Äther hingen.

Mild strich der Jahreszeit Luft, es gab keine störenden Kämpfe mit ihr. Seidenes Hemd und Hose vermittelten ihren leichten Einfall in Posinsky, seine Ausdünstung auf vollkommene Art. Von seinen Poren, der Niere und ihrer Tätigkeit hatte er den besten Eindruck, und auch sein Atem ging leicht. Hier war nichts zu bessern; erhalten sollten gut bemessene Speisen des Körpers Wohlbefinden. Da gab es aus schwellenden Vorräten ein Zuteilen und In-die-Wege-Leiten. Die Kriegsdauer berechnete er auf höchstens noch zwei Jahr, maß siebenhundertunddreißig Tagen ihre Portion aus hundertundzwanzig Pfund Reis, hundert Pfund Zucker, zweiundfünfzig Pfund Kakao, zehn Kilo Tee, achtzig Pfund in Steintöpfe eingemachter Butter und vielem anderen zu. Da konnte es ihm, vorausgesetzt, Feuer zerstörte nichts und er teilte mit keinem Lebendigen, bis zum Herbst neunzehnhundertundneunzehn an nichts fehlen. Schnell bildete er die Fähigkeit zu kochen vollends aus, nahm Mahlzeiten so, daß ihre Zurichtung nicht zu übertreffen war.

Bittere Klagen über die Ernährung, die schallten, nahm er wie den übrigen Krieg nur als Panorama, sie kosteten ihn keine Teilnahme. Atemloses Interesse, das eine Welt an Viktualien wandte, veranlaßte ihn, auf Reserven gestützt, das ängstliche Gewissen für deren beste Verwendung zu haben, sich auf Geheimnisse der zur menschlichen Ernährung bestimmten Stoffe einzulassen. Bald kannte er des Roggenmehls Nährwert mit sechzig, den des Zuckers mit vierzig, mit hundertneunundsechzig Einheiten dagegen den des Käses, als mit fünfzig den des Fleisches übertreffend; sorgte dafür, daß ihm täglich mindestens hundertfünfundzwanzig Eiweiß- und an vierhundert Kohlenstoffteile zum notwendigen Fett zugeführt wurden. Aller Mahlzeit widmete er priesterlichen Eifer, verzehrte sie schmatzend im Adamskostüm auf dem Sofa, das Auge an der Magenmuskeln Arbeit zu ergötzen. Auch schien, es glänzte Gehär ihm in fetterem Glanz. Nach dem letzten Bissen schlich er, eigentümlich lahme Schritte, auf die bereitstehende Waage, blieb, bis er die Gewichtszunahme abgelesen hatte.

Bei aller Teilnahme an Stoffwechselvorgängen vergaß er nicht, sie sollten ihn nur fesseln, damit leibliche Kraft jenen Seelenzustand in ihm festmachte, den er als seines irdischen Glückes Spitze wußte, den er sich eindeutig in die Erkenntnis rammen wollte. Achtzig Kilo Körpergewicht hielt er für die körperliche Voraussetzung des Gelingens seiner Pläne, und ohne das große Ziel zu überhasten, kroch er, hundertzweiundfünfzig Pfund schwer, gemächlich dem kleineren zu.

Alsbald merkte er, Arbeit, sei es die unscheinbarste, minderte der Glieder festgerolltes Wohlbefinden. Zwar mochte der Muskeln Bewegung an sich von Vorteil sein. Durch geistige Arbeit, die vorausging, des Gehirnes Räder zu einem Ziel in Bewegung zu setzen, wurde sie aber mehr als aufgehoben. Ohne weiteres war klar: des Gehirnes Inanspruchnahme für eine Bewegung, sei es zu einfachem Greifen, wurde durch den Effekt aus diesem Geschehen selten kompensiert. Wohl: er hielt dann in der Hand, was vorher nicht dagewesen war. Doch war der Nutzen, den er vom neuen Gegenstand hatte, gering im Verhältnis zu dem molekularen Derangement, das in ihm stattgefunden hatte. Machte zum Beispiel eine Fliege halt auf seinem Gesicht, er aber lag in jene wonnig pflanzliche Hingabe ans All hingestreckt, hätte er, das Insekt zu verjagen, innigen Kontakt lösen, dann den Begriff »Fliege« bis in des Gehirnes letzte Zelle leiten müssen, ehe jener logische Komplex in ihm, der die Hand zum Schlag an die betreffende Stelle befähigte, gerundet war. Womöglich entstünden noch lange an das Einzelwesen einer Fliege sich knüpfende Vorstellungsreihen, die das einmal angeregte Denkzentrum aufnehmen, später umständlich vergessen müßte. Demgegenüber könnte der Handlung höchster Erfolg das zerschmetterte Geschmeiß sein.

Im allgemeinen galt für ihn: zu seinem Nachteil ist der Mensch zu quick. Gewiß soll er auf dem Sprung sein, lohnt der Satz, ihn bis in den Himmel machen. Doch ewiges Hin und Her für nichts und wieder nichts ist wider die Vernunft. Wieviel Rucke des Kopfes, der Glieder, Schritte kann man nicht nur unterlassen, doch den Nerven ihre Kontrolle sparen. Und selbst bei unumgänglichen Bewegungen käme man mit der Hälfte der aufgewandten Kraft aus.

Auf ein Klingeln öffnete er die Tür nicht mehr. Denn was stand durch sein Unterlassen zu befürchten? Würde er eine Abordnung, die ihm wie Heinrich dem Vogler Deutschlands Krone anböte, versäumen? War der Mensch, der ihm sein Vermögen schenkend brachte, zu erwarten, ein Brief, der seines neuen Bildes jauchzende Kritik enthielt? Abends nahm er, was der Tag vor die Tür gehäuft hatte, herein und fand, der Zuschuß, den das Außen zu seinem Leben schickte, lohnte den Gang nicht einmal. Entschieden hatten seine Voreltern, arme Juden, Generationen hindurch bis zur Erschöpfung gearbeitet, daß Durst nach Ruhe so stark vor jeder anderen Sehnsucht in ihm sein konnte. Lag er im Zimmer im Lichtkegel auf dem Teppich, Sonne tanzte auf seines Bauches Bombe, sah er im Halbschlaf zu, wieviel Zeit die Strahlen, von seinem Nabel nur bis zur Scham zu kriechen, brauchten, ohne daß sonst das geringste geschah.

Aus der Natur erinnerte er sich keines einzigen Beispiels, wo ein Ziel mit Feuerwerk und Kraftmeierei besser, als in der betreffenden Teile ursprünglichem Vermögen gelegen hatte, erreicht worden war. Warum wurden Menschen zu Zielen, deren Erreichung kein Vernünftiger von ihnen verlangte, überanstrengt, während Erreichbares vernachlässigt wurde? Ihm, wie oft Fata Morgana gelockt hatte, war nur sein natürliches Müssen zu kennen wichtig gewesen, auf daß, sich richtig in den Weltplan zu hängen, gelänge. Was konnte es ihm zu glauben nützen, edel sei es, sich schaffend zu bemühen, sah er seine Natur zum Nichtstun leidenschaftlich gewillt? Nahm er Arbeitseifer für eine Tugend, mußte seine Faulheit Laster sein. Welcher Mangel an Selbstbewußtsein aber war für solche Hinnahme Voraussetzung!

Kannte er sich zu fortwährendem Essen entschlossen, wo sollte Sinn und Vorteil liegen, Eßgier für einen menschlichen Mangel zu halten? Wächst der Mensch nicht aus Vertrauen auf sich, gilt es nicht, das mit allen Mitteln zu stärken? Habe ich Zutrauen in meine Eigenschaften, füttere sie tüchtig, müssen sie mich, welches Urteil die Gesellschaft nach willkürlichem Urteil ihnen auch gibt, an mein Ziel tragen. Willkürlich! Denn war, was einer Epoche Verdienst dünkte, anderer nicht das schimpfliche Verbrechen? Hatten sich durch ihres Gewissens statisches Vermögen Neger wolkenloser Paradiese Märchenruhe nicht Jahrtausende länger erhalten als die moralischen Sensationen nachhetzenden Asiaten und Europäer? War das Beispiel vom Sündenfall nicht die früheste, dringlichste Warnung, neugierig nur auf sich selbst zu sein? Posinsky war gewiß, die Paradiesausstoßung bedeutete ein Strafsymbol nicht für die vollzogene Begattung, doch für das moralische Raffinement, mit dem man einen grandios natürlichen Akt ins kleinliche Getriebe menschlicher Spekulation gezogen hatte. Wo eine Absicht energiesparend natürlich erreicht werden kann, soll man ihr nicht logisch oder ethisch tüftelnd zu Leib. Zeit spielt im Weltenhaushaltplan die geringste Rolle; auf eine Jahrmilliarde kommt es der Zentralgewalt nicht an.

So genoß er seinen Tag aus breitestem Verharren. Schon mit keinem Ruck wachte er um bestimmte Zeit auf. Doch ließ vom ersten zufälligen Blinzeln ins Licht die Gewißheit, es sei Morgen, nicht durch sein Urteil, von außen in sich ein. Anfangs wollte das nicht leicht gelingen. Denn immer, schlug er die Augen auf, wollte der Verstand apportieren: Zeit ist es, aufzustehen. Durch sorgfältiges Bemühen, krampfhaftes inneres Weghören aber von dieser Stimme, setzte er ihren Mechanismus außer Gang, und der Tag dämmerte ihm wie einer Pflanze. Dann ließ er sich von der Müdigkeit Nachwehen, vom ersten Hunger schütteln, genoß Triebe und ihre Befriedigung elementar, umständlich. Nicht die leiseste leibliche Regung unterdrückte er, steigerte sie in allen Stationen, und in jeder monumentete natürlicher Transformismus. Der Mensch vollzieht mit kräftiger Nahrung Hilfe primitive Funktionen, die zu ständigem Wohlbefinden ausreichen, ihn aber häufig auch in rauschartige Seligkeit heben. Dankbarkeit für Ulrike, die ihm zu solcher Einkehr, solchem Genuß die Mittel verschafft hatte, war in ihm lebendig. Was hatte er früher vom Meisterstück der Schöpfung »Mensch« aus Mangel an Zeit, sich mit ihm zu beschäftigen, gewußt? Selbst seine vor dem Krieg geübte Porträtmalerei hatte ihm vom Nächsten nur, was im Sinn ästhetischen Übereinkommens wertvoll war, nahgebracht. Aber nicht Entwicklung aus des Menschen höheren Absichten mit sich selbst, Feststellung physikalisch-chemischer Kräfte in ihm als der bewunderten Erscheinungen Ursache schufen in Posinsky das unvergleichliche Gefühl souveräner Unabhängigkeit von sogenannter Kultur.

Ihm war ausgemacht: Nur Materie sei unvergänglich, ewig. Denn nirgends ist das Verschwinden nur des kleinsten ihrer Teilchen nachgewiesen oder, daß ein einziges zur vorhandenen Masse hinzugekommen sei. Wie kostbar war also jedes Atom dieses von Anfang an gewollten Weltstoffs und wie heilig! Und da die Erfahrung seine ewige Umformung und Entwickelung aus sich selbst beweist, wozu dienen Theorien und Systeme menschlicher Erkenntnis, die den Lebenszweck aller bedeutenden Geister von jeher ausmachten, denen Völker nachlaufen, während sich alle Vernünftigkeit vielmehr der Düngung, dem Begießen vorhandenen menschlichen Urstoffes durch sämtliche dazu tauglichen Elemente hingeben müßte.

An dieser Einsicht ergrimmte Posinsky bis zur Weißglut: Ganz von oben gesehen verschlingen Menschenmassen riesige Mengen täglicher Nahrung, nicht um des Körpers funktionelle Abgänge, hauptsächlich die durch Nerven an Wahnbilder kulturellen Unsinns fortgegebenen Energien zu ergänzen, und halten natürliches Wachstum auf.

Dabei wird aus dieser Kulturen Geschichte klar, daß nie des Menschen genialer Einfall, doch Notwendigkeiten und banale Zufälle alles Geschehen lenkten. Posinsky feierte also seiner Teile Unvergänglichkeit in wirklich religiösen Andachten, neigte sich ihrer Verehrung tief. Worin bestand durch Jahrhunderte der herrschenden Klassen Überlegenheit, als daß sie durch ausgewählte Lage und Vorrechte ihre Leiblichkeit blühender als die armen Teufel zu gestalten fähig gewesen waren, die Hunger litten, schnellem Untergang durch Ideologien und Nahrungsersatzmittel preisgegeben waren. Was waren der erste und zweite Stand? Satt, Herr Abbé Sièyes. Voilà tout! Und der dritte wurde es siebzehnhunderteinundneunzig.

Dies aber war das Jahrhundert, in dem von mystischen, mythologischen Nebeln fort, denen er nach der Herrschenden raffinierten Plänen mit leerem Magen bisher nachgelaufen war, der vierte Stand sich breit und entschlossen zu Tisch setzte, und er, Posinsky, mit Bewußtsein an der Spitze. Hier lag die größere, folgenschwerere Umwälzung als durch aufgeblasene Schlagworte: den eigenen Leib ehren, seine Verelendung durch mangelnde Pflege nicht mehr leiden!

Es war also kein naives Fressen, das er viermal am Tag mit Festlichkeit anrichtete. Doch war sein gesamtes geistiges, sittliches Bedürfnis den Ernährungsvorgängen vermählt, wollte er besser als die tüchtigsten Zeitgenossen verpflegt sein. Alles hatte er auf die Karte gesetzt: sich aus der durch Generationen mißhandelter Voreltern in ihm bereiteten Stoff- und Blutarmut durch umfassende, gigantische Mast zu erheben. Sieg und Niederlage lagen für ihn in des Planes Gelingen oder Mißlingen, keine andere Ehre oder Schande gab es. Daß bei den aus äußeren Gründen gerade jetzt entgegenstehenden Widerständen besondere Klugheit, Geringschätzung aller angedrohten Strafen nötig war, erhöhte ihm Selbstbewußtsein und Stolz.

Er hatte, einen Meter ins Schlafzimmer vorspringend, vom Plafond zum Boden einen Raum zwischen drei Wänden abtrennen lassen, der, gleich den übrigen Zimmerseiten tapeziert und mit unsichtbarem, herauszunehmendem Türchen versehen, einen der Volkswut und Polizeineugierde unfindbaren Geheimschrank von über einem Dutzend Raummetern Inhalt bildete. In dem standen in Tüten, Säcken, Büchsen, auf Regalen als in mannigfaltigen Aggregatzuständen rund sechszehn Zentner späterer Posinskyscher Körpereinheiten. Aufrecht vor dem offenen Arsenal sagte er sich, aus Zucker, Butter, Reis, Schinken, Kakao müßte sein Leib binnen zweier Jahre zehnmal auferstehen. Denn keine Krume, kein Fetttröpfchen aus dem Schrank würde nach dieser Frist nicht durch seine Gurgel gejagt sein. Das war zur Verlogenheit großer Geistesleitsätze wieder einmal glänzende Illustration! Nicht »cogito, ergo sum«, doch »bibo et edo, ergo sum« mußte es heißen, wäre nicht auch ohne Descartes, Pascal und Kant einfache Wahrhaftigkeit im Menschen durch absichtsvolle Phrasen erstickt. Für den saftigen Organismus bedürfe es keiner bombastisch-übersinnlichen Begriffe, um von irdischer Großartigkeit bis ins Mark gepackt zu werden. Gewölbte Vokabeln machen nur unfähig, im Kosmos sinnlich Vorhandenes bis in den Kern zu greifen und zu schätzen.

Posinsky begriff es schnaufend und schmausend. Bunte Schilderungen der Brotaufstände, turbulenter, kilometerlanger Kartoffelpolonäsen las er zu seinen Mahlzeiten, genoß, seines chemischen Aufstieges gewiß, durch Hinausschauen aus dem Fenster auf des Quartiers umliegende Konsumläden der Nachbarn Verlegenheit. Das allgemeine begeisterte europäische Darben dünkte ihn treffliche Erziehung zu seinen Grundsätzen hin. Endlich schien des Leibes krasse Notdurft an der Metaphervergötterung Stelle erstes Kredo menschlicher Natur. Selbst eine von knatternden Phrasen bis zum Bersten aufgeblasene Presse mußte ihres Raumes Dreiviertel Fragen des hungrigen Magens einräumen. Wichtiger als »Rätsel der Weltenseele«, »Kritik aller Offenbarung« blieb ein Rezept, schmackhaftes Gemüse aus Brennesseln und Unkräutern zu machen. Der Frömmigkeit, edler Sitten, der Bildung Ansehen, ja Geldes und des Reichtums Geltung ging eines greifbaren Lebensmittels Wert voran, und immer weniger scherte die über sich selbst erleuchtete Welt sich um den läppischen, verbrecherischen Luxus aufgepfropfter geistiger Bedürfnisse.

So wenig endlich, daß Posinsky, war er reichlich satt, gönnerisch meinte, einiges Vernünftige möchte aus geistigem Bemühen in der Zeiten Lauf immerhin angerichtet sein. Um von neuem zuzugeben, hätte es der Menschen schwitzende Anstrengung nicht entdeckt, würde es auch aus sich selbst manifestiert haben. Gegen den menschlichen Spürsinn aber lasse sich einwenden: war Elektrizität so, Dampfkraft so verwendbar, und ist motorischer Kraft der Luftraum zu durchfliegen – warum sind durch Finder und Erfinder diese Errungenschaften nicht ein paar Jahrtausende früher bereitgestellt worden, wenn es überhaupt Errungenschaften zu unserem Heil sind?

Was er letzten Endes verneinte.

Sah er aus dem Fenster seines Wohnzimmers, das in einen dunklen Hof ging, prallte das Auge über kaum drei Meter an einen Vorhang, den des benachbarten Logis Mieterin herabgelassen hatte, als sein zuwenig bekleideter Leib den Scheiben zu nahe gekommen war. Tagsüber blieb ihm, was jene trieb, verborgen. Brannte abends die Lampe, führte die mit optischem Gesetz nicht Vertraute ihm ihre plastische Mimik als Film auf der Leinwand vor, hatte er bei sich, im Dunkel zu sitzen und zuzusehen, Lust. Seiner nicht zu unterbrechenden Mast hingegeben, stellte er erst nur ihre außerordentliche Jugend, die sie durch die knapp unters Knie reichende Silhouette des Rocksaumes verriet, fest. Auch bestätigte die den Kopf umflatternde Mähne, der Wohnung Inhaberin sei kaum mehr als ein Kind.

Als aber ein gehäuftes Maß satter Lust in ihm war, freute es ihn aus kontrapunktischem Behagen, der eigenen Unbeweglichkeit den auf dem Tuch turnenden, schlanken Körper zu vergleichen. Auf das zum Fenster senkrecht gestellte Sofa gerekelt, empfand er, Tatzen in des Leibes Fettfalten, des zierlichen Schattens Hüpfen als Menetekel, das ihn verstimmte. Denn nicht er mußte vor hastiger Beweglichkeit gewarnt sein. Vielmehr hätte er das Quecksilber drüben zum Stillstand bringen mögen, wäre fremdes Los ihm wichtig gewesen.

So ließ auch er den Store von seiner Seite nieder, und zappelte der Nachbarin Kontur von Zeit zu Zeit auf dem doppelten Transparent, gab Posinsky ihrer nicht mehr acht, da seinen Lebensmitteln unerwartete Gefahr drohte. Durch Rascheln in der Wand war er nachts wach geworden. Zu gut schien ihm seine Welt durch Riegel und Schlösser gedichtet, als daß er anderes als Sinnesstörung annehmen konnte. Endlich verriet sich aber in der Schrankrichtung zu deutlich Leben, Feststellung durfte nicht länger unterbleiben.

Ratten waren in sein Allerheiligstes durchzustoßen bereit, und mancher Anstrengung bedurfte es, sie gründlich abzuschrecken. Auch gegen anderes Ungeziefer und chemische Prozesse, die des Proviants Gewicht zu mindern drohten, hatte er zu kämpfen, bis er zu erhabener Ruhe zurückkehren durfte.

Inzwischen war er von des Körpers nur inwendiger Pflege, die erst mittelbar auf seinen äußeren Glanz wirken sollte, zu dessen unmittelbarer, auswendiger Behandlung fortgeschritten. Salben, Seifen, Kreme, Pasten, Öle und Toilettenwässer waren in großen Posten angeschafft, neben Eßbarem aufgestapelt. Und obwohl ihm früher, als es mit kleinem Aufwand möglich gewesen war, peinliche Reinlichkeit an seiner Oberfläche ferngelegen hatte, schien ihm jetzt ihr Hand-in-Hand-Gehen mit der Aufpäppelung von innen her unabweisbar. Denn keine Chance durfte außer acht gelassen werden, wollte er sein Ziel, der Kaste der Überernährten sich einzugliedern, erreichen.

So knetete er, schönen Verhältnissen zwischen Arbeitsleistung und möglichem Erfolg eingedenk, seine Epidermis. Beglückt sah er die Poren Ströme Fetts trinken, die mit der durch den Magen zugeführten Butter rationell und delikat die Moleküle ölen mußten. Denn auf dem Herd, über dem eine Spruchreihe stand, kam jetzt nur noch eine wahrhaft transzendentale Gastronomie zustande. In Rundschrift unter Glas und Rahmen war an der Wand von seiner Hand zu lesen:

I. Leben ist im Universum. Was lebt, ißt.
II. Pflichten garantiert der Staat.
III. Die Kirche Christentum.
IV. Ernährung aber Kraft und Gesundheit!

Drauf und dran war er eines Abends, die fünfte Sentenz behäbig zu gebären, als ein Umriß im Vorhang hing, flatternd wie der selige Herr von La Mancha, und so ungeheure Gebärde ins Bild hieb, daß Posinsky verschluckten Atems Sekunden auf ihre Wirkung wartete, zum Schutz gegen eine Katastrophe die Hand vors Gesicht gehalten. Nichts kam. Doch eine Salve gehackter Gesten folgte. Die letzte überlebensgroß: sausender Schwertschlag fuhr aus erhobenen Händen jäh zu Boden, kraftstrotzend genug, vom Schwanz zur Stirn einen Ochsen in zwei mächtige Châteaubriands zu spalten. Der aber war nicht da; überhaupt nichts, auf das sich so kolossale Dynamik sinngemäß beziehen konnte. Aber von einem Verrückten schien sie ins Leere verschwendet.

Da fuhr Posinsky aus Kissen hoch, als hätten Fanfaren zum Kampf geschmettert. Monate schwelgte er, Gesetzen vom kleinsten Aufwand größtem Nutzen gegenüber hingegeben, damit unter seinen Augen phantastische Laterna magica anhub? Mochte am Horizont die uralte menschliche Narrheit wetterleuchten, daß er sie zu des Weltbildes Abrundung mit dem Fernstecher erwischen konnte, in seines Atems Dunstkreis aber, reine Vorstellung befleckend, wollte er unter keinen Umständen einen Firlefanz dulden, von dem er nichts Genaues wußte, dessen ekelerregende Tendenz ihm aber feststand.

Was hatte das Zerrbild eines Mannes, das neben dem jungen Mädchen mit mimischem Schmiß, der für Cäsars oder Napoleons Anstieg genügt hätte, im Licht schwirrte, so nah bei ihm vor? Posinsky faßte den Plan nicht, riesig genug, des erlebten Filmes Gewalt zu rechtfertigen. Einem Kommunisten stand solche Raserei nicht zu. Auf der Reichstagstribüne, in Volksversammlungen hätte sie katastrophal gewirkt. War der Kerl ein Königsmörder, wurden hier Freiübungen, die auf Attentat, glatten Totschlag zielten, gemacht?

Nun klebte Posinskys Nase an den Scheiben, er gierte, die geheimnisvolle Tat, die gestartet wurde, von der Empfängnis an mitzuerleben. Denn der Gesten Hoheit und Inbrunst verbürgte, hier war mit einem Gipfel historischen Aktes der Mensch schwanger, der Zuschauer könnte, sei alles vollbracht, aus der Tat ungeheuerlicher Anrichtung und dem schmalen Effekt aus ihr für seine Überzeugung letzte Schlüsse ziehen. Denn selbst eines ganz großen Reiches Herrscher sei mit einem Zehntel des seelischen Apparates nicht theoretisch, doch an Ort und Stelle praktisch erlegt.

Immerhin blieb Posinsky, da Erläuterndes aus dem Geflüster nicht hinzukam, Licht gleich darauf erlosch, an diesem Abend in Spannung schwitzend zurück, vergaß beim Einschlafen, das Praliné, das auf dem Nachttisch lag, zu lutschen.

Andern Tages war er mit einbrechender Dunkelheit wieder auf Posten. Denn es stand fest, das Spiel hatte Fortgang und grandiosen Schluß. Doch saß der Kleinen Umriß lange allein auf des Bettes Kante, Kopf in die Hände gestützt. Ihre zunehmende Starre fand Posinsky in Anbetracht des bestimmt aus bescheidenen Brocken bestehenden letzten Mahles korrekt, verwirkte sich so in ihr Anschauen, daß er die ursprüngliche Absicht vergessen hatte, als senkrecht die Tür ins Rechteck flog, der Gewaltmensch von gestern abend mit tollem Hut- und Mantelschwung wieder erschien. Doch jetzt begann bei ihm aus tiefem Schlaf mit Rumpf und Armen auch das Mädchen zu rudern. Immer auf der Voraussetzung, es handelte sich um Pläne wilder Großartigkeit, mußte der Beobachter zugeben, der aufgeführte Wahnsinn zeigte Methode. Denn die doppelten Schwingungen hatten Reiz, und er war nachträglich bereit, Genüsse, die das gut aufgezogene, historische fait bequem untergebrachten Zuschauern verschaffte, zu begreifen. Hing gespannt an des Geschehens Aufklärung.

Da zu den Gesten wieder kein Text kam – laut gesprochenes Wort hätte ihn erreichen müssen –, strengte er Auge und Fühlen an, sich mehr und mehr über die dabei seinen Grundsätzen zuwider ausgegebenen Energien erbosend. Als er schließlich gerade saftigen Fluch gegen das pantomimische Paar schleudern wollte, rollten die ersten Worte baritonalen Donners zu ihm her: »Von meinen Händen stirbt er. Ich ermorde ihn!« Wozu des Jünglings Faust einen nicht mißzuverstehenden, herrlichen Stoß ins Freie stieß, der Posinsky im Bewußtsein der eigenen Sicherheit wollüstigen Schauer über den Rücken jagte. Gleichzeitig stand für ihn fest, auch für einen Mord sei das Ganze zu anmaßend aufgebauscht, bedenke man, dem Verbrecher habe geraume Zeit nur kärgliche Nahrung zur Verfügung gestanden.

In des jungen Mädchens Antwort: »O blutiger Frevel!«, schwunglos gesagt, lag für den Hörer keine so alberne Übertreibung, doch schien sie überflüssig. Denn auch ohne Worte wäre klar gewesen, ein Kind schlicht bürgerlicher Herkunft könnte nicht einfach einer Missetat zustimmen. Nur den gleichen Einwand hatte Posinsky gegen des Mannes weitere Worte: »Alle Frevel sind vergeben im voraus. Ich kann das Ärgste begehen, und ich will's!«, da der Sprechende sich mimisch beherrschte. Die Satzstellung in der Phrase erstem Teil fand er übel. Man hätte aus ihr auf des Redenden jüdische Herkunft schließen können. Höhe des Banalen war der Kleinen Replik: »O schrecklich, schrecklich!« Wie sich überhaupt der männliche Part in Rede und Ausdruck als der geistig Befähigtere erwies, soweit bei den zugrunde liegenden Tatsachen von Intelligenz gesprochen werden konnte.

Da aber des Mannes hingezischte Worte: »Und müßte ich die Königin durchbohren, ich habe es auf die Hostie geschworen«, hoben unter Ablehnung des zufälligen, geschmacklosen Reims die Angelegenheit endlich auf das Niveau, wo ihre Rechtfertigung nicht versucht, Verblödung der mit Millionen anderer Lebender verblendeten Kinder als widriges Phänomen von ihm angeschaut werden konnte.

Es war klar, um was es sich handelte: der unterernährte Lümmel verstieg sich zum Fürstenmord! Gerade, weil aus seiner Zellkerne Verwelkung die eigene Existenz nicht mehr für Wochen feststand, gebar Körperschwäche und der Chromosomen Verfall krankhaften Rausch in ihm, den Eitelkeit für heldischen Aufschwung nahm, von einer unzurechnungsfähigen Hörerin beklatschen ließ. Neun Zehntel aller geschichtlichen Heldentat, leuchtete Posinsky ein, waren Folge von Unterernährungszuständen gewesen. Des Magens krasse Leere bläst, wie das hochgeschossene Unkraut bewies, giftiges Gas ins Gehirn, treibt den der Bremskraft Beraubten wo immer hin.

Sekunden dachte er an des beabsichtigten Totschlages Opfer, ließ Europas Monarchen an seinem Geist vorbeiziehen. Stärker aber ward er von dem Einfall gepackt: drohte von den durch Hunger Enthemmten ihm nicht zuerst Gefahr? Feststand, sie wußten von ihm. Manches war trotz Vorsicht drüben auf gleichem Weg, dem er Erfahrung verdankte, beobachtet worden. Schien für seine Person nichts zu fürchten, unter allen Umständen kannte man seine reichlichen Mahlzeiten. Von denen sprachen die köstlichen Wrasen und Fettschwaden, die dreimal täglich über den Hof zogen, zu deutlich reizende Sprache. Ja, augenblicklich lag über allem Umkreis noch des zuletzt gebratenen Hähnchens Duft.

Hatte man ihn gerade abermals bemerkt? Darum Geflüster und blitzschnelles Auslöschen des Lichtes an beiden aufeinanderfolgenden Abenden? Wußten die sich belauscht, wisperten von ihm und seinen Umständen?

Was aber liegt Hungrigen näher, als sich zu sättigen? Und daß, wer vor Kapitalverbrechen nicht zurückschreckt, Einbrüche nicht scheut, bedurfte keines Schlusses; als Posinsky noch hervorhob, nur durch die Mauer mäßiger Stärke sei der Vorratsschrank von der Nachbarwohnung getrennt, war er auf dem Sprung, zur Polizei zu laufen, alles Gehörte zu Protokoll zu geben.

Instinktive Scheu, Behörden mit seinen Umständen zu behelligen, hielt ihn ab. Am gleichen Abend aber untersuchte er des Versteckes Sicherheit von jener Seite her gründlich. Fürchtend, die zu ihm hin geschlossene Schranktür möchte Diebsarbeit vom Nachbarn her unhörbar machen, hob er das Viereck aus, schob sein Bett näher an die Verkleidung. Blieb er so sicher, ein Einbruch mußte ihn zur Verteidigung bereit finden, war, trotz des Revolvers auf dem Nachttisch, an traumlosen Schlaf in dieser Nacht nicht zu denken. Lag er nicht wach, bei kleinstem Geräusch in jedem Nerv bebend, träumte er gräßlichen Traum. Gegen Tagesanbruch: der Rasende in schwarzer Maske hält seinen Kopf in den Kakaosack gestoßen, und Posinsky fühlt sich in braunem Staub röchelnd ersticken.

Jene drei Tage und Nächte, da nichts im Feindeslager sich rührte, waren grauenvolle Marter für ihn. Warme Speisen wagte er aus Angst vor Küchendünsten nicht anzurichten, hatte, ganz aus dem leiblichen Takt, elfhundertzwanzig Gramm am dritten Tag an das Abenteuer zugesetzt. Am zwölften März betrug sein Gewicht nur noch hundertzweiundsiebzig Pfund. Tränen der Wut standen ihm im Auge, in seinen Tiefen gebar sich gehässige Rache.

Als er um die vierte Dämmerung die vertrackte Nachbarin aufzusuchen entschlossen war, sie brüsk nach Name, Art und Absicht zu fragen, begann drüben unerwartet des Spukes Fortsetzung. Die Gestalten standen hochatmend kaum auf dem Plan, als das Mädchen mit formidablem Ruck der Abwehr gegen den Jüngling – das hätte Posinsky nicht im kühnsten Traum erwartet – schrie, nein brüllte: »Oh, wer errettet mich vor seiner Wut?«

Der Kerl – ein Rasender, daran war nicht mehr zu zweifeln – wandte sich, ehe eigentliche Tat geschehen (denn von ihr hätte man durch die Zeitungen gewußt), durch beharrliche Magenleere verwirrt, gegen die Komplizin. Drei Schritt von Posinsky konnte jeden Augenblick das neue Verbrechen geschehen. Spuckende Gischt sprudelten erst noch die Worte das arme Mädchen an: »Verwegener Dienst belohnt sich auch verwegen!«

Also war die Kleine Anstifterin der üblen Unternehmung, der Mann nur erotisches Opfer. Jetzt fragte er die offenen Abscheu vor ihm zum Ausdruck Bringende in erstickten Tönen: »Warum verspritzt der Tapfere sein Blut?«

Mitten in der Situation grausigem Ernst mußte Posinsky lächeln. Jener ließ dem Gegenüber zur Antwort keine Zeit, doch ergänzte selbst: »Ist Leben doch des Lebens höchstes Gut.«

Posinsky, dem der neue Reim auffiel, beschlich wegen der Sentenz zu offensichtlicher Dummheit Mitleid mit dem Redenden, besänftigt hörte er folgendes mit an: »Ein Rasender, der es umsonst verschleudert; erst will ich ruhen an seiner wärmsten Brust.«

Als er hierauf, ein Tiger, die gelähmt Stehende an sich riß, war trotz der Handlung Verfänglichkeit der Zuschauer fast froh, daß aus Phrasenschwall der unsachliche Täter endlich zur Sache überging. Ein während der letzten Tiraden an der Wirklichkeit der Vorgänge in Posinsky aufgetauchter Verdacht wurde schmerzlich bestätigt, als beide Spieler mit jähem Ruck ihre nicht mehr zu steigernde Erregung abbrachen, es in verändertem Tonfall wieder herüberrief: »Von meinen Händen stirbt er. Ich ermord ihn.« Und »O blutiger Frevel!« seitens des Mädchens folgte. Da, bevor der letzte Schluß, es handelte sich um Schauspieler und eine Szenenprobe, in ihm reif war, brach Posinsky in so donnerndes Lachen, brüllendes Jauchzen aus, zu dem er die Tischplatte mit Faustschlägen behieb, daß die Ertappten auf der anderen Seite Handlung einstellten, die Schatten sich vergrößerten, den Rahmen überflössen, das Rouleau von unten gehoben wurde. Zwei junge Antlitze erschienen vor Posinsky, der ihnen, die Nager entblößt, frech entgegengrinste, daß sie den Vorhang schnell wieder senkten.

Angst vor den Nachbarn war tot. Von hinten her stellte er sich ihre Auftritte, gestelzte Ritterschläge, Dolchstöße, Herzbeteuerungen wieder vor; geschwollenes Gewäsch in schlechtem Deutsch, und kicherte lange vor sich hin, um dann eine Mahlzeit, die sich gewaschen hatte, aufzusetzen. Den Dichter, den die beiden gemimt hatten, kannte er nicht;

doch schien ihm, je länger er quirlend und rührend nachdachte, die Tatsache um so widerwärtiger, jemand sollte ein Recht haben, an sich ausgesucht albernes Zeug so hochtrabender Sprache unter heutigen Umständen dem Publikum vorzutragen, es von dringenden Dingen zu seinem Schwachsinn zu führen. Über der Komödianten Strafbarkeit, die sich zu solcher Verrücktheiten Verkündern machten, gab es keinen Zweifel. Ihre Naivität und Kritiklosigkeit war strafverschärfend. Schuldig aber waren Obrigkeit und Bühnenvorstände mit ihnen, die den romantischen Daseinsfälschern eine Existenz ermöglichten, statt, daß sie durch Hunger schneller verreckten, Sorge zu tragen. Unwiderstehlich reizte ihn der angehörten Versreihen Verlogenheit, saftige Gemeinheiten in die Luft zu sprengen. Doch wie er Zunge, Lippen wölbte, Nase vorkrümmte, Augen auf Stiele schob, das Wort, brutal genug, quellendem Ekel in ihm zu entsprechen, kam nicht zu Hilfe.

Seit Jahrhunderten wurden so Völker verblödet. Vor größtem Nonsens stand dem Pöbel, wurde er gereimt, gebundener Sprache vorgetragen, die Schnauze still. Gierig, diesen Galimathias zu schlucken, wissenschaftliches, historisches Blech, Entstelltes, Erlogenes, Hypothetisches aus tausend Vorstellungsgebieten zu schlürfen, übersah er seine körperliche Aufzucht.

War es dagegen nicht ästhetisches Vergnügen, in Ställen Kühe, Ziegen, ja das Schwein methodisch gemanschten Brei schmatzen zu sehen, mit welch gliederfrischendem Behagen die Zunge Tränke durchfischte, Lippenwülste letzten, wobei den Tieren im Blick mystische Wollust stand? Und welch Verdauen hub nach dem Fressen an! Zurück in die Maulhöhle spie das Genossene sich das Rind, inbrünstiger bereit, Materie zu des eigenen Leibes Vorteil im Pansen, in der Haube, Psalter und Labmagen noch viermal nach letzten Möglichkeiten zu durchwühlen.

Über diese Einbildung vergaß Posinsky seinen frischen Grimm und, des Wiederkäuens Vorstellung hingesunken, vergewaltigte ihn Neid mit dem bevorzugten Rindvieh. Aus solcher Bilder innig geschauter Wirklichkeit erstand am Ende noch größer in ihm der Haß gegen des Lebens schminkende Prinzipien.

Über Hemmungen griff er auf dies Urgefühl in sich jetzt sicher durch: Rache an den Mördern triebhafter Ursprünglichkeit im Menschen! Auf gegen der Begriffsklempner Gezücht, den Homo sapiens, die spekulativ transzendentalen Geister. Auf den Mist, zum Kehricht mit ihnen! Hier ist Erde, hier Paradies! Aus Sonnenwärme und reichlicher Speise hüpfen Blutzellen, gebären sich der Chromosomen Wunder. Ganze Völker gibt es, die liegen im Sand und pfeifen auf Bambusrohr.

Aus solchen Gründen waren die Nachbarn ihm keine persönlichen Feinde mehr, doch Glaubensgegner, auf die er seines Grolles Unmaß mit tiefster Überzeugung richten konnte. Drangen jetzt Verse, mit denen triebfrisch der Jüngling nach dem vor ihm aufgebauten jungen Weib griff, zu ihm herüber, verbot ihm dies mit Hinblick auf allgemeine Vorschriften oder Sonderwünsche seine leiseste Berührung rief es:

»Elisabeth war Ihre erste Liebe. Ihre zweite
Sei Spanien. Wie gerne, guter Karl,
Will ich der besseren Geliebten weichen.«

und der gute Karl erwiderte spornstreichs und (von Empfindung überwältigt, zu ihren Füßen) ohne nur den Versuch zu machen, die Akte hindurch Angeschwärmte zu seinen plausiblen Wünschen zu zwingen:

»Wie groß sind Sie, o Himmlische. Ja, alles,
Was Sie verlangen, will ich tun. Es sei!«

kochte Posinsky den Wunsch in sich gar, die zwei Schmachtenden mit der Dampfwalze platt zu walzen. Und während neuer Gesten Pomp über das Rouleau raste, las er, zur Tollheit sich wütend siedend, Berge papierener Heilsprüche vor, unter denen von des achtzehnten Jahrhunderts Ausgang bis zum heutigen Tag seines Volkes kernige Lebendigkeit versickert war. Von Schillers genialem Gefühlsdonner über lauter Schleiermacherisches bis zu Rathenaus Brandenburger Renaissancetraktätchen spürte er wie keiner vor ihm die hypokritische Absicht.

Schon war er gegen die ihm zunächst erreichbaren Vertreter dieser Weltauffassung zu offener Feindseligkeit entschlossen, als auf der anderen Seite gewohntes Leben sich wieder unterbrach, eines finsteren Vorganges kalter Atem ihn anblies. Da Dunkel und Stille ihm nichts verrieten, brach er mit einem Meißel durch des Geheimschrankes Rückwand vorsichtig ein Loch zur Flurnachbarin, und des Zugwindes, der ihn anblies, ungeachtet, preßte er das Auge an die Öffnung. Drüben kauerte im Bett, ein gut begriffenes Stillleben, das Mädchen. Im einzig repräsentablen Lehnstuhl saß zwei Schritt vor ihr der Ritter ohne Furcht und Tadel. Beide hatten hohe Mienen aufgesetzt, hielten die Extremitäten bildmäßig. Das Ganze macht sich nach bewährten Vorlagen wie Interieurs in Glaspalastausstellungen. Dabei sah Posinsky mit dem ersten Blick, um einer wirklichen Tragödie letzte Auftritte handelte es sich von der Jungfrau Leiblichkeit her. Nach einer Stunde Betrachtung hatte er von den beiden keine andere Bewegung wahrgenommen, als daß sie sich von Zeit zu Zeit des aufzuckenden Auges Strahl als Pfeil zuschossen. Sonst gingen Atemzüge monumental.

Endlich trat ein Fremder ins Zimmer, nahm der Leidenden Puls und prüfte. Es hatte der Jüngling sich ins Leere abgewandt. Manches sprach der Arzt, betonte immer wieder, zum Erfolg müßte der Kranken Ernährung auf außerordentliche Höhe gebracht werden. Bei diesen Worten bezog reine Heiterkeit des Mädchens Gesicht, Trauer das des Mannes. Noch einmal machte der Arzt kräftigen Essens Gebärde, sagte etwas von Schokolade und Portwein, und als die Liegende sich vollends verklärte, zuckte er Achseln und ging.

Ruckhaft senkte auf seiner Seite Posinsky geballte Fäuste und murmelte: »Unterernährt!« Das war dieses seelischen Mummenschanzes Schluß. Bestimmt aß heute kein Mitteloser zu reichlich, doch konnte er bei des gereichten Futters rationeller Auswringung und sorgfältiger Beherrschung in Gefühl und Verstand sicher bestehen. Hier fiel ein Opfer ererbter Zwangsvorstellungen, das Paradebeispiel der Todesgefahr beim Umgang mit dem gleißend Gleichnishaften.

Das kam von Homer. Dort war schon nichts schlechtweg es selbst, doch »wie wenn«. Plato machte mit Wirklichkeit vollends kurzen Prozeß, setzte an ihre Stelle die vorteilhaft frisierte Idee von den Dingen. Die Tote dort – atmete sie noch – war in negativem Sinn für Posinsky erledigt, durch zu riesige Dosen platonischen Eidos entseelt.

Drüben kam man sich noch lange denkmalhaft. In Bronze formten Jungfrau und Jüngling, was sie mitteilen wollten. Träne quoll aus Metall. Der knirschende Zuschauer hatte Gelegenheit, die ganze von Standbildern her gängige Symbolik wiederzuerkennen. Gedrängte Übersicht aus Galerien aller Länder zogen Liebe, Glaube, Hoffnung, Furcht, Schmerz und Verzweiflung an ihm vorüber. Jedes in der Jahrtausende Lauf im Mimus festgelegte Abstrakte kam richtig. Es kam das mimische Element der Philosophen, der Märchen, das religiöse und das bukolische. Am stärksten und häufigsten das der dramatischen Weltliteratur. Der Kleinen letzter Seufzer war Klischee nach Shakespeare.

Erst recht des Trabanten Gebärde: Er fällt auf einen Stuhl und verhüllt sich! Clavigo fünfter Akt, erster Auftritt. So hatte jahrelang Kainz Marien Beaumarchais' Hingang mimisch beklagt.

Als alles vorbei war, Posinsky im gewohnten Geleis bei freundlicheren Bildern neben der verlassenen Nachbarwohnung wieder bessere Tage lebte, benutzte er das Andenken an die beiden, in ihre Vorstellung allen symbolischen und metaphorischen Kram auf Erden zusammenzufassen, bei Bedarf mit ihrer Verurteilung jedesmal das ganze Begriffsgebiet abzulehnen. Nicht mehr mußte er die einzelne Ekstase im Historischen umständlich verdammen, doch angewidert vergegenwärtigte er sich der jungen Schauspielerin Hinscheiden. Da war denkbar größter Mimus auf der einen Seite, auf der anderen kläglichste Wirklichkeit gewesen; vorgemachte buntselige Himmelfahrt und gleich einem Hund ein wirklich greuliches Verrecken.

Als sei seines Lebens klassische Erfahrung gemacht, war Ruhe und Jubel in ihm ausgesprengt. Die letzte Büchse junger Rebhühner öffnete er, entkorkte das einzige Fläschchen alten echten Likörs. Zu seiner Genugtuung wurde gerade von einem hungrigen, entschlossenen Volkshaufen der Metzgerladen ihm gegenüber still gestürmt, sachgemäß geplündert und gründlich zerstört. Das Metzgerehepaar nicht unwesentlich durch Prügel entstellt.

Vor ihm lag Welt in rosiger Dämmerung, eine prangende Wiese, in der saftige Gräser hyazinthisch zum Himmel rochen. Er aber, ein gewaltiges sicheres Stück Vieh, würde bis an den seligen letzten Tag seine hindernisfreien Steppen durchweiden.

In den verklärten Ruch, das überirdische Licht entzündete eines Abends sich der nachbarlichen Wohnung Lampe wieder. Posinsky ließ den Umstand eines neuen Mieters gerade ärgerlich in seine Wahrnehmung, als Schmerz ohne Ursache so heftig an ihm riß, daß er bis in die Knochen klappte. Ohne das geringste zu wissen, war er aus profundem Glück in Verzweiflung gestürzt.

Gleich aber begab sich wirklich das: Ein Riese Roland, Golem, saß jenes aus seinem Leben schon verschwunden geglaubten Mannes Schatten wieder an der Verstorbenen Bett, hielt vom ersten Augenblick an sich standbildhaft. Ein Knoten, der ihn zu erwürgen drohte, stieg

Posinsky in den Hals, Schweiß brach auf seine Oberfläche. Dann aber wankten in grausiger Erwartung Eingeweide.

Drüben blieb Marmor der Mann. Nichts, trotz gelockerten Gerippes, wich an ihm, doch alles wurde in eherne Form zusammengenommen, bis der Mensch eine Bronzeglocke, in der der fortgespreizte Klöppel zu tönendem Schlag ausholte, war.

Posinskys Maul stand auf, Zunge bleckte ins Freie.

Stunden rollten und Aberstunden. Grabgelegt, hatte der Jüngling funktionelles Leben verloren, blieb, bis Tagesanbruch seinen Umriß vom Vorgang wischte, Skulptur. Um so aufgelöster war in schwitzende Materie Posinsky. Jetzt wußte er, stand entscheidend das Ganze auf dem Spiel. Jetzt war von jenem der Hebebaum an des Alls Gewinde gelegt, ein zum Höchsten angespanntes Herz suchte ihn aus allen Verzahnungen zu brechen. Hier bäumte nicht minder begeisterter Wille wider den seinen. Nun mußte er für Überzeugung lebendiges Zeugnis ablegen. Erweisen sollte sich, wie der Gutgespeiste den Schlechternährten bei Glaubens gleicher Inbrunst leicht vernichtet.

Schon früh am Morgen sott und briet am offenen Fenster Posinsky in vielen Töpfen leckeres Allerlei. Feiner Zwiebelduft, strenges Gewürz roch zu dem Fastenden hinüber. Dann schwebte eines Topfkuchens berauschender Wrasen auf. Dem Koch selbst lief aus tausend Warzen Wasser in Stürzen über den Gaumen; des Zuriechenden Zunge dachte er sich bis zum Nabel heraushängend. In nicht zu weiten Abständen schwängerte er mit immer unwiderstehlicheren Dämpfen bis zum Abend die Luft, um beim ersten Schein künstlichen Lichtes seines entseelten Opfers Anblick zu genießen.

Doch als auf hellem Tuch das dunkle Antlitz wieder stand, nahe diesmal, rund und groß, war die illuminierte Botschaft in den Zügen zu lesen: »Dein geschmortes Glück stoße ich zurück, weiß mich unsterblich!«

Weit würgte Posinsky aus dem Fenster den Rumpf, hinter affichierter evangelischer Wollust in des Widersachers Gesicht dessen wirkliches, menschliches Leid zu finden. Doch je näher er dem schwarzen Bild kam, um so wuchtiger packten ihn dessen Ausstrahlungen, die, rosenrote Schlangen, den Kopf umwirbelten, die Flammenbänder in Atmosphäre stickten: »O Heil! In mir gebiert das wahre Leben sich! In buntem Irrsinn schlägt sich Blut vor Glück tot und sprengt Wände! Zu heulen, bellen habe ich vor Wollust Mut, ich möchte fliegen, aufrauchen der Geliebten nach! Überall will ich mich öffnen, teilen; als Duft in Pflanzen, Licht in Sonne fahren; mir selbst, endlich mir selbst verloren!«

Da klaffte Posinskys Hirn mit blutigen Streifen. Auf der einen Seite sah er den heiligen Antonius in feuriger Ecke knien. Von wallenden Fahnen umbraust erschien er selbst, Posinsky, auf der anderen Seite überlebensgroß.

Er hörte die eigene Stimme mit gellem Schrei allen Laut übertönen, seine Worte: »Zum Dung den Modder! Weideplatz der Materie! Morgenrot!«

Dann kam eines Schusses Detonation, der Scheiben krachendes Geprassel, und vor Posinskys brennendem Rächerblick kippte, eine geköpfte Distel, des Todfeindes Haupt vom Tuch.

Heidenstam

1918

Mit zweiundvierzigtausend Mark Rente hatte Franzis Heidenstam sich über den Ereignissen geglaubt. Eine Welt von Kenntnissen und Voraussicht hatte bei des Kapitals Anlage Gevatter gestanden, Erfahrungen von Bankleuten, Maklern und eines Staatsmannes bessere Einsicht mitgewirkt. Jede Möglichkeit war vorbedacht, gekaufte Werte primissima, Risiko ausgeschlossen. Besonderen Fällen das Gleichgewicht gefunden, Hintertüren für Zusammenbrüche gelassen. Er besaß Staats- und Stadtanleihen, die bei Bedarf bar Geld bedeuteten, war mit Brauerei- und Schaumweinaktien an der Nation Lebensgenuß, mit Schuldverschreibungen von Automobil- oder Flugmotorenfabriken an rastlosem Fortschritt beteiligt, und daß er im Kriegsfall nicht Not litte, lag ein Drittel seines Besitzes in Pulver- und Dynamitbonds fest.

Stak er nachts schlaflos in seidener Decke, mochte er die Weltlage noch so drohend türmen: stets ergab sich seines Vermögens hübsches Gleichgewicht, und es war ihm Bedürfnis geworden, Einbildung zu spornen, vertrackte Lagen auszuklügeln, denen er allemal, ein gewandter Schlaukopf, entrann.

Auch seines Volkes Eigenschaften mußten ihm gefallen, da Aufschwung, Gelassenheit, Friedensliebe wie forscher Chauvinismus in seine Pläne paßten. Besitzes wegen mußte er sich auf kein Bekenntnis festlegen. Heute konnte er mit Egmont leben und leben lassen, morgen Zielstrebigkeit fordern. Frei wie der Vogel in der Luft war er.

Freude brachte jeder Tag. Bei allen Gesellschaften wuchsen die stillen Rücklagen, wurde immer eine Unzahl Kapital abgesetzt, seines Schatzes Substanz verdichtet. Billiges Bezugsrecht gab es allemal, da oder dort den profitlichen Auftrag. Direktoren und Angestellte sorgten durch Unterschlagungen für nervöse Zwischenfälle, doch hätte Heidenstam auf sie nicht verzichten mögen, weil sie ihm in seinen Augen des Schuß Wagemut gaben, ohne den der homme d'affaires nicht denkbar ist.

Er lebte der Überzeugung: der liebe Gott war ein bewundernswerter Präsident der Gesellschaft »Deutschland«, der bei billigen Löhnen, gutem Verdienst für seine, Heidenstams Bedürfnisse die Geschäfte gehen zu lassen verstünde.

Im Hinblick auf den jahrelang günstigen Dividendenstand war er mit jeder befohlenen Maßregel einverstanden. Manchmal wunderte ihn ein Gesetz, eine Polizeivorschrift kam ihm drollig vor. Im ganzen ließ er es in der Gewißheit gehen, der Jahresabschluß wird eher besser sein.

Schule und Kirche, sowenig er sie in der Kindheit gemocht hatte, schienen ihm jetzt ein vernünftiges Stück. Auch sie führten das Ganze ebendahin. Weniger begriff er der Künste Zweck, meinte, mit ihnen möchte es Ähnliches wie mit Defraudation auf sich haben. Des Abgrundes Anblick sei geregelter Lebensführung Salz.

Er suchte, modern zu sein. Denn er hatte gefunden, es blieb die billigste, ungefährlichste Art sich auszuzeichnen. Auf überkommene Lehrsätze sei man schnell festgelegt; Neues aber ist, so liegt's in der Sache Natur, schwebend, nicht begriffsbestimmt. Man erlebt es just, ist, von ihm gepackt, zu keinem Schluß gelangt.

Rund aber war er und jedes Bedenkens bar, eine innere Blöße zeigen zu können, als der Begriff des Impressionismus an ihn kam. Schon als er das Wort zuerst hörte, hatte es unvergleichlichen Eindruck auf ihn gemacht; ohne seinen Sinn zu kennen, war er, es für sein Leben zu fordern, gewillt gewesen. Wie fröhlich aber ward er, als in dem Wort die Tendenz sich bekannte, die seiner innersten, nicht auf des Ausdruckes Spitze gebrachten Anschauung entsprach. Nicht nur bei kochenden, zeitgenössischen Vorstellungen, erst recht in sogenannter Historie war, wie bei allem menschlichen Bewußtseinsinhalt, der persönliche Gesichtswinkel das Entscheidende, das Temperament, durch das ein Ding gesehen wurde und das ihm den heutigen Wert gab.

Das endlich verschaffte unbeschränkte, individuelle Bedeutung, die Heidenstam paßte. Was hatten ihn exakte Erkenntnisse zu kümmern, hing, wie ein Geschlecht von Denkern und Künstlern bewiesen hatte, aller Dinge Wert vom Eindruck ab, den jeder beliebige aus ihnen hatte. Er wie Manet oder Monet.

Erst jetzt erlaubte ihm seine Rente, den Tag zu pflücken, an das Konkrete freien Ermessens zu treten, ohne, wollte er, anderes von ihm als den Preis zu fragen. Das war in des neunzehnten Jahrhunderts neunziger Jahren ein Leben! Für das Geld solcher Leute wie Heidenstam machten starke Gehirne in Deutschland Tag und Nacht Erfindungen, die bedeutsam, dann für die Teilhaber der sich unablässig gründenden Gesellschaften einbringlich waren. Man selbst tat nichts, als daß man, um den neuen Eindruck reicher, in ein besseres Speisehaus zu Tisch ging, ein fesches Frauenzimmer in bestimmter Voraussicht kommenden wirtschaftlichen Aufschwunges zu einmaligem Liebesgenuß mietete.

Und der Gipfel vor allem: Drohte die Sache im Moralischen, Geistigen, Geschäftlichen zu mißglücken, man bekam durch gute Verbindungen rechtzeitig Wind, machte man sich ohne Schonung los. Denn mitnichten hatte man sich ihr durch Kenntnis und Bekenntnis verpflichtet, sich nur im Eindruck, dem das rastlos Oberflächen absuchende Auge zum Opfer gefallen war, getäuscht, blieb frei genug, es zu bekennen. Kam die Frage, warum man nicht tiefer geschürft hätte, war die Antwort: Für ungeheure Mannigfaltigkeit der Schöpfung empfindlich zu sein, bleibt nichts, als das Gesicht auf der Erscheinungen Oberfläche zu beschränken.

Mit des neuen Jahrhunderts Beginn hoben andere Tendenzen schüchtern das Haupt, verdichteten sich aber nicht zu Weltanschauungen, schienen Heidenstam nicht wie die gewohnte Lebensart vorteilhaft. Wie war überhaupt eine Methode erreichbar, die noch den ärmsten Teufel so einschloß und zur Geltung brachte? Man konnte sie dem Christentum vorziehen; denn zweifellos hatte der Impressionist mehr Rechte an die Welt als der Christ. Heidenstam fand sogar, er ginge darin dem Sozialisten vor, denn mit was sich eigentümlich auseinanderzusetzen, gegen wen persönlich sich zu behaupten, sei dem Impressionisten verwehrt?

Präzis das Maß Freiheit anzuzeigen, das Heidenstam in den Jahren 1890 bis 1914 besaß, ist unmöglich. In seiner Heimat war er souverän, doch schweifte auch sonst in der Welt frei. Denn anders als Urteile sind Eindrücke anpaßbar. Dazu gab ihm sein Vorname den Stempel weltmännischer Freizügigkeit.

Kriegserklärungen im August 1914 blieben ohne den zermalmenden Eindruck auf ihn, den er allenthalben sah. Überallhin lose beteiligt, sah er sich nirgends gefährdet. Mit Schnelligkeit nahm er notwendige Auswechselungen vor; Papiere verschwanden im Umtausch gegen andere aus seinem Portefeuille, und von heute auf morgen hieß er wieder Franz. Im Ausgleich für geringe Verluste, die sich nicht vermeiden ließen, stürmten Rüstungsaktien in die Höhe. Seines Daseins Querschnitt war neugierige, mit einem Quent Freude gesprenkelte Spannung. Keine Angst. Bei des großen Publikums Kopflosigkeit, das für ersparte

Groschen zitterte, blieb ihm, mit aller Industrie seine Interessen umzulegen, Zeit, er fand, die veränderte Lage zu beklagen, erprobte Anschauungsweise umzugruppieren, keinen Anlaß.

Es erwies sich sogar erst jetzt ihr voller Sieg. Bei der Feldzüge wechselnden Chancen schwebten die auf Grundsätze Eingeschworenen, Liberale, Alldeutsche, Katholiken, abwechselnd in Angst- und Jubelräuschen, schienen beklagenswert oder überspannt, während er von peinlichen Heeresberichten, bedenklichen Nachrichten, da er mit nichts in ihnen tiefer verknüpft war, leicht abrückte.

Er bekam von der eigenen Bedeutung noch höhere Meinung, sah er, wie Dinge, die den Stärksten schmissen, an ihm abliefen, distinguierte sich noch mehr. Schwatzte alles Krieg, blieb er in Wirtschaften, Versammlungen durch Ruhe ausgezeichnet, lächelte besonders.

Oft war er drauf und dran, Bekannten, die sich unter dem Weltkrampf krümmten, den Rat zu geben: den Blick mit ihm von rauhen Ereignissen auf die noch reichlich vorhandenen reizvollen Dinge zu lenken. Sprach sich aber in dem Gefühl nicht aus: so schlicht er's meinte, so schwer möchte die Sache für den anderen auszuführen sein, dem die Voraussetzung, seine, Heidenstams, geistige Beweglichkeit fehlte. Frauen deutete im Bett er manches an, klagten sie um den fernen Gatten, den Geliebten. »Du mußt«, sagte er, »nur das Auge ergriffen sein lassen. Das bleibt beweglich, während wir der anderen Organe Funktionen weniger kennen.« Wobei er hoffte, die Betreffende werde ihn mehr bewundern als begreifen.

Noch fast zwei Jahre ließ sich für ihn alles an. Im Lande selbst kamen Jahreszeiten mit ihren Begleiterscheinungen noch immer prompt als Ausgangspunkt fesselnder Beobachtungen. Näher und nah der Front mochte es ja verteufelt zugehen. Doch sich damit auseinanderzusetzen, blieb Sache der Betroffenen.

Allmählich aber riß Struktur des in seine Netzhaut gespannten Weltbildes so merklich, daß Heidenstam stutzte. Wohin er sah, war ein Loch. Er fand die Erscheinung von gestern, als sei sie in einen Krater geschluckt, nicht mehr, Bekannte schienen sich ihrer überhaupt nicht zu erinnern. Kurz, er gestand sich, dem oberflächlichen Blick verbarg sich manches, das er ungern mißte, der einzige Eindruck, der von alledem blieb, war: es existiert nicht länger.

Da machten sich in Heidenstam zum erstenmal Schlüsse, die meinten, geltend: Was heute vom Öl feststeht, wird morgen vom

Pfeffer gelten. Und er glaubte, sich seines Besitzes, der im geringsten mit so kurz befristeter Ware zusammenhing, entäußern zu sollen. Denn bei des Rohstoffs Knappheit würden Brennereien und Brauereien, auch Kautschuk-, Leder- und Zellstoffabriken bald stillstehen. Da sein Gewinn aber im hurtigen Gang der Maschinen lag, warf er solche Papiere auf den Markt, salvierte sich.

Er kaufte Rüstungswerte, weil er meinte, bis an sein Ende brauchte Waffen der Krieg. Doch kamen auch da Verwicklungen, als Mangel an Kohle und Arbeitskräften die Werke zu feiern zwangen, wodurch ihrer Aktien Kurs schneller, als man es sich eingebildet hatte, sank. Was er mit blankem Blick anfaßte, anders als im Frieden gab es Umstände, die sich aus Ursachen, die man hätte bedenken müssen, erklärten. Der Krieg hatte – Heidenstam faßte den denkerischen Zusammenhang – mit Eisen logischer Härte zu tun, ihm fiel das kalte Lautbild »dura necessitas« ein.

Vorläufig hing er sich um so zäher in sein altes System, als er Angst in seines Leibes Tiefen ahnte. Den Mund hat er tönender Worte voll, Schlagsahne, mit der er sich und andere betropfte, schäumte von seinen Lippen.

Nicht, ohne daß heftiger Unruhe pochte. Trug man morgens Zeitungen an sein Bett, las er, wollüstig gesammelte Greuel in fetten Lettern, geheizten Haß, fand in der Buchhändler Auslagen Kadaverstatistik und Aushungerungskalkül, hörte in Speisehäusern und auf Bahnen den allgemeinen Vernichtungswillen, ward ihm schwül, und wohin er mit gezwungener Munterkeit sah, fand er gleichen gläsernen Schleim, giftige Etikette auf allen Dingen.

Freiheit seiner Meinung begann zu schwinden. Er mochte sein an sich heiteres Temperament noch so stacheln, den leichtbeweglichen Gesichtswinkel weiten, große Teile der Welt hatten sich aus dem alten Verhältnis zu ihm gelöst. Den Beweis, er sei nicht krank, fand er bei Freunden, die, wie er ehedem leichtbeschwingt, jetzt auch mit sauren Grimassen schwankten. Nackt und unwichtig stand er außerhalb der Zusammenhänge, und mit Blitz erkannte er, notwendig sei, was er besaß, auch in dem lebendigen Rundlauf nicht mehr eingeschlossen. Das war eines Donnerstags. In krasser Furcht warf er sein gesamtes Vermögen in den Börsenrachen und war, als der Erlös merklichen Verlust nicht zeigte, zu Tränen gerührt. Von allem fort, was Krieg bedeutete, war Losung. Schweizer Franken, holländische Gulden kaufte er. Doch lagen auch Holland und die Schweiz im Qualm der Katastrophen. Wieder verkaufte er, nahm brasilianische, chilenische und Fonds von St. Domingo in den Geldschrank, widmete diesen Ländern Fleiß; las Literaturen über ihre Verfassung und Wirtschaftslage, erfreut, in keiner Zeitung der Republiken Namen zu finden. Zwei Quartale, die er ein Maulwurf in seiner Klause blieb, schnitt er von pompös gedruckten Titeln Kupons ab, vermochte an Tee- und Reisernten tropische Gewächse und Diamantenwäschereien die fröhlichste Einbildung hängen. Mit Klapperschlangen, Gazellen, Walen, Pottfischen, Valparaiso am Ozean voll Perlen und Korallen fand er alter Art brillant sich ab, war, sorgfältig angezogen und frisiert, noch der alte, alerte Heidenstam.

Bis des verschärften U-Boot-Krieges Erklärung seitens Deutschlands kam. Da tauchten die südamerikanischen Republiken im Blätterwald auf. Ihre schwellenden Proteste, wütenden Drohungen wurden gedruckt. Fachmänner rechneten ihrer Armeen, Schlachtflotten Kampfwert, die Handelstonnage aus. Tausendfaches gehässiges Zeugnis echote wider sie, das zu des Jüngsten Gerichtes Posaunen schwoll, als eines Tages ein chilenischer Admiral behauptete, nicht länger vertrüge die chilenische Mentalität des preußischen Militarismusses Gespenst.

Der Bemerkung lähmenden Eindruck auf Heidenstam zu fassen, muß man wissen: schon zu Zeiten, als alle Welt von seiner Meinung abhing, war das Wort »Mentalität« eines der wenigen gewesen, mit denen er sich nicht auseinanderzusetzen vermocht, das ihn im Frieden beunruhigt hatte. Damals hatte er jedes geistige und seelische Fühlen in Deutschland, eine sogenannte Mentalität aber, von der andere Völker soviel hermachten, nicht festgestellt. Innerlich immer gehofft, es beschränkte sich die Eigenschaft auf alte Kulturnationen, romanische Rassen mit der Belgier Einschluß. Als aber die grauenhafte Vokabel in jenes Chilenen Maul aufkochte, war Heidenstam bis ins Mark erstarrt. Dazu hatte die Gewißheit, bis an der bewohnten Welt Grenzen spannte der Krieg seine Methode, jähen Absturz in ihm vorbereitet. Hier war Rhodus, auf dem auch er saß. Nasse Qual nach allen Seiten. Es gab keine Flucht Er auch müßte auf neue Art springen, schoß es Heidenstam in den Sinn; und in freundlich erlösende Ohnmacht brach er auseinander.

Wieder folgten Angstverkäufe, brüsker Bruch mit den Südstaaten. Doch als er mit nichts als großem Bankguthaben, das sich schlecht verzinste, saß, war er entwurzelt. Denn da bei ihm nichts Kredit hatte, so vor allem er selbst nicht, seit er mit dreißigjährigem Kurs gestrandet war. Solchen Schwarzzorn verkörperte er, daß Umwelt von ihm abrückte, sein treuer Hund die Rute kniff, Pupillen schlitzte. Als Heidenstam ein weiches Ei köpfte, merkte er sich Molluske, machte sein Testament, lud den Revolver.

Strikt hätte er sich in die Schläfe geschossen, wäre die Haushälterin nicht gekommen, hätte den gleichen verhimmelnden Blick an ihn gehängt, den er seit Jahren von ihr empfing. Eine Pflaume, blau und voll Vertrauen, ward das Auge seine Rettung. In völlig Ungewisses hinein gab er sich, trotzdem leben zu wollen, einen Ruck.

Vor allem heiratete er die Haushälterin, im Nebel die Nadel zu haben. War er morgens der Pasta auf der Zahnbürste, der Fleischbrühe bei Tisch, in Kissen nachts der Wärmflasche sicher, ließ sich die auf die Dauer gewonnene Kraft noch einmal an ein Chaos wenden, es im nächsten Umkreis erhellen.

Vorläufig schiffte er im Zustand der Seekrankheit und Hysterie ohne Kompaß, Aussicht auf einen Hafen auf hohem Meer mit der Gewißheit von Riffen, Minen, Torpedos unter sich. Bei jedem Geläut an der Tür bebte er, Briefe mochte er nicht haben, das Grab war ihm der liebste Traum.

Zwei Wochen Einkehr und Reue stauten solche Tatlust in ihm, daß er eines Morgens alles Zögern mit dem Nachthemd von sich warf, entschlossen in den Tag voll der Gewißheit stieß: Welt mochte was immer darstellen; eine Million Mark war kein Traum, blieb auf alle Verhältnisse anwendbar. Es galt den Angelpunkt, aus dem jetzt das Leben kreiste, zu finden.

Schließlich hatte ihn der Impressionismus nicht gehindert, Schliche zu kennen, durch die Agenten, Kommissionäre, Banken und Unternehmer sich auf des Goldstromes Woge trocken ans Ufer tragen ließen. Eins der Manöver wäre wohl jetzt noch erfolgreich. Als aber aller Kniffe Ohnmacht feststand, wuchs Heidenstams Wille zu störrischer Wut. Er hatte keine Wahl mehr. War herausgefordert, und wollte er noch einen Tag von dieser Welt sein, mußte er auf neue Weise sich entfalten. Nun horchte er nach allen Seiten. Doch waren Schlagworte, die er fing, keine Börsentips. Was war auf dem Devisenmarkt mit »Eisernem Zeitalter« anzufangen? Broschüren, Leitartikel, Statistiken faßten den Krieg beim Ehrenpunkt. Vorsitzende von Konsumvereinen,

Aufsichtsräte tobten wie gekränkte Regierungsreferendare, und telegrafierten Molkereibesitzer, vereinigte Makler in corpore dem Kaiser, galt in den Depeschen nur ritterliches Wort: Harnisch, offenes Visier, gepanzerte Faust.

Obenhin war dieser schrecklichen Zeit nicht beizukommen. Man schien den Ereignissen persönlich nähertreten zu müssen.

Dieser Ahnung Tragweite in unserem Helden läßt sich neunzig vom Hundert der Leser nicht übersetzen. Alle sind von Jugend an Tätigkeit und Reibungen, die das Dasein fordert, gewöhnt. Heidenstam aber hatte bis zum heutigen Tag seines Körpers Kraft gebraucht, der Menschenmassen Brandung vor seiner Person verebben zu lassen, so daß höchstens seine Füße von ihren Ausstrahlungen genetzt wurden, Leib und Haupt aber frei im Äther blieben. Keine Ausgabe hatte er, gemeines Volk fernzuhalten, gespart. Des Engländers splendid isolation war sein Vorsatz, der Logenplatz im Theater, in Eisenbahnen der Sitz erster Klasse hatte ihn mit Auserwählten zusammengeführt, bei denen er gleiche Notdurft ängstlicher Zurückhaltung voraussetzen durfte. So robust er vor atmosphärischen Einflüssen war, Ausdünstung gemeinen Volkes machte ihn krank. Mit Angestellten, Beamten, Schneidern und Handschuhmachern hatte er eingezogenen Kopfes, gekniffener Nase gesprochen. Nicht einmal seiner Frau, die er aus bekannten Gründen geheiratet hatte, kam er über einen Abgrund, der eine Säule Luft und Respekt zwischen ihnen ließ, näher. Zudem war sie mit seinen Seifen und Wässern gewaschen.

Jetzt aber galt es, fort von Teppichen und Plüschbezügen, Orte aufzusuchen, an denen Zusammenkünfte ohne Rücksicht auf Bequemlichkeit und Entlüftung stattfinden. Nach wie vor wollte er etwas kaufen, das Kern und Aussicht hatte. Diese Eigenschaften waren ihm bisher durch äußere Merkmale, Taxen, Bilanzen, den Kursstand verbürgt worden. Voraussetzung für deren unbedingte Gültigkeit war aber geordnete Wirtschaft gewesen. Jetzt konnte keiner für den nächsten Tag versprechen, Wahnsinn wäre es, sich einer Ware Wert vom Verkäufer versichern zu lassen, gewesen. Landwirtschaft nicht einmal war des Bodens sicher, da Vieh fast keinen Dung warf, ohne Mist kein Korn wächst. Ohne Futter aber hält man kein Vieh. Wälder waren nicht zu holzen, wenn es keine Pferde zum Schleifen gab. Gruben aus Mangel an Belegschaft nicht zu fördern. Steckten die Mieter an den Fronten, konnte man erst recht keine Häuser beleihen. Nein! Von Fall zu Fall mußte man selbst zusehen. Seife könnte man zum Beispiel kaufen, und –? Vor Heidenstams innerem Gesicht standen Trambahnfahrten mit schäbigen Agenten, Schnäpse, mit Schiebern getrunken, ein Vertrag beim Advokaten. Atemloses Hin und Her zwischen Marktkundigen, Kunden, Zutreibern. Schmutzige Arbeit, mit einem Wort.

Doch doppelt entschlossen, putzte und gurgelte er eines Tages die Zähne, besprühte den Anzug mit Parfüm und ging zur Warenbörse.

Die tagte in den dem eigentlichen Börsenpalast vorgelagerten Cafés. Beim Eintritt in eines derselben fiel ihm der auf den Boden geleerte Auswurf der Besucher auf, riß ihn in hemmungslose Trauer, bis ein Gast auf ihn zutrat, fragte, ob er tausend Kisten Streichhölzer kaufen wollte, zu hundert Paketen die Kiste, das Paket zu zehn Schachteln. Garantiert fünfzig Hölzer in jeder.

Warum nicht Streichhölzer, dachte Heidenstam, und da der Agent ihm paßte, schlug die Absicht Wurzel. Vor allem galt es, die Lage beherrschend zu scheinen. Daher täuschte er Wunschlosigkeit vor, befahl zwei Schoppen Portwein. Innerlich aber stand für ihn fest: vier Wintermonate haben wir vor uns. Drei Streichhölzer braucht der erwachsene Deutsche für tägliche Notdurft. Knapp ist die Ware, des Artikels Notwendigkeit außer Frage. Beiläufig merkte er den Preis mit vierzig Mark die Kiste. Gab dem Unterhändler Auftrag, sich nach fünftausend Pfund Schmieröl umzusehen, machte den Treffpunkt für morgen aus und ging heim. Dort entspannte er das Problem und kam zu gleichem Schluß. Am Gelingen der kaufmännischen Handlung war nicht zu zweifeln. Über den Warenwert hinaus aber hatten Streichhölzer einen sauberen, festlichen für den Spekulierenden. Es war ein Unterschied, ob man in Heringen, Petroleum oder mit ihnen handelte. Und freundliche Bilder umschwebten ihn: zur Arbeit bereite Maschinen, des Proletariers tröstliche Pfeife, auf dem Schneegipfel des Chimborasso ein hervorgeholter Spirituskocher, alle mit einem Streichholz zum Leben geweckt. Im Lichterglanz brannte der Weihnachtsbaum, und mit fünfzig Millionen Lichtbringern sah er sich als eines beträchtlichen Menschheitsteiles Prometheus.

Wartete er mit dem Wiederverkauf einen Monat, mußte der Preis von vierzig auf fünfzig Mark steigen, was beim angelegten Kapital von vierzigtausend einen Gewinn von zehntausend Mark oder dreihundert Prozent ausmachte. Er war zum Geschäft entschlossen.

Der getätigte Kauf aber löste schwere Bedenken in ihm aus, und, ohne den Beweis zu haben, wußte er sich betrogen. Bestimmt waren die Schweden sein Eigentum, lagerten, gegen Feuer und Diebstahl versichert, zu seiner Verfügung. Doch war er gewiß, in etwas unterschieden sie sich zu seinem Nachteil von allen Hölzern der Welt. In der Überzeugung stopfte er Bettkissen, schlimmen Eindrücken nicht zu unterliegen, an sich heran. Wenn diese Zünder nicht zündeten, sie feucht, mit zu dünner Zündmasse bestrichen waren? Der Stiel dem Streichdruck nicht standhielt, die Reibfläche sich unbrauchbar erwies? Zorn gegen den Verkäufer packte ihn, naß klebte das Hemd am Leib. Schlaflos starrte er dem Morgen entgegen, begierig aufs Lagerhaus zu stürzen, an Ort und Stelle den Frevel festzustellen.

Mit dem Inhaber betrat er den Speicher, ließ eine Kiste öffnen, riß ein Holz in Brand. Doch anstatt daß Feuer auffuhr, schwelte bläuliches Gefunzel, zu brennen sich allerdings zu entschließen, als man nur noch des Stieles Stumpf in Fingern hielt, sie zu verbrennen in Gefahr war.

»Schwefelhölzer«, meinte der Begleiter. Doch ohne Herzschlag stand Heidenstam. Für den Preis paraffinierter Ware hatte man ihm geschwefelte verkauft, deren Wert um fünfzehn Mark geringer war. Und doch konnte kein Betrug behauptet werden. Denn ihm waren laut Rechnung ausdrücklich Schwefelhölzer abgetreten. Er selbst trug in des Marktes Unkenntnis die Schuld am Verlust.

Nicht die eingebüßte Summe war es, die von heute auf morgen einen anderen Menschen aus ihm machte, die erlebte Gewißheit, er habe den alten Platz im Leben verloren, nichts zeichne ihn vor niemand mehr aus, Vermögen sei ohne weiteres, ihn vor Mangel zu schützen, nicht imstande. Scheckbuch und des Fernsprechers leichte Handhabung reichten, Gewinne einzustreichen, nicht hin, doch den Besitz einbringlich zu machen, müßte man ihn stofflich bewältigen. Und Welt mit ihm, da er mit Sichtbarem und Unsichtbarem verknüpft war.

Heidenstam sah ein: Über der Nationen sämtliche Kämpfe hinaus bedeutete das Ende des Impressionismus der Krieg.

Doch Anfang wovon? Das vor allem müßte er wissen, dann Entschlüsse fassen. Für die Zwischenzeit aber gelte das Prinzip, gegen das er sich gewehrt hatte: die Dinge außer ihm zu kennen. War ihm nicht schon auf der Schulbank Mathematik verhaßt gewesen, die, persönliche

Meinung von ihr zu haben, nicht erlaubte, doch Form und Formeln auf den Tisch hieb? War nicht Trauer auf ihn gesunken, wo man nicht tausend, doch die besondere Eigenschaft wissen sollte, einer Sache Gewicht oder Größe auf einen Nenner gebracht, den man in das ausschließlich zu sich entschlossene Herz als ein Koexistierendes aufnehmen mußte?

In diesem Augenblick dürfte Welt für ihn nur den nirgends gleichen Stoff bedeuten, der, seine Besonderheit einzusehen, sich aufmerksam an ihn hinzugeben, forderte. Später –? Für später, fühlte er frohlockend vor, gab es zwischen *Erkanntem* und *Anerkanntem* vielleicht doch noch der Freiheit Ebene, zu seinen Gunsten könnte er aller Erfahrung ein Schnippchen schlagen. Das war ein genußreicher Morgen, da in ihm klar stand: jetzt, wo an das Allgemeine sich zu werfen nottat, könnte er es darum mit Inbrunst tun, weil ein Wille in ihm aufrecht blieb: wie das Exempel auch aufging, seine Lösung müßte trotzdem Heidenstam heißen.

So gab er sich entschlossener den Ereignissen hin, war, ihnen verschmolzen, keinen Augenblick seiner ledig. Immer machte der Hintergedanke den Sklaven schon zum Herrn, diente schwitzend der um Aufschluß. In der Schöpfung verschwindendem Bruchteil sah er ein Phänomen, von dessen Evidenz er sich durchdringen ließ. Wie man des Konkurrenten Geschäftsgeheimnisse, seine Hauptbuchseite hingerissen liest, und aus des nächsten Aktes Kulissen blenden die schon möglichen Unternehmungen.

Also ward Heidenstam Kenner auf dem Kriegsmarkt und verdiente. Die neue Methode nahm so vollständig von ihm Besitz, daß alle Umwelt sich als eigenes Subjekt vor ihm ausdrückte.

Des Alls gesamte Aufmachung wechselte. Nirgends und in nichts paßte das bisherige Bild zu den Selbsterscheinungen. Nach wenigen Monaten war ihm die Schöpfung wie einem Kind neu geschenkt.

Ein Lack, der das Ensemble mit fadem Ton zusammengefaßt hatte, war abgeschält, das Ganze gab sich bunt und grell. Natur blühte, da jede Butterblume klang, ausschweifend in diesem Frühling. Spatzen schmetterten unvergleichlich, jede Mädchenbrust war unter der Bluse speziell. Pißte ein Hund, bremste die Trambahn, war es historischer Akt.

Im Mai sprang Heidenstam mit der neuen Lebensart außer sich. Des Geldverdienens Absicht fand er albern. Kaufte Gold, errechnete eine Rente bis an sein neunzigstes Jahr und beschloß, nur noch Natur zu forschen.

Denn jetzt lohnte das Ding sich in anderem Maß als zu des seligen Impressionismus Zeiten, in denen er selbst die Anmerkung zu jedem Fremdkörper erst hatte herausarbeiten müssen, während umgekehrt nun alle Kreatur ihm Zeichen ihrer Eigenkraft zu geben, für ihn drauflos lebte. Er fand das so himmlisch, daß er im frühesten Entdeckerglück zusammenfuhr, fürchtete, er täuschte sich.

Wäre solcher Zustand erlaubt, sagte er sich – inmitten stehst du und läßt alles leben – machst es ebenso, schließest die Augen, sagst zu allem ja –, wäre die Welt Paradies. Da das aber allem, was er gelesen und gehört hatte, widersprach, fürchtete er, er täuschte sich zu späterem Verderben, kehrte mit Aufwand der Willenskräfte zu früherer Unentschlossenheit, zum Impressionismus zurück.

Doch schon war des genossenen Glückes Verlockung zu mächtig in ihm. Seine Frau sogar, sah er sie vor sich leben, hatte eine unvergleichliche Art, Quadratmeter Zeug zu häkeln, von Zeit zu Zeit einen Blick tollen Jubels an ihn zu verschwenden. Er fand sie sehens- und erlebenswert. Seinen Hund sah er japanisch-paradox. Vielleicht, sagte sich Heidenstam, macht der Krieg alles mehr aus sich herausgehen, hat das meiste erst in kriegerischer Verfassung Mut zu sich. Darum, als der Welt Projektion in seine Sinne immer bedeutender wurde, begann er, den Krieg als Erwecker zu tätigem Leben zu lieben.

Nun war's um ihn wie auf einem Jahrmarkt bunt. Knospen schossen mit Knall ins All, Schollen, Knollen platzten in Gemüsegärten, Kerzen der Kastanien strahlten, in Furchen hörte er das Trommelfeuer der Kartoffeln. Und auch die Menschen, unentrinnbarer Dumpfheit, gleichbleibendem Tagwerk bisher verpflichtet, schienen außer Rand und Band.

Als er auf einen Hügel gegen ein Dorf gelagert lag und fühlte, nichts aus der Schöpfung könnte, zu sehr zu sich gegipfelt, kommen, keine Karte Gott, die nicht Trumpf sei, spielen, alles Seiende, Gewesene, Zukünftige könnte nicht hart, weich, jung, alt, grün oder blau genug sein – alles müßt man nur besondere Absicht im Ganzen behauptend sehen, daß wirklich das irdische Leben schon die jenseitige Verklärung sei, wuchs er über Menschen hinaus, spürte zu unbegrenztem Aufschwung Kraft.

Hatte ihn nur räumlich Erscheinendes selbständig gedünkt, ward ihm neue Überraschung, als ein Wort, hinter dem greifbare Form nicht stand, mit eigener Lebendigkeit auf ihn zu wirken begann. Den Ausdruck »Gebildetheit« hatte er gebraucht, nachdem er erst »Bildung« hatte sagen wollen. Und gleich begann »Gebildetheit« aus sich selbst zu zeugen, entwarf Reihen belehrender, ergötzlicher Schilderungen gegen seine aufnehmende Hirnwand, die dichter als Gegenstände im Raum waren. Trunken der Entdeckung machte Heidenstam die Probe mit anderen Begriffen. Und jeder gab ihm gleiche Genugtuung. Ob er »Rache«, »Mitleid«, »Rausch«, »Faulheit« aussprach, gleich gab es aus jeder Vorstellung ein Gekribbel, als habe man an einen Ameisenhaufen gerührt. Mit Plastik, in alle Dimensionen hinein bildete körperlose Welt sich nicht weniger übermütig, selbstbewußt als die geformte.

In diesen Tagen, als an Fronten und auf Meeren Geschützdonner rollte, hätte man Heidenstam sehen sollen. Ein Schwimmer, in brausender Brandung sprudelnd und jauchzend, hüpfte er auf Schaumkämmen. Europa schien ihm zu seinem Vergnügen moussierend gequirlt. Schließlich brauchte er nicht mehr in die Ferne zu schweifen, Glück war immer nah. Anhängsel seiner Person gaben ihm für Tage Genuß. Mehr als fünfzig Jahr lang war er Katholik gewesen, und wozu hatte es gefrommt? Überhaupt keinen Gebrauch hatte er davon gemacht. Jetzt brummte er »katholisch« in den Kuchen und erfuhr nicht nur aus der eigenen Vergangenheit eine Menge bezüglicher Wahrnehmungen, doch konnte in Büchern das Spannendste über den Stoff hinzulesen. Da zum Beispiel übernahm er die Tatsache ins Bewußtsein: Seine Frau, von der schon der besondere Blick und Häkelraserei feststand, war zudem noch israelitischer Konfession. Wie apart von der alten Dame, raunte begeistert und zärtlich Heidenstam sich zu.

Mit Inbrunst sog er aus Zeitungen buntes Allerlei. Auf neuer Erkenntnis Höhe fand er, was er geraume Weile geahnt hatte, bewiesen: Alles Seiende, den Menschen zuerst, hatte der große Krieg bis ins Eingeweide entknöpft.

Und wie tummelte sich »Verrat«, »Wucher«, »Denunziation« und vieles andere, zu welcher Kraft wuchs »Völkerrechtsbruch« auf, von Begriffen und Gefühlen abgesehen, die überhaupt neu geboren wurden, doch alle Merkmale des Elementaren trugen. Schloß Heidenstam, auch das Beliebte, Erprobte bestand daneben weiter, daß Mutter-, Gattenliebe, Barmherzigkeit, Aufopferung noch wahre Orgien feierten, inmitten der Granaten wohl gar das duftende Veilchen blühte, sah er, auch »Kontrast« war nie zu solcher Geltung gekommen.

Er wehte, eine Fahne, begann seinen Glücksüberschwang in die Welt zu posaunen. Tränenden Auges schwärmte er Bekannte an, seine Frau umhalste er. Bis in die Nacht ließ er den Phonographen die Nationalhymne spielen, trank Punsch dazu.

Die Freunde sahen seinen Taumel freundlich an, solange sie glauben konnten, er besäße ihn im Sinn großer Gruppen; nahmen ihn für einen Konservativen, Mann, dessen Geld in der Schwerindustrie stak, Alldeutschen. Schließlich für einen Chauvinisten, der alle Grenzen hinter sich gelassen hatte. Als man aber zu ahnen begann, es stünde kein Gemeinschaftswunsch hinter ihm, doch er treibe sein Wesen privat, fing man von ihm abzurücken und zu grollen an.

Er aber tat nichts, das nicht alle Welt erkennen mußte: An einseitig kriegerischen Eigenschaften des Krieges lag ihm nichts, er baute keine besonderen Absichten auf ihn, war in ihm nicht zielstrebig. Gäbe sich ihm auch nicht als Teil des Ganzen in patriotischer Verzückung hin; finde im Krieg der Welt geeignete Verfassung, ihn, Heidenstam, am kräftigsten anzuregen, damit er, ursprünglich müde und begeisterungsschwach, jetzt klares Ja und Amen zu der Schöpfung sagen könnte. Das fand man bodenlos unverschämt.

Und als bei Vorkommnissen, die die schlimmsten Eisenfresser Exzesse schalten, Heidenstam sich nicht enthielt, die Entgleisungen unvergleichlich zu finden, man ihm schon warnend nahetrat, seiner Frau bedeutete, sie möchte Begeisterung in ihm dämpfen, war er an einen Punkt gelangt, wo ihm das in Europa Angerichtete nicht mehr genügte, er das Geoffenbarte in Träumen zu höherer Intensität zu türmen begann.

Er fand, soviel Lebstoff, den man früher ignorierte, festgestellt, müßte jedes Atom bis an die eigenen Grenzen drängen. Da es sich nicht mehr um Verstecken, doch Hervortreten, kein Verkennen, aber Anerkennen handele, habe alles Ding die Pflicht, sich in Gänze zu bekennen. Wer wisse, wann wieder Gelegenheit komme. Jetzt seien Bremsen auf, es gelte, ans Ziel zu kommen.

Andere Kataklismen, als die Tagesberichte brachten, wollte er. Von ihm aus mochte man Heere Gefangener in Latrinen ertränken; das auf England gestülpte Meer, ein in die Luft gesprengtes Frankreich waren ihm gängige Voraussetzungen, Staatsmänner und Marschälle wollte er mit Worten nicht, mit Melinit gefüllt. In jedem Buchstaben, jeder Nerve Sprengkraft.

Nachts legte er sich Anreden zurecht, die das von ihm Aufgemunterte wie einen Pfeil von der Sehne an seine Bestimmung schwirren lassen mußte. Eines Morgens trat er, rollende Proklamation, zu seiner Frau, die in Strümpfen und Hose stand, führte ihr solche Hochspannung aus sich zu, daß die Beklagenswerte, nicht wissend, um was es sich handelte, aus dem Fenster sprang und beide Beine brach.

Das fand er, wie er den Herbeigelaufenen erklärte, »enorm«. Die redeten ihm zu, führten ihn zu einem Wagen, der ihn spazierenfahren sollte.

Vor ein weites Gebäude brachte man Heidenstam, bat ihn auszusteigen. Hatte man gefürchtet, er werde sich sträuben, täuschte man sich gründlich. Von Neugier und Lebenslust besessen, konnte er keine Lage, die ihm nicht Genuß vermittelte, ausdenken, war vergnügt, als man ihm im fremden Haus unter lauter Unbekannten ein Zimmer anwies. Nur den Gedanken hatte er beim Eintritt: wie will ich sie sämtlich springen lassen!

Daß des Raumes Fenster vergittert waren, machte ihm Vergnügen. Es waren die ersten Fenster, denen er, da sie sich besonders zeigten, Beachtung schenkte. Als ein Herr in weißer Schürze abends Geschirr vom Waschtisch räumte, auf des Neulings Frage, warum das geschähe, antwortete, er habe, sich von Heidenstam den Schädel damit einschlagen zu lassen, nicht Lust, war auch der Bescheid, des Ankömmlings Hoffnung auf gehobenes Dasein, das ihn erwartete, zu stärken geeignet.

Der Männer Anblick, die er am nächsten Morgen traf, enttäuschte ihn nicht. Ohne zu wissen, was jeder bedeutete, war er im ersten Blick gewiß, sie seien alle von etwas die größte ihm begegnete Steigerung. Überhaupt stellte er des gesamten Lebens Tonstärke am neuen Platz um das Doppelte der Gerade höher als an sämtlichen Orten, wo er bisher Gemeinschaft kontrolliert hatte, fest.

Morgens, zur Zeit des ersten Frühstücks, wo überall sonst die kaum Wachen in zagen Lauten reden, hob sich hier aus allen Zimmern munteres Geschrei, das sich zu einem Lied, geschmetterter Arie verstärkte. So verlangte auch er den Kaffee beim zweitenmal mit anderem Nachdruck, ward inne, vom Wesen des Befehles habe er wenig gewußt. Er staunte, zu welch sicherer Mimik sich Mißfallen am Kommando steigerte, steckte der Angeredete dem Auftraggeber die Zunge bis zu den Wurzeln aus dem Hals heraus. In diesem Haus gab es aus präzisen Umgangsformen die Mißverständnisse über Gewolltes nicht, die sonst den Verkehr mit dem Nächsten hemmen.

Je besser Heidenstam die um ihn geltenden Grundsätze einsah, um so mehr erkannte er, daß eine Anzahl Menschen sich von je aus eigener Kraft die Ausdrucksfreiheit gesichert hatte, die den Massen erst der große Krieg brachte. Hier gab es keine Hypokrisie, fatale Lügen nicht vor sich und anderen. Hier war kein Knick in der Geste, kein Umschweif im Wort, vorm Ziel kein Halt. Hier sprach, was Gott mit ihm speziell gewollt hatte, der Mensch, durch keine Einrede verschüchtert, furchtlos, unerschüttert aus, setzte unter allen Umständen die eigene Nuance durch.

So der ältere Engländer, der in hundertjahrlangem faulen Frieden seiner Nation Schlagkraft in der Heimat nicht hatte fühlen können, die jedem Blutstropfen in ihm vor allem Irdischen teuer war. Über bewohnte Erde eilend, seines glühenden Verlangens wegen überall beunruhigt, hatte er hier, wo keiner mehr sich seiner Neigung sperrte, die Stätte gefunden. Aus des Bettes Federn trat er morgens vor die Anstalt, brüllte, ihr zugewandt, jauchzenden Tenors, mit ausgebreiteten Armen einen Morgen wie den andern:

»Old England expects,
that everyman
this day will do his duty!«

Wobei auf »his« den Ton er dehnte. Dann kehrte er ins Haus zurück.

Für vierundzwanzig Stunden war Verlangen in ihm still, er für des Tages Rest ein sanfter Lebensgefährte, der aller Welt von seiner Frau, die vor zehn Jahren gestorben war, erzählte, die er als Heilige pries, vollkommenes Weib und im Himmel noch, wo dringend sie ihn erwarte, fanatische Engländerin vorweg. Wann aber komme der Tod?

Er war es auch, der Heidenstam der Irrenhäuser soziale Notwendigkeit bewies. Dem wirtschaftlich Schwachen sollten sie die Möglichkeit verschaffen, die der Reiche ohne sie besitzt. Denn wer würde den Nabob hindern, manifestierte der im eigenen, zwanzig Hektar großen Park, wie er? Oder wie im Nebenzimmer der preußische Hauptmann, der Stunden des Tages Schritt vor Schritt rückwärts zu gehen verbrachte?

Von dem Hauptmann unterscheide sich Herr Konrad, der Kaufmann, nur insofern, als er die in der Welt und Familie erlittene Unterdrückung schlichter zum Ausdruck brachte, stellte dieser Mann, sonst Muster bürgerlicher Tugenden, sich alten Bekannten alle fünf Minuten aufs neue vor: »Konrad, mein Name!« Auf daß man ihn nicht wie zu Haus vergesse. Prachtvoll fand Heidenstam solches Beharren auf sich, und sei es nur zum eigenen Namen.

Wie packend war es, nannte sich der ehemalige Schauspieler immer Hofmarschall von Kalb! Dieser, von den Eltern her zu eigener Person nicht begabt, hatte aus der höheren Welt dichterischen Scheins die besondere Geltung, die er, sich vor anderen zu erkennen, brauchte, geborgt.

Freudentränen vergoß Heidenstam, sprach der ihn an: »Sehen Sie, Präsident, da hatte Prinzessin Amalie in der Hitze des Tanzes ein Strumpfband verloren. Von Bock reißt mir das Strumpfband, das ich aufgehoben, aus den Händen, bringt's der Prinzessin und schnappt mir glücklich das Kompliment weg.« Und antwortete dem Schauspieler: »Impertinent.«

Worauf Kalb mit einem Schafsgesicht sagte: »Mein Verstand steht still.«

Worauf der andere ihn umarmte, Zufriedenheit auf beide sank, Heidenstam dachte: gingen fünfzig Millionen Streichhölzer in einem einzigen Brand auf, welche Dunkelheit vor soviel innerem Licht!

In einem Zimmer schrieb von früh bis spät ein rüstiger Fünfziger Eingaben, die sich mit seiner Person befaßten, an Behörden. Lob fordern für geleistete Arbeit, das man nicht gespendet hatte, Auszeichnungen für Verdienst, das nur er kannte. Seit Jahren einen Tag wie den anderen auf Bogen in Folio, die die Anstaltsleitung in jeder gewünschten Menge zur Verfügung stellte. Kaum nahm er Zeit, ein paar Bissen zu schlingen, ruhte auch sonntags nicht. Aus ihm erfuhr Heidenstam das ungeheure Maß der Beachtung, das der simpelste Mensch für sich zu fordern, stutzt Gemeinschaftsideal ihm nicht die Flügel, gewillt ist.

Nun machte er auf sich selbst den letzten Schritt zu. Keinen Laut wollte er verschwenden, der nicht Offenbarung an des Menschen Ohr orgelte. Sein Essen zu bestellen, Notdurft anzuzeigen, stieg er auf den Stuhl, tobte Worte als Orkan herunter. Bei jedem Schritt stieß er den Fuß auf, reckte den Leib vollkommen aus den Angeln. Atem dampfte er vor sich hin, und schrie er kreischend von Zeit zu Zeit in Selbstentzückung auf, sprangen hunderttausend herrische Bilder, ein Feuerwerk, in ihm hoch. Die Tatsache »Heidenstam« wollte er der Umwelt gründlich einbleuen, und siehe! – keiner war, der sie nicht gefaßt hätte. Auch die Ärzte schienen überzeugt, und als ein junger Assistent ihn bat, leiser zu sprechen, schlug ihn Heidenstam glatt und platt um die Löffel.

Dazu sei nicht der Weltkrieg gekommen, daß nur ein Mensch noch länger Rücksicht nähme. Ausleben sollte nach des Schöpfers bewiesenem Willen sich alle Kreatur. Ihm wenigstens – Heidenstam – stünden ab neunzehnhundertachtzehn die Augen auf. Er bestimmt wollte nicht zu sogenannter Moral, geschminkten Vorbehalten zurückkehren. Für ihn sei, jenseits von Gut und Böse, Morgenrot!

Der Anschluß

1918

Als man sich im Irrenhaus am Sonntag vor Aschermittwoch vom vorzüglichen Mittagstisch erhob, mit der Zigarre zu Karten- und Brettspiel zurückziehen wollte, wurde des Speisesaales Tür geöffnet, der Assistenzarzt ließ einen Herrn, der ängstlich blickte, eintreten.

Doch ging Heidenstam auf den Kömmling zu, stellte sich vor und sagte: »Hier sind Sie unter Gentlemen, werden sich auf Ehre wohl befinden. Darf ich um Ihren Namen bitten?«

Der andere verbeugte sich, rief laut genug, daß alle Anwesenden hörten: »Posinsky!« Womit man bekannt war, er zu einer Skatpartie geladen wurde, bei der er siebenhundertfünfundachtzig Punkte verlor.

Erst als man sich ermüdet zum Kaffee setzte, fragte Heidenstam Posinsky, ob er als Polizeigefangener zur Beobachtung seines Geisteszustandes eingeliefert sei, und als der errötend bejahte, sagte der Fragende: »Sie haben sich, scheint es, plastisch zu einer Überzeugung, die man unter den Vielzuvielen nicht dulden konnte, bekannt. Es war folgerichtig, Sie hierher in den Frieden zu bringen. Sehen Sie zu, daß Sie nicht wieder fort müssen!«

Dann ließ man dem neuen Hausinsassen Zeit, sich an die Umgebung zu gewöhnen, achtete Scheu, Einsamkeitswillen, Tränen, die sich nicht verbergen ließen, Zeichen tiefer Verwirrung, in der der Mensch, der zur hergebrachten Welt Fäden zerrissen, die zur neuen nicht geknüpft sieht, sich findet. Darüber hinaus war man peinlich korrekt. In des einzelnen Haltung lag das Bestreben, Posinsky zu zeigen, er sei an erstklassigem Aufenthaltsort, sollte Zutrauen fassen. Dabei fuhr man sich mit Ausdruck als sich selbst zu geben fort, daß der Neuling, anders als er selbst sei man mit der eigenen Narrheit von Herzen einverstanden, sähe.

Denn das sah man Posinsky an: er konnte sich zur Überzeugung nicht entschließen, verrückt im Sinn menschlicher Gesellschaft zu sein, mimte Geisteskrankheit, gesetzlicher Strafe zu entgehen; mimte sie, wie die Hausinsassen feststellten, schlecht. Über seine Schauspielerei hinaus aber hatte jedermann Vertrauen zu ihm. Er müßte sich nur seiner Natur überlassen, ein ebenbürtiger Irrer zu sein, mit ihnen allen des Behagens teilhaftig zu werden, das die Anstalt jedem zu sich selbst Entschlossenen vermittelte. Posinskys Ehrgeiz, vor den Ärzten immer noch zu tun, als sei er imstand, sich auf draußen geltende Ideen einzulassen, gefährde nicht nur seine Lage als Strafgefangener; insofern man ihn dem Richter als zurechnungsfähig zurückgeben werde, raube ihm vor allem die glücklich erlangte Aussicht, hier ein freies Leben auszutoben.

Als der Ankömmling nach Heidenstams Meinung schon schwere Fehler in diesem Sinn begangen hatte, hielt er es für seine Pflicht, sich mit ihm einzulassen, ihm seine fatale Lage gründlich vorzustellen.

Posinsky schien jede Annäherung abzulehnen. Doch erriet Heidenstam, der Furchtsame sei seiner als echten Kranken nicht sicher, halte ihn für einen Spion der Behörde, der ihn ausfragen, verraten sollte. Er löffelte daher in Posinskys Beisein den Oberwärter, der höflich um etwas gebeten hatte, um die Ohren, schlug eines Fensters sämtliche Scheiben ein, daß Landschaft im Zimmer stand, und sah, nunmehr erkannte der Neue seines Zustandes Wahrhaftigkeit an.

Also wandte er sich an ihn:

HEIDENSTAM. Sie wissen, hier haben Sie von niemand Vernunft und üble Folgen aus ihr zu fürchten.
POSINSKY. Es scheint so.
HEIDENSTAM. Gestatten Sie, daß ich Ihnen als erste Überzeugung ausdrücke: Trotzdem halte ich Sie für vollendet irre. Während Sie vor Beobachtern noch den üblichen Geisteszustand simulieren, dissimulieren Sie sich und uns Ihre gerundete Narrheit.
POSINSKY. Herr!
HEIDENSTAM. Leugnen Sie, Sie haben über ein Ding ein persönliches Urteil, das Sie um keinen Preis aufgeben wollen?
POSINSKY. Das wirklich.
HEIDENSTAM. Glauben Sie, ich und die übrigen hier unterscheiden uns auf andere Weise vom Normalmenschen? Wir alle verteidigen mit dem Leben den einzigen Begriff, dessen Geltung aus unserer besonderen Notwendigkeit feststeht.
POSINSKY. Das wäre Vernunft.
HEIDENSTAM. Vernunft ist der Schluß, den alle Welt auf der Basis von Erfahrungen, die, von anderen gemacht, als richtig vorausgesetzt werden, tut. Mit größerem Selbstbewußtsein lassen wir toter und

lebendiger Menschen Erfahrung einfach nicht gelten, haben zu hohen Freiheitsbegriff, Entschlüsse von überhaupt welchen Voraussetzungen abhängig zu machen.

POSINSKY. Konsequent zu sein, dürften dann auch Ihre eigenen, früher gemachten Feststellungen in keinem Fall für neues Unternehmen gelten, da auch die Sie festlegen. Sie sagten aber, Sie alle verteidigen einen für Sie gültigen, also feststehenden Begriff.

HEIDENSTAM. Einen einzigen. Nämlich: im Handeln frei sein zu dürfen.

POSINSKY. Auch das ist nur fixe, Zwangsidee.

HEIDENSTAM. Ich behauptete nie, ich sei zu Unrecht hier. Nur sage ich: Bis auf die Zwangsidee, frei zu sein, bin ich von Ideenzwängen vollkommen frei. Menschen in der Freiheit aber haben ihre gesamte Unabhängigkeit durch Vorurteile gebunden. Freiheit ist bei ihnen die Handlung, die sie von aller Vergangenheit abhängig beginnen.

POSINSKY. Sie halten sich mit nur einem statt abertausend Zwängen für freier als den Durchschnitt?

HEIDENSTAM. Unbedingt. Sie aber scheinen mit anderthalb Füßen noch bei dem Glauben zu stehen, wie draußen müsse auch hier Ihr Tun sich in dem Sinn entwickeln, daß es die Ärzte nach Erfahrungsmerkmalen begreifen, Sie als einen logisch »verrückt« Handelnden der rächenden Nemesis entziehen können.

POSINSKY. Sie meinen also –?

HEIDENSTAM. Hier können Sie nach Belieben unlogisch irr sein. Begreifen Sie, das ist ja des Aufenthaltes blödsinnige Wonne, Mensch!

POSINSKY. Mensch!

HEIDENSTAM. Nur müssen Sie sich über anfängliche Gefahr mit Ausschweifung hinwegsetzen. Sobald die Behandelnden Ihre Verrücktheit außerhalb aller Erfahrung und Vernunft merken, werden Sie sie, weil Sie einen wissenschaftlich ausgemachten Irrsinn vermissen lassen, als ungebildeten Simulanten für gesund halten.

POSINSKY. Also sehen Sie selbst die Gefahr!

HEIDENSTAM. Doch stecken wir alle mehr oder minder in dem Dilemma. Denn natürlich sind wir durch die hilflosen Blicke unserer Helfer mit verwirrt, wollen wir nicht in ihr Klischee hinein, und sie versuchen, uns durch Zureden, mit Zwangsmaßregeln zu den aus

Lehrbüchern und Experimenten zu erwartenden Rasereien zu bringen.

POSINSKY. Aber?

HEIDENSTAM. Da müssen Sie trotz nicht zu leugnenden Risikos Ihrem wirklich gesunden Wahnsinn vertrauen, der im entscheidenden Moment von sich aus den grandiosen, nicht vorauszuahnenden, weil voraussetzungslosen Akt, der die Ärzte entwaffnet, begeht, haben sie ihn hinterher als neue Erfahrung erst eingesehen.

POSINSKY. Geschieht er aber nicht aus mir? Das Wagnis ist gewaltig.

HEIDENSTAM. Da sitzt der Haken! Sie erinnern sich, ich begann das Gespräch mit dem Ausdruck, ich hätte in der Hinsicht Vertrauen zu Ihnen. Doch nicht ich, Sie müssen es besitzen. Fragt sich, wie sehr Sie derartiges aus sich zu erwarten geneigt sind?

POSINSKY. Dabei kann ich mich nur auf Erfahrung stützen.

HEIDENSTAM. Nein. Weil Erfahrung, sogar die eigene, Ihnen größtes Zutrauen gäbe. Denn zweifellos sind Sie wie die meisten von uns hier, weil eine aus Ihrem bisherigen Leben nicht zu fürchtende Gewalttat Sie bloßstellte. Darf ich fragen, welche?

POSINSKY. Einen Menschen schoß ich nieder.

HEIDENSTAM. Also haben Sie sich hübschen Beweis Ihrer Tatfähigkeit erbracht. Und wollen sich für die Zukunft nicht auf sie stützen?

POSINSKY. Also worauf?

HEIDENSTAM. Auf Ihre elementare Natur. Fühlen Sie sich im letzten mit ihr übereinstimmend?

POSINSKY. Glatt!

HEIDENSTAM. Ließ sie – aber auch nur sie – Sie je im Stich?

POSINSKY. Nie.

HEIDENSTAM. Sind Sie – alles in allem – froh, Posinsky zu sein?

POSINSKY. Und wie!

HEIDENSTAM. Dann sehe ich kein Bedenken. Die Ärzte haben System, Sie Natur. Da Sie auch ferner ihr gemäß leben wollen ...

POSINSKY. Was heißt ihr gemäß? Abhängig von ihr.

HEIDENSTAM. Die doch Sie selbst ist! So lassen Sie sie machen. Handeln Sie ihr nur nicht zuwider, heben Sie sie durch eine Absicht aus dem Gelenk. Ich warne Sie!

Posinsky ließ ihn stehen. Soweit war es noch nicht, daß jeder Philosophieprofessor wie ein Herr Heidenstam das Recht, ihm mit Scherzen über »Freiheit aus natürlicher Unfreiheit« Fallen zu stellen, hatte. Nachdem aber der Ärger über die Tatsache, ein Fremder habe sich denkend mit seiner privaten Welt gemessen, verraucht war, sagte sich Posinsky, man müßte ohne Voreingenommenheit, ob Heidenstams Bekenntnis dem seinen wirklich entfernt sei, zusehen. Der hatte nichts geäußert, was Ansichten zuwiderlief, deren strikter Durchsetzung er selbst den Aufenthalt in diesem Haus verdankte. Heidenstam, hatte er ihn recht verstanden, wollte, rückwärtiger Abhängigkeit von eigener Natur unbeschadet, frei nach vorwärts sein. Aber war er, Posinsky, einen Menschen tötend, das nicht bis zum Exzeß gewesen, und verlangte seine Natur auch jetzt nicht die äußere, freimütige Anerkenntnis von ihm, dieser Akt sei durchaus innerhalb des Rechtes auf sich selbst gewesen? War er, da er weder vor noch nach ihrer Ausführung gegen die Tat das geringste eingewandt hatte, ihr nicht innerlich zustimmend, trieb er keinen Keil in seine Person, heuchelte er, im Innern ohne Reue, das geringste Verständnis für sein »Verbrechen«. Es war Posinsky bis jetzt nicht wichtig gewesen, über den spontanen Akt vor sich selbst Klarheit zu haben, als den unfehlbar richtigen Weg, sich der Verantwortung zu entziehen, die ihm die Gesellschaft auferlegen wollte, zu gehen.

Nach Heidenstams Aufklärung begann ihm zu dämmern, mit halben Maßregeln, pfiffigen Ausflüchten sei nichts getan. Hier mußte zwingende Einheit sein, daß nicht plötzlich ein Abgrund klaffte. Der betretene kühne Weg war weiterzugehen: seiner Natur brutal Platz zu machen. Und das tat man nicht, sie verleugnend, doch sie schmetternd und fanfarend. Blut übergoß Posinsky, aus dem er seiner Wahrnehmung Richtigkeit vollends erkannte. Nun stellte er Heidenstam mit folgender Frage:

POSINSKY. Wie verdichten Sie mir Ihre neuliche Meinung, Professor?
HEIDENSTAM. Ich bin nicht Professor. Fiel Ihnen meiner Sätze Geradheit auf, sage ich Ihnen: Aus dem Ideenkram draußen gehoben, von vorgeschriebenen Denkzwängen befreit, blieb mir nichts anderes übrig, als Wahrheit zu wissen. Doch freut mich, daß Sie »verdichten« sagen. Weil Sie erwarten, nicht mit Ursachen werde ich Sie überreden, doch mit Sensationen zwingen. Ich muß, frei bleibend und Sie freilassend, keine Gründe anführen, doch während meiner Worte wird aus mir etwas, das Sie packt, geschehen.

POSINSKY. Es geschieht. Denn trotz der Worte wetterleuchten sie mich an.

HEIDENSTAM. Wollen Sie, schweige ich, lasse nur sinnliche Atmosphäre wirken?

POSINSKY. Am besten.

Sie sahen sich an, wurden warm. Nach einer Weile folgerte Posinsky:

POSINSKY. Recht haben Sie! Auf nichts Gewesenes laß ich mich ein. Auf Zukünftiges, das ich erleben will.

HEIDENSTAM. »Denken« ist stets Vergangenheit.

POSINSKY. Sein halbes Dasein verbrachte man damit, war mit geistiger Feststellung des durch andere Genossenen zu Lebzeiten verwest.

HEIDENSTAM. Empfinden Sie sich! Ohne Vorurteil und Kritik mit Leidenschaft, was der erlebt, der »Mörder« ist. Führen Sie die Sache, die glatt aus Ihnen geschah, auch selbst zu Ende und erlauben Sie keinem Fremden, den Schluß nach obligatem Kodex zu gestalten, Ihnen den Mord zu verkorksen.

POSINSKY. Dem Chefarzt, mischt er sich in meine Angelegenheit, trete ich mit dem Stiefel ins Antlitz.

HEIDENSTAM. Sie sind auf dem Weg! Können ihn nicht mehr verlieren, sagen Sie sich: Sie stecken in einem Handel, der mit Sensationen geladen ist, auf Menschheitsvorposten. Kühner als einer, den ich zu sehen bekam, und ich schließe mich selbst ein, haben Sie auf sich zu den Schritt gewagt. Nun lassen Sie sich die einzige Gelegenheit, eigene Jungfräulichkeit zu schmecken, nicht nehmen!

POSINSKY. Darf ich fragen, aus welchem Anlaß Sie hierher zurückgezogen wurden?

HEIDENSTAM. Licht in verschiedene Dämmerecken zu bringen, hatte ich eine Million Dosen Streichhölzer gekauft. Die Sache ging gut, bis ich meiner Frau mit der Aufhellungslust zu nah kam, sie durchs offene Fenster ins Freie ging.

POSINSKY. Tot?

HEIDENSTAM. Sie erinnern mich, daß ich danach zu fragen vergaß. Übrigens tut es nichts zur Sache, denn abgesehen davon, daß sie Israelitin mit einem lutherischen Gatten war, gab es an ihr nichts Interessantes.

POSINSKY. Erlauben Sie! Was Sie sagen, ist zynisch. In einem Atem verraten Sie, das Malheur mit der Dame war mehr unglücklicher Zufall als Notwendigkeit, und hielten es, Erkundigung nach ihrem Befinden einzuziehen, nicht für angebracht!

HEIDENSTAM. Es unterblieb aus Zerstreutheit, nicht aus böser Absicht.

POSINSKY. Das geht zu weit! Als ich einen Menschen vom Erdboden tilgte, handelte es sich um: er oder ich. Für uns gemeinsam war kein Atem auf dieser Welt. Er schloß mich, ich ihn aus. Ich schoß aus Notwehr.

HEIDENSTAM. Immer noch stellen Sie, wenn auch von erhöhter Warte, Verbindung von Ihrer Tat zum Strafgesetzbuch her. Aus Notwehr in seinem Sinn wollen Sie gehandelt haben, aus Motiven, die logisch zu begründen sind, leuchten Sie auch vorläufig nur Ihnen ein.

POSINSKY. Sie sagten aber ...

HEIDENSTAM. Freiheit! Notwendigkeit ist nicht unter allen Umständen Freiheit. Ist meist das Gegenteil. *Und plötzlich brüllte er:* Herr, wählen Sie endlich! Wollen Sie aus logischer Notwendigkeit, das heißt so, daß Sie die Menschheit versteht, tätig gewesen sein, finde ich den Streich vorbedacht, raffiniert. Oder haben Sie sich in der Instinkte Affekt, in Ihres Geschickes souveräner Selbstgestaltung ohne des Gehirnes Kontrolle entladen?

Posinsky sah ihn verblüfft an, faßte nicht, was jener meinte.

HEIDENSTAM. Verstehen Sie nicht, es gibt zwei Arten Notwendigkeit, und daß die eine Freiheit, die andere Sklaverei ist? Die eine stellt nicht Ihr natürliches Muß, doch eins aus Ideenrezepten der Menschen, mit denen Sie durch »Vernunft« als die Nabelschnur verknüpft sind, dar. Nur die andere, für die Sie kein Recht als das des »Zufalls« wollen, die Sie als Protest gegen Gemeinschaftsvernunft genießen müssen, ist wahre Freiheit.

POSINSKY. Doch meine eigene Vernunft, die sich den Teufel um die der anderen schiert?

HEIDENSTAM. Vernunft ist denkerischer Zusammenhang. Bindung zu aller Welt. Trotzdem Vergleich, Erfahrung. Die Ihre können Sie nicht ausnehmen, müssen sich, nehmen Sie an ihr teil, Entscidun-

gen, die sie aufstellt, unterwerfen. Dann sitzen Sie mit Ihrem Mord schön in der Tinte.
POSINSKY. Ich weiß nur, mir war der Mensch gegen Natur.
HEIDENSTAM. Hellen wir das gründlich auf.
POSINSKY. Jeder Zellkern entsetzte sich.
HEIDENSTAM. Vor seiner Leiblichkeit?
POSINSKY. Vor dem, was er vorstellte, dachte.

Heidenstam hatte die düsterste Miene angenommen. Jetzt faßte er Posinsky am Arm, führte ihn abseits in eine Ecke.

HEIDENSTAM. Sprechen Sie so, gestehen Sie immer deutlicher ein verabscheuungswürdiges Verbrechen. Ich hielt Ihren Fall für zu schlicht, Sie zu früh aus Gesellschaftsformen »verrückt«. Wer, bitte, stellte, was Ihr Gegner dachte, in Ihnen fest? *Was* entsetzte sich? Vernunft! Denn durch nichts sonst hatten Sie über ihn ein Urteil. Wir machten aber klar, Vernunft ist im Menschen das uneigene Teil, das Band, mit dem ihn Gesellschaft an sich fesselt. Das soziale Organ ist sie, Reaktion, der durch Dressur in ihm festgemachte Kanon. Was aber kann Kommunismus in Ihnen am andern verabscheuen. *Ohne Antwort auf die Frage zu geben, setzte er bekümmert hinzu:* Armer Freund. Jetzt weiß ich, Sie räumten einen Menschen fort, weil Ihnen das Eigene in ihm, sein Allerursprünglichstes mißfiel. Sie taten nichts, als was von den Ärzten klipp und klar zu fassen, aus Ihrer freien Willensbestimmung zu folgern ist. In Ihrem Gutachten werden die Brüder den Fall mit Begeisterung ausweiden, Gescheitheit bis zu messerscharfer Lösung in dem Sinn leuchten lassen: Sie sind schuldig, dreimal schuldig. Das scheint mir nicht mehr anders möglich.
POSINSKY. Ich bleibe kalt unter Ihrer Worte Wasserfall. Beweis, sie greifen in der Geschichte nicht durch.
HEIDENSTAM. Man wird Ihrer Moritat armselig denkerische Mechanik als Garnknäuel aufrollen. Nicht der feinste Knoten eines Ego wird darin sein.
POSINSKY. Eisig lassen Sie mich.
HEIDENSTAM. Aus Kritik mordeten Sie, aus Komment im Kommersbuch: vive la companeia! Nicht Posinsky, *Herr* Posinsky schlug im Hinblick auf allgemeine Wohlfahrt tot. Und das höchste, was sie

von der Gesellschaft hoffen dürfen, sind mildernde Umstände, weil Sie sich nicht auf eigenem, auf Verbandsvorposten geschlagen haben.

Hier brauste Posinsky auf. Denn aufrecht hielt ihn in der Gefühle Kataklisma die Voraussetzung, im Streit gegen die Phalanx aufgedonnerter Ideal-Ichs sei er seiner höchsteigenen Leiblichkeit Anwalt gewesen. Da er aber im Augenblick zu Heidenstams Aufklärung nichts hervorbringen konnte, nahm er einen Stuhl, machte einen Ausfall gegen den Gegner, dem der durch Satz über den Tisch entkam. Dann wies er dem Fliehenden die Zunge bis an die Wurzel, fuchtelte mit Fäusten, turnte in sein Zimmer, wo sich er die Bettdecke ums Gesicht wickelte.

Doch blieb er in heftigem inneren Aufruhr. Es hedderten die Seile, die der Empfindungen Eimer aus der Brust holten. Von neuem suchte er die Tat nicht aus dem Gedächtnis, das er als voreingenommene Erfahrung entlarvt wußte, durch frisches Gefühl in sich wieder lebendig zu machen, auf daß er, Heidenstams Behauptung entgegen, Ursprünglichkeit im Akt begriffe. Und siehe: wieder empfand er in allen Nerven des Totschlages Rausch, wie er aus der Moleküle herrischer Eigenbehauptung zu scharfem Knall wuchs, der erneut so süße Lust in ihm entspannte, daß Orgasmus kam.

Nein – blank und unbefleckt blieb die Tat. Vielmehr stand in Heidenstams Betrachtungsweise die Weiche falsch gestellt. Ihm mußten nicht Worte, doch das Gefühl vom Vorgang eingebleut werden. Wie er es den Ärzten gegenüber von Posinsky verlangt hatte.

Das also erfüllte den nicht mehr als mühsamer Wille doch organischer Genuß: er war dem Nachdenken über seine Lage entzogen. Hörte er vor der Tür die Ärzte oder Wächter, klopfte sein Herz nicht mehr. Keine Erinnerung, Tatbestände, Absichten riß er ins Gehirn, doch blieb gelassen bei sich selbst, kostete aus der anderen Witterung kräftiger die eigene Person, gewiß, sie rettete ihn durch ihre naive Durchschlagskraft in jedem Augenblick aus Gefahr.

Ihre Fragen an ihn waren Luft, die er nicht schmeckte. Kamen sie mit Hypothesen, Deduktionen, Beweisen, analysierten sie, machten Wahrscheinlichkeitsrechnungen und Statistik, induzierten, katalogisierten, bauten über disjunktivem Schluß Synthese, sah er Prärie durch sie hindurch, einen Glühofen und hatte von Weite und Wärme den Reiz.

Flatterten des Chefarztes Hände vor seinen Pupillen, gab er leichtem Brechverlangen nach und rülpste vernehmlich; bis man ihn kopfschüttelnd stehenließ, er seiner Eingeweide Trommelfeuer herausknallte, unbändig aus wonniger Frische lachte.

Wegen des zu erwartenden Gutachtens machte er sich keine Sorge. Wichtig war nur noch, vom Mord durch innere, tiefere Suggestion Erregung wie von einem Narkotikum, dessen Dosen er sinngemäß stufte, zu haben.

Doch störte ihn in der neuen, kräftigen Behauptung seiner selbst Heidenstams Gestelz. Er verhehlte sich nicht, der Mann war der mächtigste Typ, der ihm begegnet war, empfand den Rentner noch immer an Glücksmöglichkeit überlegen. Als Staatsanwalt und Arzt schon Schatten waren, sah er neben dem eigenen Leib Heidenstams Körper plastisch ins All gewölbt. Dabei war der im Essen und Trinken mäßig, wie Posinsky, schlang er selbst die besten Bissen, feststellte.

Des eigenen Ichs bessere Ausbalancierung neidete er Heidenstam, größere Regungslosigkeit, in der der lebte. Gab er ihm in bezug auf die wegen seiner Tat geäußerten Bedenken unrecht, spürte er, in diesem Mann sei Weisheit, die höchste ihm auf Erden offenbarte, und er brauche ihn wie Speise und Trank. Darum kreuzte er ihn, bis Heidenstam fragte:

HEIDENSTAM. Nun?
POSINSKY. Falsch!
HEIDENSTAM. Kopf ab!
POSINSKY. Nie.
HEIDENSTAM. Kommunard!
POSINSKY. Egotist vielmehr.
HEIDENSTAM. Daß ich nicht lache!
POSINSKY. Ernstlich bin ich Vollblüter, kann Sie davon überzeugen. Sie haben noch nicht rechten Anschluß an mich. Hinzuzusetzen ist dem Mitgeteilten: Was der Erschossene zum Ausdruck brachte, war eben die famose Verzichtsidee, das Gesellschaftsressentiment, der Ich-Bankerott. Allerdings stellte ich dies sein Verbrechen hinterher mit dem Urteil fest, nachdem mir sein Abscheiden aber längst leibliches Bedürfnis gewesen war.
HEIDENSTAM. War er Mönch, Pfarrer? Hatte ein Lehramt?
POSINSKY. Schauspieler.

HEIDENSTAM. Töteten Sie ihn im Beruf?
POSINSKY. Außerhalb desselben. Als er an der Vielgeliebten Totenbett mit bengalischer Beleuchtung seelisches Harakiri machte.
HEIDENSTAM. Als Prediger im Beruf hätte die Litanei eine Walze sein können, die er aus Korruption und Familienrücksichten für Bezahlung lallte. Es scheint aber, er hatte aus ureigener Notdurft das verzichtende Teil erwählt. Nehme ich Ihr persönliches Bedürfnis nach des Mannes Tod auch als primär, Ihre Gesellschaftskritik an ihm als hinzugekommen, bleibt die Rechnung: Sie vernichteten eine wie Sie zu sich selbst entschlossene Natur. Oder erklären Sie ihn noch schnell für das Gegenteil einer solchen?
POSINSKY. Ich leugne nicht, er schien von sich besessen. Die Auflösung heißt aber: Im Konflikt zweier leidenschaftlich auf sich beharrender Naturen muß die schwächere weichen. Die war durch schlechtere Ernährung glücklicherweise er.
HEIDENSTAM. Im Konflikt, sagen Sie? Wo soll der bei Wesen, die das gleiche, sich selbst anstreben, herkommen? Ich zweifle mehr. Sondern nachdem die animalische Abneigung gegen jenen feststand, haben Sie sie durch Urteil über ihn vergrößert, logisch überspitzt. Eines mit dem anderen mischen Sie; denn Sie behaupten nicht, im Tatmoment war Ihnen kein Atom intellektueller Verdruß über des Mannes geistige Haltung?
POSINSKY. - - - - - - - - - -
HEIDENSTAM. Merken Sie, wir haben den Punkt.

Bleibt die Möglichkeit, auch Ihr erster, spontaner Abscheu hätte sich zu Mordes Muß verstärkt. Obwohl das unwahrscheinlich ist, da körperliches Mißbehagen meist durch Wind, Sonne, ein Nichts verscheucht wird.

Jedenfalls ist die Tat auf physisch unbezähmbaren Widerwillen und daraus folgende leibliche Notwehr, die Ihr geistiges Mittun ausschloß, nicht mehr zu stützen, aber wie jeder Durchschnittstäter ließen Sie sich aus sozialem Anlaß hinreißen. Wie der Normale handelten auch Sie aus geistigem Akt, aus Kritik – mit des Ideal-Ichs »besserem Wissen«.

Darauf antworten Sie nicht, und ich begreife den Zusammenbruch. Mörder sind Sie an der Kraft, die Sie in außergewöhnlichem Maß selbst zu besitzen behaupten.

Ich will für Ihr Wohlbefinden annehmen, physische Reaktion gegen den Betroffenen sei in Ihnen so stark gewesen, daß sie auch ohne das Hinzukommen nachgewiesener Gesellschaftszwänge zur Katastrophe hätte führen müssen – mehr kann ich für Sie nicht tun. Ein Erdenrest zu lösen bleibt peinlich. Auch Sie sind, freier Mensch, von Ruten sozialer Instinkte geleimt worden.
POSINSKY. Und Ihre Frau, die sich totsprang?
HEIDENSTAM. Die ist aufs Exempel Probe. Durchs Zimmer kam ich für mich hin, führte nichts gegen die Arme im Schild. Wie das All war sie mir plausibel. Ohne Absicht elementete ich: Hochspannung Heidenstam! In ihr aber, sie stand in Hemd und Hose, löste sich eine Ekstase Eigenmut, auch sie wollte sich in höchster Potenz bekennen, ging gestreckten Wegs durchs Fenster. Steigerung von sich selbst, an der sie zerschellte, nahm sie aus mir, selbstisch selige Himmelfahrt. Während Sie Ihren Mann ins Jenseits hineinstießen.

Posinsky, mit der Wahrnehmung, in seiner für ihn schon glatten Tat klaffte noch etwas, stand so verwirrt, daß er zu fragen vergaß, ob der Forteilende ihm nur fahrlässigen Irrtum oder im Charakter verwurzeltes Unrecht vorwarf, Intoleranz, die als ein Moralisches Rücksicht auf den Nächsten nimmt, persönliche Freiheit ausschließt.

Er wollte ihm nach, ihn mit Gewalt zu letzter Aufklärung zwingen. Da aber trieb es ihn, sich stärker am eigenen Leib die Bestürzung, die ihn nach völliger Klarheit wegen der Tat wieder besaß, zu begreifen, besser als aus Heidenstams klügsten Worten sich aus sich selbst erst neu zu finden.

Furchtlos ging er den nächsten Weg. Nahm logische Inkonsequenz an, die er durch Aufhellung vor Abgang aus dieser Welt zurechtbiegen müßte, stellte sich vor, wie er den Ärzten die ihm wirksamen Motive bis zu jenem plötzlichen Fehlschluß, der das Unglück angerichtet hatte, erklärte. Hörte in der Einbildung der Zuhörenden kluge Einwürfe, wie sie das Fehlende hinzubesserten, fühlte, wie in ihrem Kreis jene Wollust zündete, die, wo unter denkenden Männern sich Geistiges rundet, anhebt und, knackt der letzte Zapfen im Gelenk. Überrascht sah er, wie sie Tränen im Auge hatten, ihm Hände drückten, exakte Wissenschaft ihn für einen Denkfehler, der auch dem Gescheitesten unterlaufen konnte, gütig entschuldigte. Jedenfalls sei seines Mordes geistige Aufmachung außerordentlich gewesen, bedeutend, was er durchgemacht habe, psychologisch die Angelegenheit erstklassig und werde als schmückendes Paradigma in Lehrbüchern stehen.

So genoß er, statt gefürchteter Qualen, Wonnen, die aus dem höheren, wenn auch verpatzten Plan der Täter fortnimmt, fand sich, tappend fortdenkend, sogar mit seiner Hinrichtung ab, dachte er Staatsanwalt, Pastor, Henker unter dem schmelzenden Eindruck seiner, des Delinquenten, Bedeutung.

Als er Mut gefaßt hatte, stieß er ins Moralische vor. Bildete sich ein, er habe in Verblendung schlecht gehandelt, besitze ein Gewissen und müßte, wie es dem Durchschnittlichen geht, der um Unrecht Reue spürt, sie durchempfinden.

Die nahm in eingebildeten Gesprächen mit den Ärzten, dem Seelsorger phantastische Formen an. Er sah sich in einer historisch beispiellosen Zerknirschung, Blut in Tränen, Tränen in Blut gewandelt In einem Taumel des Bedauerns schlug er auf des Sitzungssaales Steinboden die Stirn wund, bellte so ekstatisch Besserung, daß der oberste Richter seinen Stuhl verließ, zu ihm kniete, bei ihm weinte, ihm Tränen trocknete. Bei seiner Enthauptung aber brach vieltausendköpfige Menge in solches Jammern, gemeinsamen, nervenpeitschenden Schrei aus, wozu am Himmel abgestimmt der Donner rollte, daß diese Sensation jede andere verdrängte, er vom Fall seines Kopfes wenig merkte.

Hatte er so nach der logischen und ethischen Seite für den Fall, er sei bei der Tat im Irrtum oder Unrecht gewesen, das Gleichgewicht in sich wiederhergestellt, reizte es ihn, zu seines Wohlbehagens Vervollständigung auch das artistische Entzücken, das sich für »einen Schuldigen« aus dem Handel gewinnen ließ, zu genießen.

Mit des Verbrechens Ursachen konnte er da freier walten. Ob aus Vernunftsfehlern oder Bosheit schuldig, mußte auf der Leinwand der bedeutende Mann vor einem Hintergrund bürgerlicher Verwirrung beim ersten und letzten Blick durch malerischen Einfall plastisch zwingend, farbig unvergeßlich wirken.

Hier war Posinsky in seinem Element. Alle bildliche Darstellung großer menschlicher Scheusäligkeiten fiel ihm ein. Kolorierte Kerker mit des Lichtes kalkigen Reizen auf der Gefangenen Antlitzen, Schafotte, Scheiterhaufen sah er, wundervoll arrangiert, all jene Palettenräusche in Öl und Tempera, in die das Böse in der Malerei immer gemündet hatte.

Er empfand, sah er sein eigenes Blut als Mennig und Zinnober unter des Scharfrichters Beil in eine Pfütze von Ultramarin und Kobaltblau spritzen, so spezifisch rote Wonnen, daß er entschied, sei eine Schuld nicht abzuwälzen, er die Sache vorzugsweise ästhetisch nehmen mußte, letzter Atemzug, mit Emphase so empfunden, Wonnen in ihm aufzucken lassen müßte, für die es, entzöge er sich der Gerechtigkeit, nie und nirgends Ersatz gäbe.

Was zur Gewißheit wurde, sagte er sich, Glück aus ästhetischen Quellen würde ohne solches aus ethischen und logischen nicht auftreten können; aber alle drei würden, getrennt und im Chor, in ihm ihr versöhnliches Orchester spielen.

In fieberheißen Nächten kam Posinsky zu dem, was erst nur Einfall schien, Erleuchtung. Er begriff, wohin die Menschheit in Jahrtausenden aus dreifach psychologischer Wahrnehmung ihren Bewußtseinsinhalt gesteigert hatte: zu dreimaliger Apotheose. Zu einem Tusch, den Vernunft, Gewissen, Schönheitsempfinden zu allem Gelebten bläst. Das System war Rückversicherung gegen die dem Menschen innewohnende Ahnungslosigkeit, um was es sich bei seiner Schöpfung eigentlich handelte.

Aus einer causa efficiens war über alles Nurzumenschliche die himmlische causa finalis gemacht, wodurch man, da jede Katastrophe zu vergolden war, an einem Geländer ging. Während der Weg, den, von eigenen Instinkten geführt, Heidenstam machte, halsbrecherische, kahle, unbeblumte Promenade war.

Recht hatte Heidenstam, und unbestritten blieb sein Scharfblick: So kategorisch hatte Posinsky Treue zu sich selbst, Abkehr von andern nie gemeint. Gewiß hätte seine Natur das Allgemeinmenschliche als tägliches Hauptgericht abgelehnt, es als Zukost aber gelten lassen, sei er erst richtig satt, seiner Blutarmut ledig gewesen.

Zu radikale Deutung hatte Heidenstam von Anfang an seinem Selbstbehauptungswillen gegeben. Fügung war es, die ihm erhöhten Rundblick über sich zur rechten Zeit noch gewährt hatte.

Je mehr er sich in seines Leidensweges Wonnen vertiefte, je festere Form die zu erwartende Passion annahm, um so mehr faßte ihn Furcht, er möchte von Heidenstam noch vor seines Geschickes Entscheidung zu dessen Ideen zurückverführt werden; statt eines mit Hilfe wissenschaftlicher und geistlicher Behörden ihm garantierten gloriosen Todes ihn ein elendes, wenn auch individuelles Abscheiden im Irrenhaus erwarten.

Als er mit Rührungstränen über seine Einkehr eines Morgens erwachte, sprang er aus dem Bett in des wachthabenden Arztes Zimmer hinüber, rief mit Stentorstimme, augenblicklich sollte man ihn aus der Anstalt zur Verfügung der Staatsanwaltschaft entlassen. Er habe bei vollem Verstand, mit Überlegung gehandelt, erinnere sich freien Bewußtseins jeder Einzelheit, empfinde, wie es sich gehöre, Reue. Man möge ihm das Recht auf gebührende, durch Gesetze verbürgte Strafe nicht länger vorenthalten. Sofort verlange er den Kerker. In dem spielten sich ohnehin seine inneren Sensationen ab, und er hatte es, ihn sich durch unnötig verausgabte Energien erst immer einbilden zu müssen, satt. Als man seinen Wunsch nicht erfüllte, des Chefarztes Abwesenheit, ohne den man nicht handeln dürfte, vorschützte, bekam Posinsky seinen ersten vorschriftsmäßigen Wutanfall mit Krämpfen und Schaum am Mund, der durch mehrstündiges Bad beruhigt wurde. Im Badesaal war es, daß Heidenstam in die benachbarte Wanne stieg, und nackter, parallel ausgestreckter Körper verharrten sie lautlos beieinander, während auf Wannenrändern plaudernd die Wärter saßen. Plötzlich begann Heidenstam zu singen: »Du kennst mein Herz noch lange nicht, noch lange nicht, noch lange nicht!« und fuhr ein Weilchen fort, ohne daß der das Haupt auf den Wasserspiegel senkende Posinsky von Lied und Sänger Notiz genommen hätte. Endlich aber grölte der Wannennachbar so sonorer Stimme, daß Posinsky sich »die Albernheit« verbat.

HEIDENSTAM. Das Lied ist keine Anspielung auf Sie.
POSINSKY. Soll heißen: Ist Anspielung auf mich. Aber ich kenne mein Herz und bitte dringend, von Ihnen in Ruhe gelassen zu werden. Sie werden mich nicht mehr lange belästigen.
HEIDENSTAM. Wann treten Sie zum Galafackeltanz mit dem Chopinschen Trauermarsch »Ach, gibt's denn keinen Rotspon mehr« an?

Statt aller Antwort kippte Posinsky eine mächtige Welle Wasser in des Gegners Wanne, wonach die Wärter zur Ruhe mahnten.

HEIDENSTAM. Damit Sie im Bild sind: Meine Frau, deren kürzlichen Tod ich gestern erfuhr, ließ mich grüßen. Sie habe – natürlich – keinen Groll gegen mich.
POSINSKY. Kellner, zahlen!
HEIDENSTAM. Ihre Zeche wird teuer. Außer, sie drücken sich wie ein rechter Zechpreller um die Bezahlung. Es scheint, Sie sind endgültig dazu entschlossen.
POSINSKY. Sie vergessen, wir sind nicht allein.
HEIDENSTAM. Die Wärter? Sie sehen doch, wie die armen Teufel, die der Ärzte Kauderwelsch für Weisheit halten, unseren Wahnsinn begrinsen.
POSINSKY. Drei Wannen von uns sitzt Herr Konrad.
HEIDENSTAM. Herr Konrad, der die Haare auf seinem Bauch immer von neuem zählt, ist ein Geisteskranker, mit dem wir beiden sowenig wie mit den »zurechnungsfähigen« Wärtern zu tun haben.
POSINSKY. Ich bitte Sie ein für allemal, mich nicht der Kategorie, der Sie angehören, beizuzählen.
HEIDENSTAM. Das mache ich, wie es mir paßt.
POSINSKY. Und ich bestreite Ihnen das Recht.
HEIDENSTAM. Das tun Sie, weil Sie in augenblicklicher Panik Anschluß an sich verloren haben.
POSINSKY. Kein Anschluß. Schluß!
HEIDENSTAM. Leben ist Anschluß zur eigenen Natur. Dann heiße ich's Freiheit. Sonst Auflösung, Sklaverei.
POSINSKY. Schluß! Schluß!
HEIDENSTAM. Schluß!
DIE WÄRTER. Schluß, meine Herren!

Und man sprach nicht mehr, plätscherte und machte Wasserblasen.
Als Posinsky abends im Bett lag, trat mit dem Assistenten der Chefarzt zu ihm, fragte, ob er alle Ansichten vergangener Wochen wirklich geändert habe, entschlossen zur Sache stehe. Posinsky ließ seine erste, tagelang vorbereitete Rede vom Stapel, in der jeder Absatz, jede Atempause gefeilt war. Zu leichtem Schweiß, der ihn von faulen Säften freibrühte, erhitzte er sich. Schon spürte er Geschmack von Honig auf den Lippen und hatte doch erst logisch die Sache behandelt, von Gewissen und Reue war noch kein Wort gesprochen. Doch schon standen die Hörer bis in Knochen erschüttert, frohlockten, wie unter

Männern das Verschmitzteste sich stets zum Ganzen rundet. Im Grund war man, das donnernde Hoch auf ein Beliebiges auszubringen, bereit.

Als alles gesagt, Tat wie Billardkugel glattgewichst war, verließ man ihn. Er aber blieb und hatte so delikaten Atem, wie er stärker als aus Natur aus Constables Landschaften bläst.

So war doch die Stimmung gewesen, daß man, hätten die Gepackten nicht an sich gehalten, ihn umarmt und beglückwünscht hätte. Hatte nicht Doktor Spindler gesagt, für seine, Posinskys, Geisteshaltung ergäbe sich, was allem großem Denkakt zugrunde läge: ein liebesbestimmter Aktus der Teilnahme des Kerns einer endlichen Menschenperson am Wesenhaften aller möglichen Dinge. Was ausdrücken sollte: aus Menschenliebe war er zu seiner Tat gedrängt worden? Das war die gleiche Sache, anständiger als Heidenstams zynisches: von Ruten der Gesellschaftsmoral geleimt, ausgedrückt.

Überhaupt Heidenstam!

Statt allen Gebetes formte er gegen den mit vier einsilbigen Worten beim Einschlafen glatte Abwehr.

Er wußte nicht, war es Traum, war es Wirklichkeit, das Wort »Anschluß« hatte er gehört. Schärfer paßte er auf, und nun klang es mit Heidenstams Stimme: »Rückwärts, zu sich hin, ist des Anschlusses Bewegungsrichtung!«

Hoch fuhr Posinsky im Dunkel, sah Heidenstam an seines Bettes Kante im Hemd auf Knien. In Blicken hatte er freundlichen Glanz, der Posinskys Erbitterung dämpfte.

HEIDENSTAM. Über die Stille der Nacht gibt mir etwas Gewißheit: wie ich sind Sie höchste Vereinzelung, und ich darf Sie in augenblicklicher Verblödung nicht allein lassen.

Als Posinsky ihm zu Leib wollte, nahm Heidenstam seine Hände, streichelte sie, sah ihn zärtlich an. Dann sprach er flüsternder Stimme, und solche Liebkosung war in ihr, daß Posinsky in berauschte Schwachheit sank, wehrlos Worten, die folgten, lauschte:

HEIDENSTAM. Wie die anderen bist du Schauspieler, Bruder, kommst nicht mehr von der Szene und aus den Kulissen, kannst dich ohne zuschauende Menge nicht denken. Doch hast du in erhabenem

Moment dich ein einziges Mal vom Publikum, der Rolle fort zu dir selbst bekannt, und dieser Aufschrei der Person zerreißt mit seinen Klangwellen noch jetzt das Weltall laut genug, mich nächtens an dein Bett zu locken. Wo Anschluß in der Welt geschah, mußte ich folgen. Wo ich ein Gesetz sah, das keines sein wollte, gehorchte ich.

Warum folgst du dir nicht weiter, Bruder? Sei, wie ich sagte, eine Reihe von Verwirrungen deine Tat. Einmal aber vorher war dein Selbst stärker in dir als in Abermillionen, und unter Asche schwelt auch jetzt noch deines Lämpchens Öl.

Nicht dich liebe ich. Sehr liebe ich mich selbst. Doch liebe ich, daß du dich liebst, und begreife, deine Eigenliebe will der Zuschauer Beifall im letzten Akt. Und gebe zu, keinen besseren Abgang kannst du vom Publikum als den, den du vorbereitest, haben.

Doch reizt dich nicht Selteneres, wo du, höheren Genuß zu bewältigen begabt bist: aus allen Kulissen, von Orchester, Souffleur, vom Händeklatschen fort in dich hinein – zu dir zurückzutreten, daß, fällt sterbend dein Fleisch auf dein Bein, das Ganze auf dein eigenes Atom, du unverloren bei dir selbst bist.

Daß, bleibst du nach des Vorhanges Fall dein einziger Zuschauer, du immer noch Lebendigem, keinem Entseelten zusiehst. Faßt du dieses letzten, entscheidenden Applauses Brüllwonne nicht?

POSINSKY. Mit den Worten »nach Vorhanges Fall« weisen Sie auf Metaphysisches, das ich ablehne.
HEIDENSTAM. Ganz im Diesseits liegt der Augenblick. Jener wäre es, wenn sich der Menge Staunen an Ihrer Haltung genugtat, von Ihnen fort auf des Henkers Beil und dessen forschen Zuschwung sieht. Wo Sie mit sich selbst allein sind.
POSINSKY. Es dauerte verhältnismäßig nicht.
HEIDENSTAM. Er steht am Ende, bleibt frischeste Wahrnehmung.
POSINSKY. Abschluß also.
HEIDENSTAM. Und an den ersten Atem Anschluß.

Hier flog das Blut in Posinsky hoch, purpurte sein Haupt.

POSINSKY. Wie bei der Geburt wäre ich wieder –?
HEIDENSTAM. Unerschöpft, frisch.
POSINSKY. Saftiger, fetter …

HEIDENSTAM. Auf dich selbst gepfropft; bliebest, von Vaters und Mutters Schlacke gereinigt, für neue Schöpfung brauchbar. Rein künstlerischen Grund hatte die Abirrung von diesem Weg in dir. Solange narrte die Ästhetik ...
POSINSKY. Solange hatte mir der Kerl Theater vorgemacht, daß ich nach der Technik des Dramas Peripetie und Knalleffekt für den letzten Aktschluß haben mußte. So ist es, Bruder! Also trägt der andere dreiviertel Schuld; mir wäre nur kurze Benommenheit meiner selbst anzukreiden.
HEIDENSTAM. Die dich nach dem Gesetz entlastet. Du lehnst also Strafe ab?
POSINSKY. Mit Entschiedenheit! Sehen sollst du, wie ich jetzt die Welt zu meiner Überzeugung zwinge.
HEIDENSTAM. Ungern wird man dich freigeben. Bürgerlicher Rührung Stürme sind durch dich so hoch in ihnen gestaut, daß sie Entladung wollen. Mit Toast und Prost auf dich ist ein Gremium schwanger, und eines Falles »Erledigung« schmeckt als süßen Punsch schon jeder Gaumen.

Statt aller Antwort hub mit Schrei und Jauchzen solchen Freudentanz Posinsky durchs Zimmer über alle Möbel, in den Flur, die Beiräume an, daß sich ins Bett fluchtähnlich Heidenstam zurückzog, ehe das alarmierte Personal auf den nächtlichen Unruhestifter zuflog. Doch zeigten die Ärzte keine besondere Enttäuschung, als man ihnen Posinskys Streich berichtete, sie ihn aufsuchten. Auf seine Umkehr hatten sie nicht fest gebaut, begriffen seinen geänderten, feindlichen Sinn. Deuteten an, es würde sie nicht verblüffen, ihn morgen wieder schuldig, voller Reue zu finden. Im übrigen sollte er sich über sich selbst »keine Sorge machen«, »alles werde gut werden«, er müßte das Essen sich schmecken lassen. So daß Heidenstam, als ihm Posinsky die Auseinandersetzung erzählte, Gefahr sei vorbei, sein Kamerad endgültig auch von der Wissenschaft als Narr entlarvt, schloß.
Der Chefarzt, im Gefühl, der außerordentlichen Kreatur müßte man Besonderes bieten, las am zweiundvierzigsten Tag des Anstaltsaufenthaltes Posinsky das an die Staatsanwaltschaft beförderte Gutachten über ihn vor:
Der Zustand des zur Beobachtung seines Geistesvermögens seit dem 25. Februar hier untergebrachten Bruno Posinsky entzieht sich nach

zweimonatiger Pflege unserer exakten Entscheidung. Ob der Mann geistesgesund oder geisteskrank im gebräuchlichen Sinn ist, können wir mit wissenschaftlich bekannten Methoden nicht feststellen. Doch besteht Gewißheit, er ist der im allgemeinen unter Menschen geübten Geisteshaltung so weit entfernt, daß sein Verweilen in deren Gemeinschaft ohne Gefahr für diese ausgeschlossen scheint. Im Tataugenblick war er wie in allen hier beobachteten Affektzuständen seiner freien, das heißt von einem Gemeinschaftsgewissen kontrollierten Willensbestimmung beraubt, was zur Anwendung des § 51 des Reichsstrafgesetzbuches auf ihn in vollem Umfang Anlaß gibt.

Die Hinrichtung

1918

Ludwigs Übersiedelung aus der Hauptstadt nach H. wurde seiner schwachen Nerven wegen im Alter von fünfzehn Jahren notwendig. H. liegt in Laubwäldern an des Gebirges Abhang, und der Arzt meinte, Sauerstoffvorrat der Luft sei des Knaben Zustand günstig. Niemand hatte der Krankheit Ursprung erforscht Man dachte nur daran, sie zu unterdrücken. Dazu empfanden Vater und Mutter Freude an bewiesener elterlicher Sorgfalt, Ludwig des neuen Lebens reizvolle Erwartung; der Arzt konnte sich plastische Worte bezahlen lassen.

Der ganze Akt hatte sich, wie Vorgänge unter bürgerlichen Menschen, sinnlos entwickelt. Die Beteiligten wollten ihn nach Kräften für sich nutzen, fragten den Teufel nach sonstigem Zusammenhang. Der war: Ein empfindliches Kind hatte am Leben im Elternhaus, aus dem es keinen Anschluß an Wünsche sah, die seine Natur wollte, Anstoß genommen. Denn in der Familie handelte es sich um wirtschaftlichen Wettkampf mit Nachbarn und Bekannten, Sieg in Fragen der Garderobe, des besser gedeckten Tisches.

Regelmäßig übersahen bei gefüllter Kasse die Eltern der Kinder Verstöße und kräftig keimende Laster, wie sie sich die eigenen Ehebrüche vergaben. Während zu Zeiten geldlicher Ebbe Elend in allen Tönen sittlicher Verzweiflung durch die Stuben heulte. Dadurch war Ludwig in innerer Sicherheit gehemmt. Wo Leben Kurs und keinen Schwung hat, kann man es von sich aus nicht steigern, doch prozentweis hebt es sich und fällt von außen; man selbst ist der geschleuderte Ball. Bekommt Kindern solches Leben nicht, ruft man den Arzt, und Sauerstoff ist nicht das Schlechteste, das er verordnen kann.

In H. kam Ludwig zum emeritierten Lehrer Brink auf die Troststraße. In seinem Zimmer zur Straße lebte er auf neuem Planeten. Duftende Betäubung hatte ihn, als er Menschen und Zustände dauernd in anderer Verbindung als zu Zahlen genannt hörte, ergriffen. Lange schaukelte er in der Gewißheit auf blauem Teich, ehe er, unter welchem anderen Sammelbegriff hier das Weltall gelte, fragte. Gott sollte es sein, hörte er. Der war auch zu Haus genannt worden, doch als Ausrede oder in Sätzen, die keinen Sinn gehabt hatten. In der Großstadt war Gott bestimmt von allen vorgesetzten Stellen bürgerlichen Vereins die belangloseste gewesen.

Hier sollte es alles mit ihm auf sich haben. Wie ein historischer Jude stellte ihn der alte Brink so hoch wie möglich. Von ihm aus sei alles Irdische zu fassen. Alles des Herrn Geschöpf, darum aus einem Ursprung zu einem Zweck verwandt.

Ludwig hörte das mit der Miene des Mannes, der nichts dagegen hat, dem aber auch nichts bewiesen ist. Jedenfalls hatten Brinks Behauptungen nichts Beleidigendes wie das daheim schallende Kursgebrüll. Aufhellung und Vertiefung des zur Grundlage künftigen Seins gesetzten Gottesbegriffes aber lehnte Ludwig dem Lehrer ab. Nach vorwärts verlangte er das Recht des dunklen Dranges, beanspruchte Irrtümer, Hindernisse, Umwege der Jugend und über Widerstände Triumph. Für seine fünfzehn Jahre wollte er Weg zum Schreiten, so steil, voller Abgründe, wie beliebte. Doch Weg! Eigenen Willens Lustgefühl spürte er und Muskelkraft. Einen Start hatte man ihm gegeben; so wollte er ohne Gepäck in gesteckte Bahn.

Brink beruhigte seine beiden älteren Töchter, die erklärten, für den Fünfzehnjährigen sei das keine Redeweise. Sicher habe er in verbotenen Büchern gelesen, seine Freude, angeblicher moralischer Bedrückung im Elternhaus entlaufen zu sein, sei nur Maske für schlimme Vorsätze. Doch hatte der alte Volksschullehrer feinere Redlichkeit, meinte, predigen helfe zu nichts. Für das Glück in Gott müßte man dem Pensionär ein Gleichnis sein. Mehr von ihnen zu fordern sei niemand berechtigt. Selbst mehr zu wollen verrate mangelnden Glauben an die Kraft der ihnen innewohnenden Gewißheit.

So langte Ludwig mit freien Lungen, durchwehten Adern in des Gymnasiums Klasse an, saß ohne Vorurteil in der Bank. Lehrer und Mitschüler ließ er gelten, wünschte nur, sie möchten, sich behauptend, Wesentliches zeigen. Wie in einem März war wenig Hergebrachtes in ihm. Er selbst zu jeder Blühanstrengung, Farbenentfaltung gewillt, erwartete die befruchtenden Ströme. Begeisterung für alle Welt war durch keinen Zweifel gequält, für nichts und niemand nahm er Partei, stellte alles Ereignis, jede Person in sich fest. Nannte den Ordinarius, der sächselte und hämisch der Schüler Schwächen herauskitzelte, den Sachsen, empfand des Oberlehrers Rüter Zynismus als feine Schweinerei, gab allem saftige Etikette, lebte, leicht orientiert, in einem Wald unter unverästelten Stämmen. Spiegelte der Lehrer Eigenschaft aus sich wider, kam dem einen hämisch, dem anderen auf verdeckte Weise leicht schweinigelnd, legte dem Religionslehrer Gott mit mörderischem Pathos hin. Stets war er reich, leicht, beschwingt. Auch die Mitschüler machten ihm keine Pein. Wuchtig begegnete er dem Muskelstarken, dem Feinfühligen in geistiger Wolke. Bei Keilereien schlug er zu, sang in der Kirche den kecksten Tenor, allem Schicksal mit Leib und Seele verhaftet.

Er wußte, um wen es bei jedem Ereignis ging, gab dem Spieler brausenden Applaus. Nicht nur bei offensichtlichem Witz, den er mit Lachen quittierte, bei jeder Regung funkte sein Blick, eine Geste dem Autor Beifall. So war Harmonie aus ihm ins All und wieder in ihn. Gegen ihn hinzublühen gewöhnte sich die Welt, weil von ihm Sonne ausging.

Nach jahrelangen Treibhausdünsten empfand er dieser Monate scharfe Lust, schätzte sie als seines Lebens Frühling. Kein Verdienst bildete er sich an seinem Wohlbefinden ein, glaubte an keinem Ziel zu stehen, nicht einmal sich einem zu nähern. Als Lebens Vorform spürte er den Zustand, genoß ihn mit allen Trieben. Gab es einen Schatten in seiner Existenz, war es der Gedanke, nicht immer fünfzehn Jahre alt bleiben zu dürfen. Wahrscheinlich würden Probleme, die er lösen sollte, kommen. Sie solange als möglich zu mißkennen, hieß seine Losung.

Bedenken der Mitschüler verlachte er. Die glaubten überall an Absichten. Sahen sich von früh bis spät in Zusammenhänge, die sie nicht entwirrten, verstrickt. In jedem Satz des Cicero, einer algebraischen Aufgabe argwöhnten sie die Schlinge, in die sie fallen sollten. Ludwig hielt alles in gehöriger Distanz, erlaubte keine Beziehung. Mochte Cicero von sich aus denken, was er wollte. Es war nicht seiner Jahre Amt, Meinung dazu zu haben. Fand der Ordinarius des Römers logische Winke groß, mochte er das Urteil verantworten. Ludwig entwickelte lateinische Sätze wie Garnknäuel, freute sich, daß sie sich nirgends verwirrten.

Randbemerkung, Kritik war ihm unerwünscht. Dann stand Entwicklung still. Was entrollte, war gleichgültig. Immer sollte Bewegung sein. Einwürfe der Lehrer: denk einmal nach!, fand er überflüssig; bis er begriff, man konnte sie als Kunstpausen, durch die des gewesenen und kommenden Tempos Gegensatz besser wahrgenommen wurde, nehmen. Während die Kameraden ersten Argwohn hatten, tönte an ihm als an ungesprungener Glocke Wohlklang. Vor aller Anrede entflammte er zu wütender Bejahung. Regnete es – regnete es mit Grund. April ist störrisch, Strafe muß sein. Auch mag es einer mit seiner Niedertracht halten, wie er mag. Hält es der andere doch mit seiner Güte so. Beides gilt, daß das Weltbild kein Loch hat.

Der von Brink täglich angezogene Gott mochte des allen Vater sein. Ihm Ehre des Guten und Schlechten. Er konnte als Quelle und Fülle gleichermaßen anerkannt werden.

Doch weit entfernt war Ludwig, zu begreifen, warum seine Gleichalterigen sich bemühten, aus allen Vorkommnissen die schlimme Seite zu fischen, Sündhaftes, Böses, Verbotenes in ihnen festzustellen; fragte sie, warum sie es, da es zu ihrem Glück nicht beitrüge, täten.

Und steckte sie mit Fröhlichkeit entscheidender an. Standen sie vor einer Katastrophe, Ludwig aber begriff des Geschehens drollige Seite, stürzten sie sich auf die, wandelten das Ereignis in eine feine Sache. Anfangs zögernd, wurden sie sich bald bewußt, immer gab es Famoses, wenigstens des Falles Neuartiges zu sehen, bildeten unter des Zukömmlings Führung das Talent zur höchsten Reife. Eitel Laune herrschte unter den Heranwachsenden. Mit Kichern fing jeder Tag an, stieg unter Gelächter zu strahlender Heiterkeit am Abend. Auf dem Schulweg hatten sie mit unsicher gewußtem Pensum das Gefühl, vor lauter ungeahnten Möglichkeiten ihrer List, Verschlagenheit, Unverblüffbarkeit des Geistes den Lehrern gegenüberzustehen. Das blähte Muskel in Joppen, setzte geistig Motorisches in Antrieb. In Schülern anderer Klassen und Anstalten, die sie trafen, ahnten sie gleiche Gefühle als Verlegenheiten, die sie überwunden hatten; das gab ihnen Haltung und Kitzel der Macht. Von mürrisch und grau war ihr Empfinden das Gegenteil. Mehr blau, und wollte man's lateinisch sagen: serenus.

Überhaupt lebte, hatte Stundenanfang geläutet, in allen Bänken dieser Klasse der Instinkt: lateinische Syntax, Mathematik, Geschichte et cetera lernen wir keinesfalls ihrer selbst willen. Das Ganze dient, uns und unsere Fähigkeiten in der Reibung mit Erwachsenen zu messen. Diese werden aus einem Trieb, den sie Erziehungswillen nennen, unsere Verlegenheiten zu türmen suchen, wir aber wollen geschickter, von Fall zu Fall müheloser, freier vor ihnen uns selbst wieder aufrichten. Das war mehr Spürung als Bewußtsein. So hätte es keiner von ihnen, Ludwig am wenigsten, sagen können.

Der schien ein Pflanzliches, das sich ernährt, doch erst gesonnt wollte. Darauf ging einträchtig sein Sinnen aus. Kaum hatte er seiner gerippten Fensterläden rotbraunen Anstrich ärgerlich für das Gemüt empfunden, als er Farbe kaufte, jenes Empiregrün, das eine alte Bank im Garten freundlich macht, mit ihr das Holz so tönte, daß die Sonne ihm eines beschienenen Buchenwaldes Glanz ins Zimmer trug, in dessen Licht er mit Vorstellung von Moos und Vogelruf stundenlang blinzelte. Oder er hörte die ältere Karoline Brink frühmorgens die Magd schelten, als er mit »O Täler weit, o Höhen!« ihren Kadenzen folgte, und, verharrte sie außerhalb des Rhythmusses, auch den Ton, was neues Behagen gab, dehnte und gespannt blieb, ob, in Konkurrenz mit Karoline, des Tons geholter Atem unvorhergesehene Länge dulden möchte. War's, stellte kleiner Jubel sich ein, und wieder war Ludwig Sieger geblieben.

Schmutz, der in Rinnsteinen des Wassers Abfluß hemmte, war nichts zu Beseitigendes. Aber die Knaben umstanden die schlammigen Gerinnsel, besprachen des Fließens Kraft, wie und wo es in spontanem Trieb Bresche schlagen würde, ahmten der Freiheit Drang durch alle Moleküle nach; waren ein Bogen, den Not noch straffer zieht.

Sie spazierten nicht, ohne von einer Folge Mord, Schändung, Folterung, die sie in der Wälder Niederungen bei Lurch und Vogelwelt mit angesehen hatten, wie von ebensoviel Macht und Siegbeweisen mit Lebensschwellung heimzukommen. Dann ließen sie sich in des Ratskellers Klause nieder, gossen Branntwein ins blonde Bier, vor sich selbst wie mordendes Getier am Waldboden stark zu scheinen. Hing im Frühjahr pudernde Baumblüte auf Hügeln, schäumten auf Tellern über Obstkuchen beim Konditor Dehne Berge Schlagsahne, in denen nasse Lippen schmatzten.

Wie Ludwig keine Lebensäußerung der anderen vorzog, sah er sich nicht als Häuptling der Bande, die nach seinem Geschmack lebte. Doch war auf der anderen Einfälle und Entschlüsse wie auf die eigenen neugierig, und immer schien der gerade Handelnde Held.

Jeder Knabe kramte sein Letztes zutage, war ohne Scheu vor Kritik originell. Sie lebten zu eigenem Ergötzen, nahmen alle fremde Manifestation in diesem Sinn. Sich nur im geringsten zu ärgern, bewahrte sie der Verdacht, ein anderer wollte sich auf ihre Kosten freuen. Keinem hätten sie das eigene Vergnügen mißgönnt, doch sollte er es aus sich, nicht aus ihnen bestreiten.

So waren sie Kameraden. Das Geschwür, das einem von ihnen aus dem Hals wuchs, war ihnen gemeinsam Gegenstand der Umwertung der erst peinlich scheinenden Angelegenheit ins Besondere und Angenehme. Sie behaupteten, das männlich Starke schlage aus dem Betroffenen, schienen ihn als einen Begünstigten zu nehmen. Doch wieder so, daß alle an seiner Auszeichnung teilhatten. Vierzig Buben bildeten aus einem Bedürfnis die frohe Phalanx, die durchs Leben marschierte, kein Bedürfnis als nach Lust und dauernder Bestätigung hatte. Sie waren *ein* Schwung. Bogen in einer Kette aus, stießen vor, besorgt, daß keine Lücke in ihrer Verflechtung klaffte. Was einer wußte, wußten alle. Wo einer Antwort schuldig blieb, versagten sie sämtlich dem fragenden Lehrer. Sonntage brachten die meisten Verlegenheiten; denn die waren Pausen im Getümmel.

Der Ausflug ins Günterstal ließ sie an einem Freitag auf dem Schulhof antreten. Dann zogen sie unter Oberlehrer Rüters Führung die Chaussee nach Spiegelsberge hinaus. Der fragte sie nach Pontius und Pilatus, sich ein besseres Bild, als er's in den Klassenstunden konnte, von den Bengeln zu machen. Sie antworteten so, daß das Wort großes Zutrauen zu sich und aller Welt bezeugte. Auch sie hatten in freieren Verhältnissen dem Lehrer gegenüber ein Ziel. Zustimmung zu allerhand, zu ihm selbst und seiner spottenden Art, wollten sie ihm als innere Vornehmheit, Vertrauen in ihrer Jugend Kraft klarmachen. Er sei von ihnen geachtet, weil ihm sein Verhalten kräftig eigentümlich sei, sie das empfanden; fern liege ihnen, ihn anders zu wollen. Zu welchem Zweck auch? Habe doch er ihnen gezeigt, Ironie bedeute: Schärfe des Geistes, die sich, ohne den anderen höhnend verletzen zu wollen, lustig macht.

Der Lehrer, von so aristokratischer Gesinnung beengt, denn er wußte für seine ihm eingeborene Neigung im Augenblick kein Ziel mehr, suchte erst recht auf mannigfaltige Art des marschierten Geländes Sinn kaustischer ins Zynische zu ziehen. Überall fand er in der Landschaft Grund, sich zu mokieren, zog quakende Frösche im Sumpf, Störche in witzelnden Vergleich. Und als Natur unter dieser Knabengarde Schutz bejaht blieb, ließ er das Greifbare unangefochten, holte Figuren aus der Historie ans Licht, sie wie Vögel zu rupfen, ihre Bälge dem Gelächter preiszugeben. Doch hielt die junge Mannschaft, des Respektes der Schulstube ledig, den hochgestimmten Ton ihm gegenüber fest, der ihn stärker reizte, die Absicht in ihm reifen ließ, das hochnäsige Volk gründlich in der Abhängigkeit Schranken zu weisen.

Wie er sich aber Mühe gab, keine Veranlassung fand sich. Die Knaben, bebend in einem Instinkt, schwangen noble Degen an seiner Seite, jede Sekunde behielt so männlichen Glanz, daß Rüter spürte, ein Schimpfwort hätte nur für ihn Entgleisung bedeutet. So gab er, ohne den Wunsch geändert zu haben, ihrem Willen vorläufig nach, gewiß, der lange Tag könnte vom stärksten Verlangen nicht bis zum Abend in Helle gehalten werden.

Insbesondere lenkte seine Frau ihn von seinem heimlichen Ziel. Schweigend hatte sie dem Spiel der Kräfte zwischen Lehrer und Schüler zugehört. In der ihr aus allen Antlitzen zugeblitzten Gewißheit, dieser Ausflug geschehe unter Männern, ihr Mitkommen sei unerwartet und gelitten, hatte sie zu nichts Bemerkung gewagt. Sie begriff, hier besaß sie trotz verhältnismäßiger Jugend und äußerem Reiz kein Vorrecht, für den Augenblick kaum ein Recht, könnte nur verschleiert als Gleichnis nicht zur Diskussion stehender Dinge gelten. Jetzt aber glaubte sie, vermittelnd handeln zu sollen. Durch Ruck am Ärmel warnte sie den Gatten vor drohender Gefahr.

Und so begann der Knaben Wille sieghaft den Morgen zum Mittag zu gestalten. Immer marschierend, zeigten sie sich im Sprung, Schleudern, Wettlauf; brachten den Beweis, daß ihre Muskeln am ganzen Leibe gewillt waren. Dann führten sie Lieblinge aus der höheren Welt der Geschichte des künstlerischen Scheins ins Gespräch, bewiesen an ihnen ihre Lust, mannigfaltiges Wesen schätzen zu wollen. Stellten an diesem Vormittag des Ursprünglichen Grenzen absichtlich weit, Rüter die Möglichkeit der Verneinung zu beschneiden. Glänzten in Bewunderung des sehr Exponierten, betonten Judas Ischariot, Richard den Dritten, Alexander Borgia vor Mark Aurel und dem Großen Kurfürst. Behaupteten mit heißen Backen, nicht Franz, eher sei Karl Moor die Kanaille, der nicht zur Aufhellung der um den alten Vater verbreiteten Irrtümer eingeschritten sei.

Ludwig setzte den Trumpf auf, als er dem Lehrer betonte: er billigte Heine stärkeren Lebensmut als Schiller zu, obwohl er vom Wesen beider blasse Ahnung hatte. Doch die Gefährten verstanden ihn gleich, riefen unisono:

»Und die armen Götter, oben am Himmel
wandeln sie, qualvoll,
trostlos unendliche Bahnen,
und können nicht sterben,
und schleppen mit sich
ihr strahlendes Elend.
Ich aber, der Mensch!«

Damit brachen sie ab und wiederholten »Ich aber, der Mensch!« viele Male als Ausruf, laufend, springend, sich in die Luft werfend und in *einem* Schrei brüllend: »Ich aber, der Mensch!«

Daß Rüter sich maßvoll, doch entschieden diesen Teil ihres Bekenntnisses als abgeschlossen ausbat. Indessen stand Sonne im Zenit, an Hängen qualmten Äcker, jede Rute schwitzte Saft, Natur war so munter und blank, daß die Knaben, von Mutwillen geführt, den Lehrer festlicher anlachten.

In einer Dorfwirtschaft setzte sich alles zu Tisch, und die Gesellschaft verlangte aus Ludwigs Mund Worte zur Bekräftigung ihrer auch heute betreuten Weltauffassung. Ludwig, da ihn der Horde Zutrauen trug, erhob sich in der Sonne vergoldet, ließ sein Glas an Hauptes Höhe steigen, glänzte das Lehrerpaar an und entbot den Genossen ein pompöses »Prost!« Worauf ihn Tusch und Jubel lobte.

Doch rückten, vom Mittag bewirbelt, die Knaben innerlich zu nah aneinander, daß wider ihren Wunsch die Kluft zu den Erwachsenen, die ihre beherrschte Haltung während des Morgens vereitelt hatte, sich auftat. Deutlich saß ein Herr und eine Dame bei ihnen, die das Verhältnis zu aller Wirklichkeit nicht teilten, das empfundene Unbehagen nicht mehr bemänteln konnten oder mochten. Trotzdem die ganze Gesellschaft sich tollkühn ihnen im letzten Augenblick zu Hilfe stürzte, auf Rüters Frage an einen von ihnen, was er später werden wollte, der die treuherzige Antwort gab: »Oberlehrer, Herr Oberlehrer!« und alle mit Blick und Geste gleiche Absicht kundtaten, klaffte der Riß, und die Jungen, in Ahnung eines Unvorhergesehenen von Rüters Seite, schlossen enger auf. Deutlich merkten sie, in dem war eine Absicht, die sich nicht geäußert hatte, nach innen gewandt, wurde, im Käfig wund sich stoßend, von einem Tyrannen am Leben, an der Erscheinung gehindert. Nicht des Lehrers Zorn, der schlimmste, mit unbändiger Gewalt ausbrechende, hätte sie erschreckt und verletzt.

Was sie am freien Leben lähmte, war der Instinkt, in ihrer Gegenwart wurde, was sich hatte beweisen wollen, erdrosselt, mindestens gezähmt.

Ludwig war der einzige, der sich diese Ahnung zu erläutern wußte: der Mensch traut seinem Willen die Kraft zum Sieg nicht zu, unterdrückt ihn in der Hoffnung, durch Zufall von außen unterstützt zu werden. Sonst wird er ihn völlig auslöschen.

Und in ihm wuchs grausamer Zweifel. Sollten sie den Schwächling und seinen ausgehängten Drang in dessen Sinn vernichten, oder waren sie überlegener, sprangen sie dem Eingesperrten zu Hilfe, erlösten es von ihren Gnaden?

Darüber tauschte er mit den anderen Meinung aus. Doch brachte man vor lauter Daseinsfreude nichts zur Entscheidung. Über dem Gebundenen schwebte man in löwenmütiger Freiheit, war schmuck wie die bunteste Blume.

Sie kamen in die Kirschen, die blank an Bäumen wie an Frauenhüten hingen, die sie vertilgen wollten. Eroberer, fielen sie in die widerstandslosen Früchte, strengten Gebiß, Schlund, Magen gegen sie bis zum Zerreißen an. Hier war, sich zu beweisen, neues Feld, hier des Tages wirklicher Sinn, und sie erfüllten ihn so hingegeben, daß Rüter mit der Frau vergessen war. Hier geschah einheitlich reine Haltung. Natur labte sich aus sich selbst, war von Anfang bis zum Schluß saftig, farbig, süß.

Auch hier blieb Ludwig der erste, raffte das meiste zum Mund, griff am schnellsten das Beste, schlang am ausdauerndsten. Als auch seine Hast lahmer wurde, lagen die Kameraden schon ein Weilchen, tiefer in des angrenzenden Waldes Kühle gezogen, ausruhend am Boden. Rüter aber, unter seines Weibes farbigem Schirm, schien grün im Gesicht, hatte die Augen in höchster Erwartung gespannt. Das merkte Ludwig, als er ihm gegenüber niederfiel, sich faul zu nichts mehr entschloß.

Aus geschlitzten Lidern blinzelte er, sattes, starkes Tier, nach des Lehrerpaares vier Schuhen, von denen erst einer, ein zweiter nach links und rechts in den Rasen kippte. Hellblau wuchs ein Frauenstrumpf, auf einmal knickte eine Wade vor, die, Beutel, am Bein hing. Von des Weibes Gesicht war nichts zu sehen, doch spürte Ludwig aus der Wade Spannung, ihm gegenüber trat ein Wille ins Spiel, der sich vor ihm, des Tages Sieger, behaupten wollte. Das war ihm auch willkommen, er richtete sich, von der Beute ergötzt, die ihre Reize zeigte, innerlich hoch. Als der andere Schenkel sich bewegte, parallel dem Bein vom Schuh zum Knie sich aufstellte, daß brausende Lust in Ludwigs Hirn schlug – in diesem Moment höchsten Glanzes brach eine Wand seines Innern, Röte sprang ihm ins Gesicht. Während die Frau ihm gegenüber ihrer Lockkraft Gipfel erstürmte, krampfte sich ihm Gedärm, sprengte seiner Existenz festen Unterbau. Schweiß troff, er merkte, gleich müßte er hinter einen Busch, zu seiner Schande in ein Deckendes verschwinden. Doch hielt ihn ein Augenpaar, das frohlockte, eine Sekunde fest. Dann bremste kein Halt mehr. Jäh war er hochgesprungen, konnte, Hände an den Knöpfen, nur einige Schritte von an ihm hängenden Blicken fort, in eine Staude untertauchen. Da sah er, seiner Entladung hingegeben, den Oberlehrer sich auf Zehen nach ihm recken, seiner Frau fröhliche Zeichen gebend, hörte schallendes Gelächter. Des glorreich angestiegenen Tages Abend ward für alle Knaben eine einzige Schmach, in der nichts Tröstliches war, weil Rüter und Frau keinen Augenblick den wehen Humor der sich von allen Seiten wiederholenden Katastrophen anerkannten, das Schlimme nicht rechtfertigten oder sich schleunigst entfernten. Aber als lächernde Schatten bis an die Tore der Stadt sichtbar blieben.

Als die Schüler am Eingang in die Straßen rettende Häfen suchten, scholl Rüters Ruf ihnen nach: »Bis morgen früh, die Herren!«

Anderen Tages stellte Ludwig vor den Freunden fest, Unerhörtes sei geschehen. Der von vierzig Jünglingen ihrer Art gemäß gelebte Wille war gekreuzt, doch nicht so, daß aus ihm die nächste Stufe erstiegen war, aber Rüters Hohn war so fremd gewesen, daß die Knaben keinen Vergleich mehr wußten. Zum erstenmal schien nicht aus der Welt der Natur, aus einer anderen, für die sie keinen Namen wußten, drohende Wolke auf sie zuzukommen. Gleich waren sie zum Kampf entschlossen. Nur dünkte er sie unsicher, weil sie nicht sahen, wer Feind war. Auch Ludwig nicht. Denn äußerlich war seit gestern nichts geändert. Selbst Rüter behielt seine alte Haltung. Doch kam den Knaben in ihrer Fröhlichkeit oft ein Zweifel. War wo ein Glück, ließen sie es nicht einfach gelten, doch suchten den Zustand zu einem Ende zu denken, fragten sich, ob nicht zum Schluß eine Fratze wie Rüters möglich sei. Als aber kein neuer Angriff kam, niemand zu schonungsloser Attacke auf sie antrat, fiel ihr Bedenken zurück. Sie glichen sich aus, wurden von neuem vergnügte Kumpane. Auch von der Kirschenpartie stand hinterher nur die derbe Drolligkeit fest. Mit dem bald darauf gelernten, oft eingeworfenem »naturalia non turpia« hatten sie Rüter die Möglichkeit zu anderer Auffassung entrenkt, hüteten sich vor neuer Entgleisung.

Wieder machte man nach Tisch schnell Schulaufgaben, die wie gesunde Stauung zufließender Kräfte genommen wurden, sich wie beutelüsternes Raubtier in die Gassen der Stadt zu gießen. Mit Lachen nahm man auf Straßen und Plätzen Parade ab, fand Anregung zu frischer Freude, ergötzte sich, war sonst niemand da, an sich selbst. Meistens galt der Jungen Lust den Mädchen, deren jeder eins hinter verhängtem Fenster wußte. Da trabten sie in Trupps an den betreffenden Häusern vorbei, Atemlosigkeit hinter gassenbübischem Gekicher, gespreizten Gesten bergend. Ludwig zog Freunde immer wieder vor die gleiche halbgehißte Jalousie. Hinter ihr, war er gewiß, saß, auf ihn wartend, Else Weber.

Was tat's, daß er sie von Angesicht zu Angesicht noch kaum gesehen hatte, sie sich nie am Fenster zeigte. An ihm saß schräg ein Spiegel, in dem das Leben auf der Straße vom Zimmer her betrachtet wurde. Der brachte jedesmal ihr Bild, behauptete Ludwig, sobald er an der Ecke auftauchte.

Beim Bier spülten sie Verklärung mit rüden Gesprächen wieder ab. Oft erlagen sie auch der Zartheit, blieben gleichnishaft bei Schlagrahm und Bonbons.

Und hatten immer noch alles gemeinsam: hinter Gardinen die Flamme, den Zopf an einem geliebten Köpfchen, braunes Bier, Schaum auf Kuchen, großen Stolz, Bejahung dieser glückseligen Welt. Und ihre sechzehn Jahre.

Eines besaß Ludwig darüber hinaus: des Beines im blauen Strumpf unauslöschlichen Eindruck. Bekannte er sich vorm Einschlafen zu Elses verschleiertem Blick im Spiegel, gähnte des offenen Rockes Höhle, in die er geschaut hatte, in seine Vorstellung. Aus beider Bilder Vergleich sah er in der Angeschwärmten Haltung die gespielte Scheu, falschen Widerstand ein. Da ihr Gefallen an ihm aus den im Spiegel getauschten Blicken feststand, hätte sie Gelegenheit zu heimlicher Begegnung mit ihm suchen müssen. Bei dieser aber, die er in Träumen ausmalte, hätten des Mädchens natürliche Wünsche es nach der Lehrerfrau Beispiel zur Enthüllung vor ihm, nicht zu gezierten Verstecken führen müssen. Die Ludwig sich fleißig und immer wieder verwirrender einbildete, bis er entschied, Wirklichkeit müßte süßen Gleichnissen wie die Lebensfülle in H. dem Lebenstraum im Elternhaus überlegen sein, und er habe auf sie das ursprünglichste Recht.

Des Mädchens entsprechende Natur voraussetzend, begriff er seine männliche Rolle des Angreifers und Verführers, ihm schien, auch die Kameraden erwarteten seiner Schwinge kühnere Entfaltung.

Nicht länger widerstand er dem Ruf im Blut, brach zu großartigem Angriff auf. Doch entschloß er sich gegen bisherigen Gebrauch zu ausgedehnter Rekognoszierung, genauer Aufklärung, vor des Gegners Verschlagenheit durch das Abenteuer beim Kirschenausflug gewarnt.

Er erriet, Kampf, zu dem er sich anschickte, würde sich nicht wie Bisheriges an der von ihm gewählten Stelle abspielen, doch er müßte vom sicheren Standort aufbrechen, in unbekanntes Gelände folgen.

Nun war Geräusch und Lachen nicht am Platz. Jeder Begleiter störte. Allein lief Ludwig zum Wald, in die die Stadt umkränzenden Büsche. Dort fiel er ins Blattwerk, erspähte angehaltenen Atems, unsichtbar, Mädchen und Frauen. Folgte ihrem Geschlenker, lernte ihre Gangart und Gebärden auswendig. So paßte er sich der Vegetation, der Atmosphäre an, daß ihn kaum ein Weib sah, dem er, von Baum zu Baum springend, auf einsamen Wegen durch die Wälder folgte. Die sich allein Glaubende war eine andere als die, die am Stadtwall in die Allee gebogen war. Keine Verstellte mehr, doch die ganz Entstellte. Allein im Laub, enthäutete sie sich aus der Schale, die Ludwig sichtbar am Boden lag. Er, einen Fuß im Jagdeifer aufsetzend, folgte bebend immer neuen Entkleidungen, frohlockte ob der sich offenbarenden Wahrhaftigkeit, die er stark, doch prachtvoll fand.

Ehe er ein Weib berührt hatte, war er seiner Tricks, Impulse Kenner. Wußte alle Orte, wo Schleifen Wäsche binden, Schnallen Bänder halten, war aller Zipfel, Schlitze Bedeutung eingedenk. Endlich sah er Gesten, die kommen würden, voraus, hätte eine Frau im Finstern entknoten und wieder zusammenbinden können.

Eines Tages, als er einem Paar durch Unterholz ins Dickicht nachgekrochen war, erfuhr er, wie frei und entschränkt die Frau dem Manne in Liebe gehört.

Nun war er für kommendes Glück gerüstet, warf sich ihm hin. Doch gelang nicht, die Angebetete durch Signale zum Aufbruch ihm entgegenzutreiben. Im Gegenteil blieb sie für immer vom Fenster, vom Erdboden vertilgt. Auch weckte ihre Weigerung Verachtung in ihm, da er sie als Verrat an schwelgerischer, verschwendender Natur nahm. Sah er doch, wie sonst seine Herausforderung zündete, überall Blick mit Gekicher ihm zuflog.

Ein Schmied wohnte im Hinterhaus. Auf dem Hof standen seine Ambosse und Geräte, Feuer funkte von der Werkstatt ins Freie. Sah Ludwig der Arbeit zu, trat eine Sechzehnjährige ins Tor, ließ die kupferne Mähne von Flammen bestrahlen. Unter der Glut und Ludwigs Blicken errötete sie, setzte sich auf den Prellstein, das Haupt in Hände gesenkt, doch so, daß sie durch Fingerritzen nach dem Jüngling schielen konnte. Da in beiden der Blutstrom ein Weilchen getobt hatte, wurde sie über Gerumpel im Werkstattwinkel sein Besitz. In kochenden Minuten sprengte er Türen durch Wände. Da er an vielen Punkten in ihr Fleisch tauchte, schien er in des Lebens echte Bewegung zu kommen. Auch doppelte sich Duft, Ton, Farbe der Welt.

Wieder allein, begriff er sich endlich komplett. Jetzt war Leben schlanke Sache. Mit dem Mädchen ging das Ding ohne Anfang und Ende im Rundlauf. Freiheit war vollkommen da. Mit jeder neuen Umarmung schien Hinzugedachtes überflüssiger; einfach alle Welt war das verschränkte Paar.

Gab's einen Rest, war es des Mädchens Liebe, die sich nicht wie des Mannes Gefühl im Beisammensein erschöpfte. Auch wenn es nicht die Stunde des Glücks war, lebte die Sehnsucht. Er aber blieb kühles Fleisch, das nur in der Vereinigung in Säften lief. Der Sechzehnjährige, hätte er die Schöpfung wieder erfinden müssen, würde sie nach seinen Plänen wieder so gemacht haben: den gleichen Ludwig im Mittelpunkt, und Minna, rot und weiß, mit allem, was sie weiblich hatte. Doch auch die Kameraden, hatte zu ihrer Apotheose noch etwas gefehlt, schienen zu ihrem Höhepunkt gewillt. Bald hatten sie Ludwig eine Überlegenheit, die noch mögliche Steigerung des Selbstbewußtseins abgefühlt, die Ursache richtig geraten. Bei einer Ratskellersitzung gab er sein Geheimnis preis, zerriß vor ihren Blicken des Mädchens Gürtel und Schleier, sparte, angetoastet und beprostet, nicht mit erregender Beschreibung heimlicher Reize. Über den jungen Menschen dampfte mit Tabakrauch und Punsch entfesselter Sinnlichkeit Qualm. Nun begleitete schlüpfrige Neugier Ludwig überall. Fragen wurden dringlicher, verzweifelt, als der Sommer in Wollust stand. Die Aufgeregten belauerten ihn, suchten in seine Schlupfwinkel zu folgen. Da ihnen der eigene Erfolg immer noch ausstand, berauschten sie sich bis zur Sinnlosigkeit an des Bevorzugten Glück. Gier drängte, an einer Tatsache teilzuhaben, von der der Traum nicht mehr genügte. Ludwig, von ihr beleckt, war, wo er erschien, zu immer nackterem Geständnis gezwungen. Doch fühlte er, er gab mit krassestem Wort dem Verlangen nicht genug.

Sie ließen ihn merken, nichts dürfte er, das ihn auf die Dauer von ihnen schied, besitzen. Was er hatte, war Punkt auf alles Gelebte. Blieb er nicht auch hier Freund, galt das bisher Geteilte nicht, doch war Grund, den schließlichen Verrat deutlicher zu machen. Die Verwegensten wollten, er nähme sie auf abendliche Spaziergänge mit, ließe sie des Mädchens Luft atmen. Umharkten seine Arme des Schatzes Hüfte, hatten auch die Begleiter des Besitzes Lust.

Ludwig gewöhnte sich, nur noch zuletzt mit Minna allein zu sein. Sonst fand er sich in der Freunde Gegenwart, die auf des Mädchens Zärtlichkeiten sich ein mittelbares Recht anmaßten und genossen. Er spürte auch, so trug ihn ihre Achtung am leichtesten und freiesten, durch bloße Ausstellung seiner Macht auf ein Weib ersparte er den Kampf um die besondere Geltung.

Inter pares war er primus, dux. Und nie vorher hatte sich der geistig oder körperlich Stärkere ihm so unterworfen. Hatte er die Rolle nicht gesucht, machte sie das Leben angenehmer.

Hing die ganze Schar von ihm ab, daß er ihrer Tage Gipfel bestimmte, schien ihm einer entrückt. Dieser, den sie »Kanzleirat« nannten, weil er seine Bücher mit Gründlichkeit führte, Schulaufgaben machte, hatte, auf jene Ausflüge mitgenommen zu werden, von Ludwig nie verlangt. Er war der einzige, der Minna von Angesicht zu Angesicht noch nicht gesehen hatte. Und doch hätte Ludwig gerade seinen Beifall gewünscht, weil er in allen Lagen von den Genossen der selbstsicherste gewesen war.

Meister beim Kriegsspiel und Suff, stellte er in der Schulbank seinen Mann. Wurde beraten, gab seine Meinung den Ausschlag. Doch auch bei täglichen Fensterpromenaden riß seiner Verehrung Eindringlichkeit die anderen zur Bewunderung hin. Jetzt aber, war von Minna die Rede, ließ er Ohren wie ein Jagdhund, den man ins Wasser hetzt, hängen. Je mehr sich die Rotte um Ludwig drängte, um so eifriger wich er aus, war unter immer neuen Vorwänden nicht von der Partie.

Inzwischen rieb sich das männliche Geschwader am weiblichen Köder täglich mehr. Ging Ludwig Arm in Arm mit der Geliebten, rührten ihr die Folgenden ans Haar, an den Rücken, den Rock, und hitziger juckte Lust. Sie schossen dem Mädchen Blicke so dicht aufs Fell, daß das sich krümmte, des Geliebten Hilfe erbat.

Der war im Korpsgeist so geschient, daß er Kraft und Recht zu keiner Abwehr fühlte. Hier war Leben, wie er steckten die übrigen bis zum Hals darin. Er war nur des neuen Glückes Finder, sein Halter und Verwalter für die anderen. Natur war frei und mochte schäumen. Auch hier gab es nur Horizonte, keine Grenzen. Elementar tanzte Trieb in den Jünglingen, naschte am anderen Geschlecht.

So mußte es sein, spürte Ludwig, und recht hatten die Kameraden. Im anderen Fall wäre er bevorzugt gewesen. Ihrer Welt blaue Luft, zarter Ton, leichte Beschwingtheit hatte aller Recht auf jede Freude zur Voraussetzung, verbot, ein einzelner verlegte zu einem Behagen den Weg. Sonst mußte fremde Trauer sein Glück stören, Welt zerfiele in ein isoliertes Ich und viele feindliche Du.

So nahm er es mit seinem Besitz nicht genau, erlaubte des Mädchens fortgenommene Hand, daß ein anderer den Kopf an Minnas Flechten lehnte. Vor der Bank sah er die Jünglinge an die gelbgestiefelten Füße, die sie liebkosten, mit gequälten Blicken verschlangen, sinken. In breitem Liebestaumel saß er, erlebte stürmischer die männliche Regung.

Doch schien ihm jedes Menschen Absonderung von ihnen ein Verbrechen. Was trieb den fort, wo wollte der hin? Was bedeutete, da ihnen alles gemeinsam war, der Aufbruch? Wie sehr ein Kitt sie alle band, hier drohte aus ihrem Verein ein tiefer Riß.

Als er von Unruhe bewegt, vor Zeugen Kanzleirat stellte, ihn fragte, warum er bei gewissen Gelegenheiten nicht in ihren Reihen sei, schluckte der, schwur besondere Absicht ab. Auf der Stelle wurde er aus dem dringenden Bedürfnis aller gezwungen, sein Mitkommen für den gleichen Abend zuzusagen.

Als Schlag neun, es war dunkel, der Trupp fünf junger Menschen sich mit dem Mädchen dem Wald zu in Bewegung setzte, ging man wortlos zu einer Hinrichtung. Das machte, Kanzleirat hatte den Rockkragen hochgeschlagen, Lippen gekniffen, ging mit in die Taschen gesteckten Händen gesenkten Blickes. Man hatte ihn an Minnas Seite gedrängt, stieß von vorn und hinten das Mädchen, bis es ihn reiben mußte, gegen ihn, hängte rückwärts seines Mantels Schoß mit ihrem

Rock zusammen. Mit jedem Schritt, den sie tiefer in schwarze Bäume tauchten, spürten die Jungen, wie sich in ihrem schlürfenden Gefährten die gleiche Kraft stärker offenbarte, die sie aus Rüter einst furchtbar erschreckt hatte. In ihm arbeitete der Wunsch, Abgrund zwischen sich und ihnen aufzureißen, in den sie verschwinden sollten; Sucht, aus ihrem Fall Bewußtsein der Überlegenheit für sich festzustellen.

Sie bissen die Zähne zusammen und, ohne daß sie Bestimmtes wußten, wollten sie drohender Unmenschlichkeit in die Zügel fallen, nicht dulden, ein einzelner versuchte unaufgefordert Korrektur ihrer naiven Welt.

Noch galt für sie nur großer Instinkt. Für nichts gab es ein Für oder Wider, kein Urteil über Lebendiges, und des Ereignisses Bedeutung konnte von niemand vorher geschätzt werden.

Der aber mit ihnen ging – sie begriffen es, sahen sie sich von Zeit zu Zeit entschlossen an, hatte ein richtendes Verhältnis zu ihnen einzunehmen, an einem Urteil über sie hochzuklettern begonnen.

Nun schnürten sie ihm Minnas Arm um den Hals, schraubten seine Hüfte an ihre, stießen ihn mit ihr in eine Bank. Durch Wort und Zeichen trieben sie ihn – und in tödlicher Verlegenheit grinste Kanzleirat. Er konnte ihrem Willen, der um ihn keuchte, nicht entfliehen, kaum entwand er sich der eigenen Lust, war aber über alles hinaus gegen das Weib und die schwitzenden Schergen von Haß und würgendem Abscheu erfüllt.

Je mehr man ihn aus seinen Kleidern schälte, je näher man das Mädchen hob und schob, überwältigte ihn unwiderstehliche Angst, bis er mit seines Leibes wollüstigen Teilen Ekel in blechernem Schrei erbrach.

Vanderbilt

1918

In fünfzimmeriger Parterrewohnung lebten die Gatten Printz à l'aise. Durch zwei Salons, ein Eß-, zwei Schlafzimmer markierten Möbel in französischen Königsstilen Pracht. In einem gehimmelten Bett Louis XVI. schlief Frau Printz, in einer Mahagoniempirelade er. Allen Gegenständen fehlte ein Fuß, die Bekrönung; angestoßen war an Rändern Porzellan, doch konnte jedes Ding als Gleichnis eines vollkommeneren dienen. Sprach man vom Palais des Herrn Feisenberg, Schloß Linderhof oder von Versailles, durfte man: ein Ding gleich diesem Schrank, Tisch, Stuhl, sagen und das zu wirklicher Pracht Fehlende hinzudenken.

Auch Mahlzeiten deuteten nur an. Man gab ein Süppchen, das mit Fleisch und Zutat Bouillon gewesen wäre, Zwischengerichte, denen zum Entrée Substanz fehlte, ein Kalbskotelett oder Rindsstück, das Sensation wie der zehnpfündige Braten vom gleichen Tier verschaffte. Die saftige Frucht, sei's Apfel, Birne, Nuß, war in zwei Hälften getrennt, beiden Gatten leckeres Dessert. Bei reines Mokkas, russischer Papyros Duft verdaute man so distinguiert wie einer.

Tadellos war stets etwas an ihrer Kleidung. Saß man sich bei Tisch in Kleiderbruchstücken gegenüber, war an der Krawatte, einem Stiefel doch zu sehen, was später würde. Der Frau Frisur, des Mannes blütenweißer Scheitel im schwarzen Haar gaben über Schlafrocktrümmern Haltung, und auch der Nägel Glanz ließ keinen Zweifel am Ende aufkommen.

Stets waren Gesten groß. Mit Würde gab man die fast kahle Schüssel, goß Wasser schwungvoll ins Glas und lächelte fein. Oft schüttelte man die Hand auf besondere Art, daß Armband und Manschette klirrte. Stand eine Flasche Wein zu trinken, hob man den Kelch zeremoniell, hinter seidener Wimper und Monokel blinkte erlesen der Blick.

Als Apotheose, großen Schlußauftritt dachte man das Geringste. Hohe Namen aus allen Kulturen waren zur Hand. Chateaubriand, La Rochefoucauld wimmelten in die schlichtesten Silben, des Eine-Mark-Romans Verfasser wurde mit Swift und Stendhal verglichen. Gefühlen ersetzte man, was ihnen an Innigkeit abging, durch mörderisches Pathos. Konnten sie sich für eine Sache wie ein wirklich Ergriffener nicht begeistern, drängten sie eine Träne in den Blick, drückten Umstehenden die Hand. Oder Frau Printz fiel in einen Stuhl, Herr P. fuhr sich mit dem Tuch über die Stirn, als schwitze sie. Vor jedem Ding, das es gesellschaftlich verdiente, wurde man um einen Grad wärmer als der Empfindlichste.

Dafür lehnte man, was der Kenner Beifall nicht fand, brüsk und unwirsch ab. Den Ausdruck sächsischer Staatsanwälte hatten Printz und Frau, waren zur Milde nicht zu bewegen. Den Menschen, der in mondäner Welt nicht galt, nannten sie Hochstapler.

Niederem Volk waren sie unnahbar. Bronzepfosten, saßen sie zwischen gewöhnlichem Gequirl in der Elektrischen. Ihr Wort an Ladner, Dienstboten hatte metallischen Klang, Kommandoton. Gleichgestellten legte der schlanke Herr P. die Hand gönnerhaft auf die Achsel, fand ihre Meinung scharmant.

Ansichten der Hochgestellten waren Orakel. Bei eines Generals oder Aufsichtsratsmitgliedes Ausspruch wurde Rührung ohne Anstrengung in den Gatten lebendig, ihnen geschah, als habe Ursinn geäußert.

Eigenes Urteil wagten sie nicht. Bis in Knochen spürten sie: mit dreißigtausend Mark Renten aus der Frau Vermögen konnten sie äußerlich der Reichen Aufmachung haben. Nur ein Urteil durften sie sich mit der Summe nicht leisten. Zu ihm, glaubten sie, gehörte das große Haus, zahlreiche Livree, eine berühmte Bücher- und Gemäldesammlung als Voraussetzung. Ein Einkommen von dreihunderttausend Mark, mit einem Wort.

Wie einen Partner, ohne den des Lebens Spiel nicht klappt, brauchte Eugenie Alfons Alexander, bewunderte brutalen Willen an ihm, in oberster Welt gelten zu wollen, obwohl seine Herkunft dunkler als die ihre war, er kein Talent, das ihn berechtigt hätte, mitbrachte. Doch war er des gemeinsamen Aufstieges Veranlasser gewesen, sie folgte ihm wie das Dressierte dem Dresseur. Seine Sprungbereitschaft liebte sie, das Federn an ihm, mit dem er drahtig in jede Situation sprang, vergötterte seinen jedesmaligen Abgang mit Pauken und Trompeten durch die Mitte, der sie an Fortinbras mahnte.

Es ergab sich: der mit dreißigtausend Mark jährlich zu begleichende Aufwand ließ sich gleichwohl mit dieser Summe nicht bestreiten. Denn kam man zu Freunden, die in teuren Restaurants speisten, erst nach Tisch, nahm, bei Bekannten angeblich mit Leckerbissen überfüttert, nur Kaffee und Likör, ging man zu Carusos Auftreten, die Akte miteinander abwechselnd, auf den gleichen Sitz, forderte der Umgang mit Reichen unaufhörlich Bezahlung. So hatte Eugenie, als ohne Alfons' Wissen eine ansehnliche Schuldsumme für den Haushalt bestand, sich schweren Herzens, dringendster Rechnungen Bezahlung von einem Freund, dem Kavallerieoffizier von Bencken, anzunehmen, entschlossen und, als in zwei Jahren das Benckensche Guthaben ziemliche Höhe erreicht hatte, seine Geliebte zu werden, da sie, der oberen Tausend Moral verlangte in der Verhältnisse Anbetracht so taktvolle Handlung von ihr, gewiß war.

Anfangs hatte sie gefürchtet, Benckens zu häufiges Auftreten in ihrer Häuslichkeit möchte Alfons Widerspruch und Argwohn wecken. Zum Glück erklärte ihr Gatte von B. für den bestgekleideten Mann der Stadt, bewunderte dessen in Regent Street gefertigten Kostüme und erwirkte vom Freunde die Erlaubnis, die bei Edouard & Buttler geschnittenen Kleider bei seinem billigen Schneider nachmachen zu dürfen.

Weit entfernt, ihr zu mißfallen, rührte Eugenie dieser Zug ihres Mannes. In Alfons bebte vor allen Kavalieren der Zeit der Wille, an sein selbstbestimmtes Ziel zu kommen; kleinliche Hemmungen gab es für den kessen Fechter nicht. Wie sein Schenkel eines Turners war sein innerer Aufschwung muskulös. Daher bot sie ihres Liebhabers überzähliges Pferd dem Gatten zu Spazierritten an, und abwechselnd war Alfons mit ihr einen Tag um den andern in prallem Dress schneidiger Reiter. Die Gerte, die an Bridges und Gamaschen knallte, sein geziemendes Zepter.

Kein Ereignis im Theater, auf Rennplätzen, in der Gesellschaft war rund, ohne daß mit anderen Prinzen ein Printz beiwohnte; wie ein Witz hieß. Während die meiste Menschheit im Staub schlich, sprengte zu Pferd über Sand ohne andere Mühe das mondäne Paar, als daß es einer gewissen Gesellschaftsschicht jüngste Laune hurtig und unverdrossen riet.

Aus Bencken, der einer Hoheit Adjutant war, zog Eugenie untrügliche Tips. Alfons leistete Damen höchster Kreise zwielichtene Gesellschaft, belauschte ihre geheimen Sehnsüchte, die er als das für ein Weib Korrekte seiner Frau weitergab. An Orte, wo schicke Welt sich traf, liefen sie zwischen Ereignissen. Sie zum Tee; zum Billard er. Beide

Bilder der Mode, Zugstücke für ihre Bekleider. Einen Tag wie den andern zur gleichen Stunde.

Unbekümmert ging bei gegenseitiger Achtung ihr Leben eine Reihe von Jahren. Dank kosmetischer Mittel merkten sie keine Veränderung aneinander. Zu Masken waren die Antlitze erstarrt; Empfindungen änderte sie nicht. Nur Übereinkommen zog in ihnen des Lächelns, betroffenen Ernstes Register. Phonographenplatten surrten Reden ab. Selten stieg eine erstklassige Arie, meist schnurrten banale Lieder. Oft kratzte die Nadel im verbrauchten Wachs. Printz' waren hellhörig genug, merkten sie das Geräusch, die Walze mit einem Räuspern zu wechseln, ein weniger verbrauchtes Motiv singen zu lassen. Im übrigen war letztes Gleichgewicht überall erreicht. Wie Mahlzeiten und Hausstand auf den Pfennig berechnet waren, wandten sie für täglichen Reiz nicht mehr inneren Anteil, als unbedingt erforderlich schien, auf. Denn beide liebten abgöttisch das Leben, suchten durch strenge Beherrschung im seelisch Motorischen des Daseins irdische Dauer zu verlängern.

Solchen Anpassungsgrad hatten sie erreicht, daß Lachen beim Essen mit des Silbers und Kristalls Glanz übereinstimmte, einer bösen Laune Grad vom Ton der Möbel nicht abwich, unnötigen Energieaufwand beim Ausgleich zwischen Innen und Außen zu sparen. Eidechsen, glitten sie aus Warmem ins Kalte, blieben in der Ereignisse Hitze wie Salamander unverbrannt. War so ihres Seins Temperatur angenehm lau, gab es ein Thema, bei dem sie warm wurden: Paris. Beide hatten die Stadt noch nicht gesehen, doch kam von dort alles, was sie im Mund führten. Zweimal im Jahr die Mode aus Paris für Frau Printz, von dort Parfüms, Seifen, Puder, hundert Geheimmittel, die sie für die Toilette brauchten. Es kam von dort der Tafel Luxus, doch auch Gemälde, die der Rede, verzückten Augenaufschlages lohnten. Der Balzac, Flaubert, Maupassant erhabenes Werk war dort geboren wie eines Tinseau, Gyp, Prévost bevorzugte Romane. Beim Friseur, im Restaurant, beim Kunsthändler, Antiquar sprach man Paris. Ihres Lebens häufigstes Requisit war das Wort, wie Schminke das des Schauspielers, in Straßen, auf Plätzen der vergötterten Stadt kannten sie der großen Schneider und Modistinnen Ateliers. Öfter sprachen sie die Rue Rivoli, Place Vendôme als einen Odeonsplatz, eine Ludwigstraße aus.

Sie hatten überlegt, ob kurzer Aufenthalt an diesem Mittelpunkt der Welt sich nicht für sie erschwingen ließe. Doch schien eine so phantastische Summe aus tausend verwirrenden Vorstellungen notwendig, daß sie mit ihren Mitteln ein für allemal auf des Traumes Verwirklichung verzichteten. Desto häufiger warfen sie ein Hotel Ritz, Meurice, einen Voisin, Paillard, Larue, Durand-Ruel und Vollard in die Rede, hielten den Mercure de France und die Gazette du bon ton.

Insbesondere bedeutete die Ankunft eines Heftes dieser Revue Festtag bei Printz'. Schon auf dem Umschlag die Aufschrift »Art, modes et frivolités« berauschte sie. Das Wort »frivolité«, an dem sie teilhatten, hob sie aus bürgerlichem Kitsch, der aufdringlich von Nachbarn zu ihnen herstank, machte sie von aller Krapule unabhängig. Über Anzeigen der großen Schneiderfirmen Chéruit, Doucet, Paquin, Poiret, Redfern, Worth, die an dem Blatt mitarbeiteten, schlürften sie der großen Parfümeure und Juweliere Verkaufsangebote.

Sie unterrichteten sich über den Geschmack im Theater, was sie bei Tisch, im Wagen, auf der Jagd, zu Pferd, im Bett, Ansprüchen der strengen Redakteure zu genügen, zu tun oder zu lassen hatten; lernten »die Kaprizen der Wäsche« auswendig, das Geheimnis der Gürtel, Schleier, Muffe. Koffer und Handtaschen nannten sie trunks and bags, kannten die Kunst, untadelige Livreen zu schneiden; wußten, ihr Diener, hätten sie ihn gehabt, wäre ein Muster gewesen.

Vor allem erfuhren sie, perfekt zu sein, müßte man einen Fetisch tragen. Sei es ein Symbol, kühn und unverständlich als einen Elefanten in Malachit, Onyx, Lapis Lazuli mit spirituellem Wahlspruch an der Uhrkette, sei es ein Fetisch-Rebus in Rubinstaub, Glücksschwan oder algebraisches Hieroglyph. Doch auch in jeder Salonecke mußte die kabbalistische Menagerie glänzen, zeigen, der Besitzer habe mit höheren Mächten als Gevatter Schneider und Handschuhmacher Umgang.

Über Eigenheiten und Merktage vorgesetzter Freunde führten sie Buch. Kauften auf dem Markt ein Dutzend Äpfel, zu fünfzig Pfennig das Stück, sandten sie, in ein Körbchen auf Watte gelegt, den hochgestellten Gönnern mit einer Karte: Herr und Frau Alfons Alexander Printz bitten, die frischen, ihnen aus dem Tirol geschickten Früchte freundlichst anzunehmen. Sie fanden es so natürlich, die Krösusse ihrer Bekanntschaft dankten mit mächtigen Fasanen-, Likör-, Terrinenarrangements, wie sie wußten, auch bei des Seelischen und Geistigen Austausch veraugabten die anderen mehr als sie selbst.

An einem Maitag, als Alfons Printz vom Morgenritt auf Benckens »Paria« in der Kraft und Blüte seiner achtunddreißig Jahre heimkam,

»rudement beau«, wie er in solchen Augenblicken von sich sagte, trompetete seine Frau ihm zu, sie sei von den Freunden Feisenberg zu vierzehntägigem Aufenthalt nach Paris geladen!

So stark im Manne Bedauern war, daß die Einladung sich nicht auf ihn mit bezog, freute er sich des unverhofften Glanzes um so mehr, als er wußte, seiner Frau enthusiastische Schilderungen verbürgten für ihn selbst bei der Rückkehr manche Sensation. Nun fing in beiden Gatten ein Rausch von Champagner an, von dem sie fühlten, er werde sie bei Vorbereitungen und umständlichen Zurüstungen in den nächsten Wochen bis zur Abreise immer stärker besitzen. Natürlich sahen sie keinen Menschen mehr, dem sie nicht Nachricht zustießen: Frau Printz fährt nach Paris!

Von überallher holten sie Auskünfte. Schneiderin, Putzmacherin, Friseur wurden zu höchster Leistung gespornt, die Reisende wohlfeil in den Stand zu setzen, Ehre mit ihren Schöpfungen in Paris einzulegen.

Als Eugenie mit den Freunden in den Expreßzug stieg, Alfons ihr beim Abschied ritterlich die Hand küßte, stand beiden echte Ergriffenheit im Auge. Sie wußten, in diesen zwei Wochen mußte die Frau mächtige, entscheidende Reserven mondänen Wissens gewinnen, mit der für lange Zeit kostspielig erkauften Erfahrungen des begüterten Freundeskreises ein Paroli gebogen werden mußte.

Über alles hinaus bewegte beide Printz eines Sommerhutes Vorstellung, den für hundert Franken, die ihr Alfons mit dem Taschengeld eingehändigt hatte, Eugenie in Paris kaufen sollte. Sie wußten, mehr als brillanteste Berichte stattgefundener Überraschungen und Ereignisse würde dieser Hut des gefeierten Printzschen Geschmackes wahrer Repräsentant sein, dessen Sicherheit und Überlegenheit einer neidischen, auf ein Versagen lauernden Mitwelt beweisen müssen.

In Straßburg, wo die Reise unterbrochen wurde, meinte Frau Printz, französischer Art ersten Hauch zu spüren. Der Kathedrale aus bürgerlich deutschem Gewinkel germanisch-ekstatisch aufragenden Zierat übersah sie, entzückte sich an einem Speisehaus, das französischen Namen trug, in dem man pariserischer Art aß. Die langen weißen Brote gab es schon, von dem ihr jeder Frankreichfahrer gesprochen hatte. Längs der Wand saßen Gäste auf Bänken beieinander, nicht deutsch auf Stühlen um den Tisch. In braunen, irdenen Kasserollen wurde das Angerichtete gebracht: Rebhühner, in Weinblätter gebunden. Und weißen Hautes Sauternes trank man dazu. Klopfenden Herzens wagte Eugenie französisch das Wort an den Aufwärter, und siehe: fließender Rede antwortete er. Schönen Dankes feurige Blicke warf sie ihm manchen zu.

Als man wieder im Zug saß, Nancy, Châlons, Château, Thiérry auftauchten, der Weltstadt mächtiger Lichterglanz endlich den Himmel färbte, bäumte Entzücken in Frau Printz zur Entladung. Beim Verlassen des Kupees begriff sie das eine: Lauter Franzosen standen auf dem Bahnsteig, ehe sie in wollüstiger Besinnungslosigkeit ihrer Person Kontrolle verlor.

Als sie anderen Morgens früh zum Fenster hinauslehnte, war Paris draußen, soweit sie sah. Frauen, die über den Platz liefen, richtige femmes du monde, femmes entretenues oder filles soumises. Cabots, voyous waren employés und hommes d'affaires gemischt, gamins liefen zwischen ihnen. In den Türen lungerten die sattsam bekannten mendiants.

Da sie ins Zimmer bezaubert sich zurückwandte, begriff sie, jeder Gegenstand, den sie faßte, der ihre Vorstellung rührte, wollte französisch benannt sein. Als sie das Gesicht in die Waschschüssel zu tauchen sich anschickte, sah sie die Flüssigkeit als eau froide respektvoll an, trank mit Genuß »den« chocolat, aß ein œuf à la coque dazu. Als sie das befreundete Ehepaar in der Hotelhalle traf, schien der Jüngste Tag angebrochen.

Draußen hatte sie ohne einen Pfennig Eintritt wieder lauter Begriffe um sich, die sie sich früher erst nach Entrichtung des Zolls und mancher Schwierigkeiten hatte verschaffen können. Links lag die Rue de la Paix und, wohin sie den Blick wandte, grüßte als Pinaud, Paquin, Tiffany sie schwärmerisch Verehrtes. Pflaster, das sie trat, Luft, die sie atmete, schienen nichts Plausibles, doch Kostbares, Rares. Der Schlamm, den Männer mit Gummibürsten vom Fahrdamm schoben, ein besonderes Naß.

Als dann die großen Denkmäler vor sie traten, Kirche Notre Dame, die Place de la Concorde, Tuileriengärten, das Louvre, sie an der Seine stand, die ihr mit Inseln und Brücken aus tausend Liebesgeschichten bekannt war, von Daumiers und Gavarnis Blättern her, hätte sie deren ganzes, von der Sonne beleuchtetes Wasser am liebsten ausgetrunken, in der leeren Rinne all der galanten Heldinnen entseelte Körper wiederzufinden, die nach gerütteltem Maß komfortablen Liebesbehagens hier das einzig angemessene Grab gefunden hatten.

Über den Pont des Arts liefen sie am Odéon vorbei auf das Luxembourg zu, gewannen über St. Sulpize den Boulevard St. Germain, die Champs Elysées.

Hier sank Eugenie an der Freunde Seite in einen Stuhl, gab Frau Feisenberg mit innigem Druck die Hand. Doch auch ihres Gesichtes seit Jahren unverändert steinerne Züge waren gesprengt. Neben Schminkflecken blühte ihres Blutes richtiges Rot auf Backen, an Schläfen hatte sich ondulierte Coiffure in von menschlichem Schweiß getränkte Löckchen gelöst.

Eine Woche brauchte sie, aus atemloser Verzauberung sich zu sich selbst und eigenem Urteil zu finden, das ihr von Phänomenen, die sie oft geschaut, geschmeckt, gerochen hatte, zu wissen erlaubte.

An einem Regentag, den sie im Hotel bei einem Buch verbrachte, entblätterte sich die Bilderbuchwelt, einfach wurde die Märchenstadt, stürzte in wenige klare Linien zusammen. Metaphysische Masse begann, sich irdisch zu ordnen, Laut, Licht, Ruch wurde musikalisch deutbar.

Nun trat nach unbändig kindischem Vergnügen, das ihr jeden Nerv gewärmt hatte, die Mahnung zur Pflicht an sie heran, die bei der Abfahrt auf dem Bahnhof dringend in des Gatten Auge gestanden hatte. Noch war für später nichts getan. Hätte sie jetzt abreisen müssen, mit vagen Angaben wäre flüchtiges Gespräch daheim zu füllen, nicht mit jauchzenden, schmetternden Gewißheiten Menschen zu überzeugen und beeinflussen gewesen. Mit großem Ruck ging sie auf Kenntnis der Dinge zu, die sie bis jetzt überfallen hatten, und, sank sie vor einer Erscheinung noch in Fassungslosigkeit, vor eines Silberfuchses Prachtexemplar, einem einsamen walnußgroßen Smaragd, der Leistung Guitrys, der Réjane, blieb sie im ganzen gefaßt, sich gründlich über alles, was die einzige Stadt und seine Bewohner ausmachte, zu unterrichten gewillt.

Zunächst stellte sie fest, der Geschlechter Beziehungen schienen im Gegensatz zu Deutschland unbefangen und entblößt. In Parks und öffentlichen Anlagen saßen gutgekleidete Frauen, die das Kleid öffneten, dem Kind zu trinken gaben. Sie sah, im Verkehr war die Frau der Angreifer. Mutig und ausdauernd ließ sie sich in einem begonnenen Kuß von keinem Vorübergehenden stören. Alle Arten der Liebe fand Eugenie legitimiert, durch sie die Pariserin ebenbürtig zu des Mannes

Arbeit gestellt und sie begleitend. Nicht wie zu Haus erschien als Soldat, Politiker und Mann von Bedeutung nur das Männliche herausfordernd, überall ging auftrumpfend Weibliches mit, in einer Farbe, einem bis über die Wade gezeigten Bein, einer dezenten Schamlosigkeit, die immer damenhaft blieb, sich meldend.

Noch in der Kokotten gemalter Schönheit fand sie das prachtvolle Zutrauen, das die Frau zu ihrem natürlichen Schmucksinn überall haben sollte, in bis zu afrikanischer Wildheit gesteigerten Frisuren und Aufdonnerungen Temperamentsausbrüche, die neben des Mannes Posen und Paradeschritt bestanden.

Den Mann erkannte sie bequemer, weil er durch der Frau gewohnte Begleitung mehr auf sie angewiesen war. Von ihm ging nicht jene Fremdheit aus, die sie von Deutschen angeweht und verblüfft hatte. Er war der Kamerad, der mit dem Weib Lebendiges teilt, mit Ideen und kategorischen Befehlen sich keine Vorwände geschafft hat, hinter die er, ein Freimaurer und Clubman, gelegentlich verschwindet. Mit erotischem Reiz konnte man ihn augenblicklich zur Ordnung, zur Sache rufen, und häufiger kam dieser Reiz von eines Kostüms pikanter Laune als einer Nacktheit her.

Der Pariserin Kleid wurde von Eugenie bis ins Raffinement begriffen. Hatte sie daheim die große Linie aus Journalen erwischt, drang sie jetzt in der Unterröcke und Wäsche letzten Schlitz, fing aller Raffungen, Falten, Linien gängelnder Geschmeidigkeit Reiz, sah einer Midinette die verschmitztesten Rhythmen ab. Nun hing beim Einschlafen eines sich senkenden Fußes, gereckten Knies, der offenen Achsel wundervolle Wendung von ihrer Wimper, kitzelte sie in allen Gliedern. Aus besserem Maß sah sie ein, wie falsch Frau Zuckschwerdt, Exzellenz von Schaltitz saßen, grüßten, griffen, wie naiv ihr krampfhafter Flirt, ihrer Blicke Winken war. Mit dunklem Erröten gestand sie sich auch, sie hatte bis in ihr fünfunddreißigstes Jahr Bencken und Alfons Alexander mit Minderwertigkeiten gefesselt Zog sich im Hotel die Welt zur Abendtafel an, stand sie im dunklen Zimmer, sah schönen, halbnackten Frauen hinter durchsichtigen Gardinen in beleuchteten Räumen unaussprechliche Geheimnisse ab und frohlockte!

Als sie sich vorbereitet fühlte, übertrug sie das Erfaßte in die eigene Praxis. Mit herrlichem Schleifen kam sie eines Morgens des Hotels Freitreppe herab, und unten, beim Blickkreuzfeuer blasierter Menge, wagte sie die große Geste: den vielknöpfigen Handschuh zu knöpfen, renkte sie den Oberarm an den Körper aus der Schulter, und den Unterarm aufrecht, fast rechtwinklig zu ihm stellend, schloß sie feierlich ein Knopfloch ums andere. Sie merkte, wie beifällige Stille folgte. Ein andermal faßte sie bei der Ankunft im Restaurant das feine Leder oben am Rand, und es mit Ruck wie Schlangenhaut zum Handgelenk stülpend, ließ sie weiß den Arm sehen, daß alle Welt die Sensation vollständiger, sehr gewagter Entblößung hatte.

Fünf Tage vor der Abreise brach aus unteren Bezirken, wo sie ihn gebändigt hatte, an den zu kaufenden Hut der Gedanke mit elementarer Macht herauf. Doch noch vermochte sie ihn zurückzudrängen, an der Herrschaft über sie zu hindern. Von der Gewißheit erfüllt, was für den Gatten und sie von diesem Kauf abhing – denn entschwinden würde Paris mit allem, was der Freunde Börse in himmlischen Tagen für sie schaffte, bleiben als dieser hohen Zeit einzig sichtbare Trophäe der Hut –, wollte sie ihn kaufen, wie Napoleon auf Schlachtfeldern, Frauen in Schlafzimmern der entscheidende Sieg gelingt: jäh und aus Eingebung höchsten Erfolg verbürgend.

Je mehr sie sich mit exaktem Wissen Gegenständen des verschwenderisch angebotenen Luxus näherte, sie sichtete, ihrem Urteil unterwarf, hinsichtlich des in hunderttausend unbeschreiblichen Varianten um sie her erscheinenden Huts sah sie von kleinlichen Feststellungen ab, wartete gläubig auf das Ereignis als auf ein mystisches Kataklysma, das sie mit jenseitiger Gewalt auf das einzig mögliche Exemplar blitzschnell nageln mußte.

Inzwischen beschwichtigte sie den Gatten, der einige Male, Bencken, der auch nach dem Hut gefragt hatte, mit Tips für die männliche Garderobe, die sie den mit dem letzten Boot aus England gekommenen Gentlemen abgesehen hatte.

»Der Schuh«, schrieb sie, »ist beim Mann noch immer Gradmesser sozialer Geltung. Höchstes Erfordernis bleibt, er unterscheidet sich auf den ersten Blick klassisch von jenem industriellen Massenartikel, der auch dem Durchschnittlichen in Lackstiefeln aufzutreten erlaubt. Ich empfehle die Gamasche, beige oder weiß, in jeder Form bis zum Mittag, doch ist es unbedingt, Du wechselst mit dem Glockenschlag zwei den farbigen Schuh gegen den schwarzen Chevreaulackstiefel.« Oder: »Überlaß es anderen, bei Jagdeinladungen mit schwarzem Rock des Waldes kolorierten Zauber zu entweihen. Doch auch Rot ist shocking, existiert nur in Albums von Crafty. Denkbar ist Maronenbraun, Grün einer Weinflasche oder das bleu royal foncé. Doch alles mit weißer Hose und glänzendem (nicht mattem!) hohen Hut.«

Diese Schreiben sandte sie »durch Eilboten bestellen, nicht bei Nacht«. Die Nachricht: »Zigaretten raucht man ohne Goldmundstück«, gab sie Bencken telegrafisch.

Begleitete sie Frau Feisenberg zu Einkäufen, die, je näher die Abreise rückte, um so stürmischer wurden, wohnte der Anprobe von Kleidern, Mänteln, deren Schnitt sie absah, allerhand Toilettenkleinkram bei, hatte sie noch zu keiner Putzmacherin den Schritt gesetzt, keine Auslage mit einem Blick gestreift. Denn zu deutlich wußte sie vom Besuch des Louvremuseums her wieder, wie schnell das Auge glänzender Auswahl gegenüber erblindet, wie stumpf der ermüdete Blick vor einem Meisterwerk steht.

Sie erlebte noch einen Feiertag in Versailles, wo über Imperatorenanlagen sich mit gelassener Selbstverständlichkeit das seiner Erziehung sichere Volk ausgoß, den Besuch von Kunsthandlungen, bei dem sie feststellte, Matisse sei nächster Zukunft Trumpf; einen Abend, einer Nacht Beginn in einem Tanzlokal Montmartres.

Doch hier wie vorher im Theater nistete der gebieterische Gedanke an den Hut wie Alp in ihrem Tun und Trachten. Schon war aller Vorgang im Gehirn, Wort, Blick gezwungen, und nur mit halber Kraft projizierte sie sich selbst nach außen. Dazu schlugen Pulse, als habe sie Gift, das sie zu seinen Zwecken vergewaltigte, geschluckt.

Da sie begriff, der fixen Idee sei nicht mehr zu entrinnen, versuchte sie ihr ganzes Urteil auf »Hut« umzustellen, doch klaffte aus dem Mißverhältnis mangelnder Beherrschung der Materie und Kürze der Zeit, sie einzuholen, solcher Abgrund, daß sie vom Wunsch nach Einsicht zur Hoffnung auf ein Wunderbares floh.

Stundenlang, während rings die Lust stieg, Menschliches in Strömen Champagner ersoff, betäubte sie sich tiefer in mystischer Andacht als das schwitzende, durch Musik gereizte Fleisch um sie her.

An des Entrées weiß- und goldgemalter Tür hing schwärmerisch der Blick. Nur dieser Eingang war in ihre Welt. Ahnte sie nicht, wie das Übersinnliche, das ihr bestimmt war, sich darstellen würde, von dort mußte es erscheinen.

In dieser liederlichen Nacht kamen zum erstenmal Gefühle, die sie in der Kindheit und Jungfräulichkeit gesteigerten Perioden erfüllt hatten, wieder. Am Abend vor dem Tag zum letztenmal, an dem ihre

Ehe geschlossen werden sollte, sie, der Transsubstantiation und Inkarnation Vorstellung hingegeben, in ihr schmales Mädchenbett für den jenseitigsten Traum gestiegen war.

Hinter einem Zigeuner im roten Rock, der die Fiedel ans Kinn drückte, wölbt in der Tür sich schwarzes Loch. Dann schien Eugenie gewürzter Wind zu wehen, im Frack stand ein Mann da, den Unbegreifliches umhing.

Doch auch alle vom Wein trunkenen Gesichter wandten sich mit ihrem dem Ankömmling zu. Lautlos flache Ebbe entstand im Schwatzen, nur ein Laut schlug militärisch kurz die Stille: Vanderbilt!

Eugenie gegenüber war der junge hochgewachsene Beau, der wie ein kostbares Porträt von Raeburn im Rahmen glänzte, in einen Stuhl gesunken, wo er müde blinzelnd verharrte. Sie aber war von der Gewißheit erschüttert: ihr allgemeines, mit dem Hut besonderes Heil sei in diesen Herrscher der Welt beschlossen. Ekstatischer Blick flammte von ihr zu dem Blasierten, der zum Angriff auf das Weib einen Wallach gespornt hätte.

Vanderbilt, mit schrägem Blick, tastete sie ab, entzündete an ihrem unterirdischen Geglüh seine lahme Phantasie. Ein smartes Geräkel ließ er sehen, schleuderte, das lüsterne Geschiel bei Eugenie, dem Neger, der in der Saalmitte berauschten Tanz endete, mit dem Fuß eine auf des Lackschuhes Spitze gelegte Banknote zu, die der mit verrenkten Verbeugungen gegen den Geber aus der Luft fing.

Als Hundertdollarnote hatte Eugenie das Billett erkannt, und blauer Himmel jauchzte über ihrer Welt; jede Verwicklung galt im Irdischen als ausgeschlossen, solange der blonde Amerikaner weilte. Er war, da er erschienen, kein zufälliger, doch alles Menschlichen unbedingt natürlicher Gouverneur. Vor seinem Blick verschleierte untertänig, religiös ihr Auge sich. Je länger des allmächtigen Mannes Weihrauch wirkte, um so mehr befahl sie in seine Hände ihren Geist, ihres Sehnens goldenen Schaum, auf dem zuoberst eines Hutes Gleichnis schwamm.

Als sie ins Hotel kam, war es ihr das Natürliche, sie fand ihn nach der Freunde Weggang im dunklen Korridor vor ihrer Tür; sah sich, an seine Seite genommen, als schätzbares Vergnügen korrekt, ohne Umstände von ihm genossen. Ihr blieb von dieser Nacht aus dem Moment der Entspannung nur sein geschnarrtes »all right« in traumhafter Erinnerung.

Doch folgte am andern Morgen die gehoffte Apotheose. Zum Morgenspaziergang holte der Nabob in himmlischem Morgendress sie ab, an Vanderbilts Seite schritt sie durch die Rue de la Paix in Camille Rogers über alle Erdteile berühmtes Atelier.

Dort stand, ein Heiligtum, in kristallener Vitrine einsam schon der Hut, vor dem kein Zögern und Wählen war: Ein blonder Florentiner, flach, mit nur Gerste und braunem Band garniert.

Was das Leben noch bringen mochte – als Mensch war sie in sich rund. Einmal hatte mit Traum vom Glück die Wirklichkeit gestimmt, Erinnerung an reinen Zusammenklang war ihr nicht mehr zu entreißen.

Die Gewißheit stützte Eugenie der Frage gegenüber, was zu dem Hut ihr Mann sagen würde, gab ihr bis zum Augenblick Haltung, als auf der Rückfahrt morgens um sechs in Augsburg der Heimatstadt Duft schon ins Kupee roch. Einen Abend, die Nacht hatte sie aufrecht in Polstern zugebracht, Berührung und körperliche Erschütterung nach Möglichkeit gemieden, unter dem neuen Hut die Pariser Coiffure nicht zu zerstören. Denn in der Ankunft selbst wollte sie den Gatten mit Eindruck zwingen und überreiten. Das kunstvoll getürmte Haar sollte vom Friseur in allen Einzelheiten für sie abgesehen werden.

Noch einmal wird der vergangenen Tage Vision mit Bild, Schall, Rauch in ihren Sinnen wach. Sie riecht des in Zigarettenwolken schwimmenden Nachtlokals Dunst, hört des Negers näselnden Refrain:

> Pour t'avoir à moi,
> Si tu veux, ô mon âme,
> Je deviendrais infâme,
> Pour un baiser de toi.

sieht *seines* Lackschuhes Spitze mit herrlichem Schwung die Banknote werfen – da fährt der Zug in des Hauptbahnhofs Halle, und ehe er das letztemal geruckt hat, erkennt sie auf dem Bahnsteig aus Dampfnebeln Alfons Alexanders und Benckens zwillingshafte Gestalten.

Nun steht vor der unmittelbar zu erwartenden doppelten Entscheidung der aus dem Fenster Gerenkten senkrecht der Atem, stockt Herzschlag und Puls. Im Leeren hängt sie, und nirgends ist Vanderbilt. Dann merkt sie ihres Mannes Blick sie greifen, schmecken, festhalten und mit Ruck, der sie bis ins Mark spaltet, von sich schütteln. Bencken habe schief gelächelt, meint sie in Tränen gesehen zu haben. Gestäupt, entseelt ist sie aus der Welt gesprengt. Worte bedurfte es nicht, sie vergaß an die Männer fast den Willkomm. Von Alfons zu ihr hatte es sich blitzschnell entschieden: Null, Greuel, Kompost war der Hut, entsprach in keiner Weise. Sie selbst, die in Briefen vor ihr üppig erhöhte Zeit in Paris waren vernichtend verurteilt.

Aus Zartgefühl vermied man, den Hut noch zu erwähnen. Doch was sie aus Paris mitteilte, wurde mit Vorbehalt und spöttischer Ruhe aufgenommen, als traute man ihr nirgends mehr Einsicht zu. Als sie sah, wie wenig Eindruck ihrer Erlebnisse verführerischste Schilderungen machten, glitt sie in immer phantastischere, gefälschtere Berichte mit der Sehnsucht hinein, einmal möchte der geschauten Wunder Darstellung die Männer doch zu Beifall hinreißen.

Doch blieb ihr Hoffen vergeblich. Vielmehr lenkte man, brachte sie die Rede auf ihre Reise, vom Thema wie von leichter Verlegenheit ab, gab, sie möchte die verpfuschte Angelegenheit sich nicht zu Herzen nehmen, zu verstehen.

Bencken übertrieb den gönnerischen Ton bis ins Alberne, da er persönliche Gründe für ihn nicht hatte. Wie ihn ihr Mann einst im Anzug, ahmte er jetzt Alfons Alexander in allem Geistigen nach; war ihr darum gleichgültig und ohne allen Wert. Ihres Mannes wirkliche Überlegenheit aber hatte sie tiefer, als sie es für möglich gehalten hatte, getroffen. Als gekränkte Eitelkeit besänftigt war, blieb Tieferes in ihr wund. Sie konnte nicht vergessen, wie sie um sein Urteil gezittert, alles Lebendige in ihr leidenschaftlich von seinem Spruch abgehangen hatte.

Mit dem Hut, sah sie, hatte seine Verdammung nicht mehr viel, alles mit ihrem Gefühl für ihn zu tun. Aus dem Ereignis stand fest, sie liebte diesen Mann mehr, als sie über tägliches Gewirr bis in ihr sechsunddreißigstes Jahr hatte ahnen können.

Je gewisser sie wurde, um so besser begriff sie ihres Lebens letzte Möglichkeit, aus neuem Aufschwung nach des Mannes Kern für sich zu greifen. Zugleich spürte sie dieser Liebe ungeheure gesellschaftliche Albernheit, schämte sich in erzogenem Bewußtsein.

Wußte nicht, wie sie sie ihm andeuten könnte, ohne daß notwendig Alfons zürnte. Scheu folgte sie seinen tadellosen Gesten, fand vor so viel Haltung den Gedanken an simple Liebesworte peinlich und fatal. Der mit Bewußtsein getragenen weltmännischen Würde konnte sie nicht mit Gefühlen, die jedes Mädchen seinem Proleten sagte, kommen.

Doch war Leidenschaft in ihr so groß, daß sie nur Mittel suchte, ihrem Mann mit des besten Tons Allure beizubringen, wie sie ihn über sich selbst hinaus liebte. So, daß es ihn gesellschaftlich nicht zu genieren brauchte.

Jähem Entschluß, mystischem Instinkt mißtraute sie. Zu schlimme Erfahrungen hatte sie bei des Hutes Kauf damit gemacht. Fühlte, Größeres stand auf dem Spiel. Angestrengter Vernunft durchdrang sie den Stoff, prüfte Wahrscheinliches ohne Voreingenommenheit aus des Gatten Seele, täuschte sich nicht über seine Natur, fälschte nichts Wesentliches. Sie war wie der Dichter vor ihm, der demütig, ohne an Wirklichkeit zu wischen, den Helden aus ihm selbst aufbaut, bis zu der Handlung reiner Führung und befreiendem Schluß alles aus Elementen bereit ist.

Als ihres Schicksals Atmosphäre sie durchsichtig umstand, lag sie nach festlichem, glänzend geglücktem Abendessen bei ihm in Weinlaune im Bett, so daß er sich seines Gefühls nicht schämen mußte. Und als er das oft besessene Weib reizend fand, zog Glanz in ihren Blicken, neues Feuer ihn an.

Er beugte sich zu, und ihm schien, ein Geheimnis schleierte das lockende Fleisch ein. Wissen um eine Köstlichkeit kleidete sie und machte sie rar. Exotisches Aroma, das ihn erfrischte, ihm zu Kopf stieg, schien sie zu haben. Kein Weib hätte er in diesen Augenblicken vorgezogen.

Noch sank er hin, und seltener duftete sie. Nun witterte er deutlich die Fremdlingin, ein Unberührtes, das ihn quälte, es mit Wollust zu tilgen.

Sie aber sprühte in Kissen mit Kichern und Silben, aus denen er nichts erriet, die ihn dichter verstrickten. Aus Blickflämmchen, winzigen Stichworten irrlichterte Paris ihn an, wie sie es wirklich bis zu dem Augenblick, wo der Hut ihre überragende Sehnsucht blieb, erlebt hatte.

Als er sie in warmem Mitleben im Schoß hielt, Wort nur noch Hauch war, fragte sie ihn mit frischem Trieb, der seine Erwartung vor Schleusen staute, wer ihr den Hut als schönsten in Paris wohl bezeichnet hätte. Und als sein Atem stand, Blick ekstatisch gesperrt blieb, seufzte sie, und es flatterte ihr Auge: Vanderbilt!

Später plauderte sie dem ganz Gepackten von des Amerikaners königlicher Sicherheit, vor der kein Schwanken möglich gewesen sei, sah, wie gut er sie begriff. Nun saß er aufrecht im Bett, sah zu ihren Worten ein Weilchen den Hut an, der auf des Toilettentischs Lichthaltern thronte, sprang, als sie von schlichter Gerste und Band geschwärmt hatte, aus den Kissen, trat im Hemd zum Tisch, sagte: »Vielleicht!« Und setzte hinzu: »Bestimmt. Ganz große Klasse!«

Brachte das garnierte Stroh ans Bett, stülpte es ihr auf den Kopf, und während sie blondes Haar am Hinterhaupt zurechtstrich, küßte er sie tief in die Stirn und flüsterte begeistert: »Er ist himmlisch!« Anderen Morgens sprach sie beim Frühstück von William Houston wie vom vertrautesten Freund, entzückte den Gatten durch seelische Intimität mit dem Milliardär. Wie einen Mannequin mußte sie ihn von allen Seiten zeigen, jeder Kragenknopf, jede Bügelfalte an ihm war wichtig. Dann nachahmen, wie er ging, sprach, sich trug.

Seines Weibes vollkommene Freiheit vor dem Krösus bewunderte Alfons, verstand, welches Kompliment in der Liebe einer Frau zu ihm lag, die auf einen Großen der Welt gewirkt hatte. Sofort sah er ihre unvergleichliche Rolle allen Frauen der Stadt gegenüber ein, die mit William Houston Vanderbilts bloßer Erwähnung an die Wand gedrückt sein mußten.

Nun hatte die Reise doch den gewünschten Zweck erfüllt. Über den todschicken Hut hinaus brachte Eugenie Ruf und Bedeutung mit, die sie für ihres gemeinsamen Lebens Rest in bester Gesellschaft »settlen« mußten.

Gleich begann er die Kunde von dem mächtigen Bekannten in die Welt zu filtern, sah mit Genugtuung, wie sachlich jedermann entsprach.

Brüsk ließ er einigen Umgang, der mit Vanderbilt nicht mehr zusammenstimmte, fallen. Vor allem litt zu Bencken das Verhältnis. Der war in ein Linienregiment versetzt, kam in fortgeschrittenen Umständen nicht mehr in Betracht.

Selig war auf leichte Art die Frau. An einem Seil hielt sie den Mann, durfte ihn mit ihrer Jahre Glut lieben. Wollte er entschlüpfen, tuschte sie einen neuen, vergessenen Zug ihrer Vertrautheit zu »Willy« ins Bild.

Bald kannte Alfons durch sie des Amerikaners gesamte Familie. Den Großpapa Cornelius, den Onkel Frederik und Tante Bess mit ihren Hunden und Katzen. Er wußte jedes Familienmitgliedes fabelhaften Vermögensanteil; alle Verwandtschaft, Goulds und Hills waren ihm persönliche Freunde. Bei Todesfällen in der erlauchten Familie trug er mit Eugenie leichte, kleidsame Trauer.

Die fürchtete nicht, es möchten sich je »nach drüben« die Beziehungen erschöpfen, neuer Feuer Flamme stocken. Denn schon gab es seit geraumer Zeit zwischen ihr und dem Gatten bei jedem zärtlichen Zusammensein das stumme Frage-und-Antwort-Spiel, das sie beide wollüstig verwirrte, den Mann zu dumpfer Raserei brachte – bis er mit jedesmal größerem Respekt vor höheren Mächten in sein Weib verging.

Yvette

1918

In der Wiege war sie schon Erbin. Des jugendlichen Vaters frisches Vermögen machte das einzige Kind zu einem Mittelpunkt. Da war der Dienstboten Troß, Freunde, Verwandte, die weissagten; doch auch die Außenwelt nahm an der Geburt einer Tochter des neuen Stahlkönigs teil, und an den Börsen war Meinung. Man wußte, die Ehe schien nach langer Kinderlosigkeit unfruchtbar. Um so mehr mußte eines erbenden Kindes späte Geburt des Eroberers Wagemut stärken.

Glänzenden Augen, zu seiner Bedienung bereiten Kräften sah sich das Neugeborene gegenüber. Keinen Augenblick stand der Wiegenkorb still, Antlitze schnitten vergnügte Grimassen, Stimmen sangen Eiapopeia, es regnete Spielzeug und Mummenschanz. Gesiebt und gemahlen, waren Speisen verdaulich bereitet; zu ihrer Bewältigung mußte das Kleine keine Kraft der Zähne, des Magens, der Eingeweide anstrengen, wie ihr später aller Lehrstoff, von Kennern der Materie vorgelegt, als Honig einging.

Pferde liefen zwischen ihren kleinen Schenkeln am Schnürchen; stand ein Hindernis entgegen, nahmen sie es rücksichtsvoll mit sanftem Wiegen des Rückens, Wagen federten unter ihr, und mit dem Feuer ausgesuchter Rassen sprangen Hunde. Blumen blühten im Sommer an Wegrändern nach Vorschrift der Leitfäden für Gartenbau, der Kies war von Engeln geharkt, elegant stiegen Springbrunnen – in der blanken Natur der großen Parks gab es keinen Versager. Lusthäuser und Terrassen machten auf Anhöhen Regen und wolkiges Wetter notwendig, war man der Sonne und ihrer schmelzenden Effekte müde. Im Winter brachten Automobile, reservierte Eisenbahnabteile zu Wegen, die gebürstet, Schlitten und Rodel an Landschaften vorbeiführten, übertrieben hübsch in Anbetracht der Unmöglichkeit, ihren weißen Reiz bei des Gleitens Eile im Augapfel zu fangen.

Auf Jagden war es drollig, fielen Huhn und Hase im Feuer seiner Schüsse eher, als es das junge Mädchen erwarten durfte, auch auf die Treiber mußte es nicht achten, machte um ein paar Schrote in Gesäß und Wade doch keiner unpassendes Aufsehen. Von überlegenem Leiter gelenkt, klappten Auftritte des Spiels, dem sie zusah; des Dargestellten

Inhalt war lustig, an Ausstattung nirgends gespart. Mit sich selbst mußte Yvette sich nicht beschäftigen. Indem man alle Welt für sie in Bewegung zeigte, sollte sie Beifall spenden, und da sie Ausstattungsmöglichkeiten genug gesehen hatte, war sie Kenner blendenden Scheines. Unterschied auch in des Menschen äußerer Aufmachung Talmi von Gold.

Frühmorgens brachte sie auf ihrer Glocke Ton ein in heller Wäsche glänzendes Mädchen ins Bad. Hätte sie sich den Verein der Kacheln, Metalle, wohlriechender Wässer, duftender Tücher vollkommener, das Reiben ihrer Haut eindrucksvoller vorstellen können, hätte die Bedienende ihren Platz mit einer besser Geeigneten tauschen müssen. Solchen Eindruck empfing jeder von ihr, und das hielt die Welt gewillt, Außerordentliches vor diesen scharfen Blicken zu leisten. Der Maître d'hôtel, die Diener, Reiter, Jäger, Gärtner, Kutscher, Köche, Jungfern, Stubenmädchen und Mamsellen stellten Glanz und Bezauberung bei jeder Begegnung ins Auge, schienen den Himmel für die junge Herrin herabholen zu wollen.

Doch auch Menschen höherer gesellschaftlicher Ordnung über Erzieher und Gouvernanten zu den im Haus gelittenen Gästen, Freunde der Familie waren bereitwillig, und immer mehr, als mit den Jahren des Vaters Vermögen ins Fabelhafte wuchs, der unzugängliche Mann die Neigung zur einzigen Tochter nicht verhehlte.

Außer dem Vater, der ihre Welt bezahlte, sah Yvette sich keinem, mit dem sie rechnen mußte, gegenüber. Doch auch an ihn wandte sie wenig Blick und Liebkosung. Ihr liebster Umgang blieb das Bild im Spiegel, ihre eifrige Sorge, sich herzurichten. Morgens den polierten Leib, den sie ihren Zofen ausstellte, von der Füße gewölbten Nägeln über Flächen und Gefäll des Körpers, den man mit Pudern und erfrischendem Essig behandelte, zu den Zähnen, deren jeder in blitzenden Stand gesetzt wurde. Bis ein halbes Dutzend Menschen an des braunen Haares Pflege Anteil hatte. Eintauchen in zarteste Wäsche ward durch Nachholen vergessener Sorgfalten oft noch unterbrochen; doch stand sie knapp und frisch in Hose und Korsett bereit für Stiefel und Kostüm. Der letzte Blick, ehe man die Tür in den Flur öffnete, griff im Glas ihre korrekte Erscheinung.

Vom inneren Menschen wußte sie, daß Eingeweide manchmal kniffen, das Herz nach heftiger Bewegung klopft, in Hüften ein Organ sticht.

Als sie später Wünsche rührten, erfüllte sie sie sich mutig wie die übrigen. Mit jungen Bauern beglückte sie sich auf des Vaters Gütern, mit Jagdgehilfen, oder was lockend zur Hand war. Sie merkte nur das besondere Vergnügen, nicht Name und Art des Stifters, war um dessen ferneres Schicksal nicht besorgt; wußte, Zarte litten schweigend unter schnellem Bruch; Brutale wurden wie die mit zu voreiliger Flinte verwundeten Treiber beruhigt!

Mit zwanzig Jahren war sie Weib der Gesellschaft, schön und äußeres Muster. Als die Eltern den ersten Tanz für sie gaben, glaubte man den Heiratsmarkt offen; Bewerber liefen, jeder mit seinem besonderen Trick, herbei. Yvette wurde durch sie, weil sie von ihnen nichts zu gewinnen sah, nicht bewegt. Das Männliche hatten sie schwächer als junge Stürmer in ländlichen Kulissen. Ihre gesetzten Worte schmeichelten nicht eindrucksvoller wie der Naturburschen Blicke, ihrer Zynismen Reiz war nicht spitz wie von diesen ein gezielter Griff. Vor allem wußte sie Welt bereit, ihre Wünsche ohne Umstände zu erfüllen, so daß Abmachung aus solchem Anlaß albern schien.

Sie sagte den Eltern, Heirat, geübte Riten kämen für sie nicht in Betracht. Gerütteltes Maß notwendigen Behagens sei ihr ohne sie gewiß. Einwänden der Besorgten begegnete sie so überlegen, daß der Vater begriff, sie sei entschlossen, aus ihrer Lebenskenntnis der peinliche Zufall, der seine Lebensarbeit – Kapitalanhäufung – stören könnte, nicht zu besorgen. Im Gegenteil ward aus der Tochter Geständnis klar, die Reichtümer blieben nach seinem Tod in rücksichtslosen Händen, die ihren Wert kannten, Zersplitterung nicht dulden würden. Ein aus Leidenschaft geheirateter Gatte aber hätte in diesem Sinn um so größere Gefahr bedeutet, als hohe Abkunft ihn zu einer Verschwendung verpflichtet hätte, die gutem Ton gemäß seine Verachtung der angeheirateten Familie nach außen ausdrücken mußte. Ein Mann, die notwendige Repräsentanz, praktische Forderungen zu erfüllen, sei je später desto besser gewählt, weil nur Erfahrung die geeignete Person ausfindig machte.

So konnten Fürsten und Herren den feierlichen Empfang, den man ihnen in großbürgerlichen Salons gewährt, wo sie als Bewerber der Tochter auftreten, nicht finden. Yvette leugnete Vorzüge, in denen sie diese Figuren überträfen. So gut wie jene sei sie gemacht, mit gleicher Sorgfalt erzogen, habe Umgangsformen, Beziehungen mit ihnen gemeinsam. Doch durch klassisches Vermögen höhere Freiheit und bessere Aussichten für die Zukunft. Sie schmückte sich mit ihnen nicht. Als Gefolge galten ihr Personen von besonderem Ausdruck am höchsten. Beim Eintritt ins Theater, auf dem Rennplatz, im Ballsaal sollte Begleitung bedeutend wirken. Doch nicht wie früher diente ihr regelmäßig Schönes dazu – und das bewies Entwicklung –, sie kannte gewisser Entstellungen Reiz, es gab Gelegenheiten, für die sie den distinguierten Krüppel dem glatten Beau vorzog.

Als ihre Büste mit fünfundzwanzig Jahren reif, ihr Reiz verwirrend war, blieb sie festlichen Veranstaltungen schon manchmal fern. Saß neben des Vaters Arbeitszimmer, hörte seiner Rede mit Männern des Geldes, königlichen Kaufleuten zu. Erst packte sie die Leidenschaft, mit der die Leute von eingebildeten Werten wie von Wirklichkeiten sprachen, interessierte sie neuer Milliarden Schöpfung durch Ausbeutung der Bodenschätze des Landes und menschlicher Arbeitskraft, bald aber, als sie den ewig gleichen Vorgang simpel fand, ermüdete Teilnahme. Nach ihrer Meinung bedurfte es keiner besonderen Begabung, dafür zu sorgen, daß in keiner Erwerbsgesellschaft das Verhältnis zwischen Betriebskapital und jährlichem Reingewinn den Betrag von sechs Prozent für die Aktionäre überstieg, der Überschuß im anderen Fall durch Kapitalverwässerung in die Taschen weniger Bevorzugter glitt. Diesen Gedanken fand sie alt wie Astor und um so einfältiger, als die Regierungen wegen des Zinsfußes ihrer Anleihen solches Bestreben der Kapitalgewaltigen unterstützen. Wie sie der Anhäufung großer Vermögen auch darum zustimmen, weil man wenige große Steuerzahler leichter als Massen der Kleinen übersieht, schneller mit ihnen abrechnet. Aus der Tatsache, die vollstreckende Gewalt geht mit dem Besitzer Hand in Hand, fand Yvette des Vaters Verhalten altmodisch, gehemmt. Tauchte der springende Punkt in Verhandlungen auf, war sie seines rücksichtsvollen Einwurfs gewiß, durch die der riesige Gewinn der betreffenden Unternehmung immer in etwas geschmälert wurde. Sie verstand nicht, wie man ein Gesetz des Handelns anders als bis in letzte Konsequenzen vertreten konnte, sah ihren Vater als entschlossenen Ausbeuter menschlicher Arbeitskraft und Unternehmungsgeistes doch, im gegebenen Augenblick das betäubte Opfer ganz zu plündern, zaudern. Darüber sprach sie mit ihm, wies seinen Einwand, man müßte, wollte man leben, andere gelten lassen, mit dem Hinweis ab, seine Handlungsweise vermischte zwei getrennte Auffassungen, für deren eine man sich entscheiden müßte. Noch immer rechnete er bei

Geschäften mit dem namentlichen Gegenüber, bestimmten Persönlichkeiten, die ihm Vorstellungen, durch die seine Entschlüsse beeinflußt würden, schufen. Während des werbenden Kapitals namenlose Gewalt nur mit der Ziffer der umworbenen Geldkraft, mit nichts sonst zu rechnen habe.

Aus der Bereitwilligkeit, mit der sich Männer und Frauen ohne Ausnahme von ihr mißbrauchen ließen, suchte sie ihm der Menschheit geringes Bedürfnis zur Selbstbestimmung zu beweisen, seinen letzten Vorbehalt bei Erringung der Macht fortzuräumen. Der Gesellschaftsvertrag, behauptete sie, habe keine sittliche, nur noch ökonomische Voraussetzungen, Volk, das sich in der Gesetzgebung durch Abgeordnete vertreten lasse, mit Abgaben vom Einkommen die Erlaubnis, dem einzigen Drang des Verdienens nachzulaufen, erkaufe, wolle keinen eigenen Willen mehr, doch Besitz als Ziel. Und nicht Kritik, Feststellung dieses Entschlusses sei notwendig. Er müsse seinen Erfolg bis ans Ende nützen oder, von kühleren Spielern überflügelt zu werden, erwarten. Sie selbst, einmal Herrin des Vermögens, würde kein Bedenken kennen. Sie werde die Macht, die Reichtum verleiht, den einzelnen und wirtschaftliche Verbände zu bestechen, die Bestochenen für ihre eigenen Ziele zu beherrschen, zu unbekannten Erfolgen führen.

So ließ der Vater, stolz der Tochter, Summen in ihre Hände, daß sie selbständig über sie bestimmte, fließen.

Als Yvette umsah, was in der Welt die Mühe, besondere Mittel aufzuwenden lohnte, schien ihr zu Kenntnissen der Wirtschaftslehre Vertrautheit mit Kunstdingen wichtig. Religiöse, philosophische Systeme merkte sie durch die wirkliche Lage von neun Zehnteln der Menschheit für die Gegenwart so gebrandmarkt, daß sie um deren Wirkung auf Vernünftige nicht besorgt sein mußte. Hinter dem Vorhang aber, der Wesen und Willen der Kunst abschloß, schien eine Vereinigung von Kräften zu leben, die nicht wirkungslos war und sich ihrem Einfluß entzog. Zwar sah sie, wie auch da Kapital auf den Betrieb drückte, des Kunstwerkes gemeiner Wert durch der Reichen Bemühung auf eine Zahl gebracht war, mit der man seinen Besitz gewinnen konnte und, angenommen, es bänden Raffaels Gemälde eine Summe der in der Kunst gewollten Energie, diese durch Kauf in seine Hand bekam. Auch der Dichter und Musiker Schöpfungen blieben nicht ohne Zusammenhang mit Geld. Man kauft ein Buch, spielt für den Eintrittspreis ein

Schauspiel, eine Oper; was ihren Erfolg und ihre Wirkung ausmacht. Doch war hier das Gebiet, auf dem man mit Rechnung allein nicht herrschte.

Des Mädchens Bedürfnis, das Geheimnis aufzudecken, war nicht stürmisch, trat vor gesellschaftlichen Ereignissen zurück. Immerhin blieb hier Anlaß zu Neugier und Frage. Einen Überblick über die vorzüglichsten Kunstleistungen vergangener Epochen zu gewinnen, war ihr leicht gewesen. Sie hatte nur, was teuer war, kaufen müssen, da im hohen Preis des Werkes das kunstverständige Urteil von Geschlechtern niedergelegt war. Kämpfe um Echtheit und Bedeutung der Ware mußte sie nicht mehr ausfechten. Der Einser mit vier oder fünf Nullen war für ihre Geschätztheit, damit für die innewohnende Gewalt Gewähr. So hingen in ihren Zimmern Bilder großer Meister, standen dort Ausgaben berühmter Drucke. Sie selbst fühlte keinen Reiz als den des befriedigten Reichtums aus ihnen, der sich am Neid der Mitmenschen wohltut. Doch sah sie zartere Seelen durch sie nicht nur in dem Sinn, den Aufenthalt unter schönen Gegenständen auslöst, beeinflußt. Aus ihnen strahlte Erregung, die man sonst an ihnen nicht wahrnahm, die sie aus Yvettes Welt entführte. Als wären die Flächen Leinwand Stocks lustlicher Kräfte, die den Beschauer sphärisch belebten.

Yvette, die sich auf Wollust, die ihr eigener Leib gab, verstand, schien ein Gleichnis in ihm, das sie unterrichten konnte, zu haben. Bewegte sie sich zuchtlos vor einem Mann, ließ durch Faltenwurf Verborgenes ahnen, zeigte der ähnliche Entrücktheit. Hier war ihr das Phänomen als Naturkraft deutlich, das als Mittel, der Frau zum Anschluß an des Mannes Erfolg zu helfen, nicht außerhalb des Tanzes um das Goldene Kalb stand. Was aber taten Männer mit einer Geheimkraft, die, das Leben mit für Geld nicht käuflichen Lüsten zu schmücken, behauptete und sich, als sei sie neben dem Gold wesentlich, stellte?

Was Künstler in ihrem Umgang hieß, erleuchtete sie nicht. Sie gaben himmlische Antworten, waren aber im Wesentlichen irdisch bewegt, schienen außerhalb der Fachgespräche wirtschaftlich, kontokorrent. Selbst die mit rebellischen Schlagworten aufbrausenden, staatsbürgerliche Pflichten schmähenden Jünglinge und Mädchen aus den ästhetischen Cafés zeigten vor einem wirklichen Scheck sich so bürgerlich verbindlich, daß Yvette mit beinah dreißig Jahren geneigt war, das neben dem kapitalistischen Gesetz vorgeblich lebendige Element der

Kunst als Produkt ihrer Einbildung, historische Angelegenheit zu nehmen, das mystische Verzücktsein vor Bildern, musischen Werken als ein Convenu ansah, das sie mit anderem gesellschaftlichen Übereinkommen sich zu eigen machte.

Während sie Bilder der Macht baute, ihrer Nächte Kitzel menschliche Katastrophen blieben, die sie, ein kapitaler Geier, in der Einbildung ausweidete, täuschte sie mit Anmerkungen aus künstlichen Revuen den Schein eines empfindsamen Herzens vor.

Ihm erlag René Maria Bland, der Dichter, trug er ihr vertrauensvoll seine hohen Strophen vor. Sie lag im Stuhl, Blick in den Himmel gehängt. An ihrer Erstarrung rückte kein Schwung, nur die Wade im Seidenstrumpf hatte hoch geflaggt. Schwieg er, irrte ihr Blick um seine Wimpern, kippte jauchzend ins Leere. Innerlich aber fand sie es stark, daß dieser stämmig-derbe Mann in aufgeregter Zeit vor sich und dem Publikum auf dem Kothurn ging. Bedachte Yvette, wie vor einem verhängten Hintergrund leidenschaftlicher Möglichkeiten, mit Sprengstoff geladener Aussichten dieser schöpferische Geist auf Teppichen, allem Irdischen entsinkend, unter Palmen schritt, hatte sie Lust, über den Sänger, der Esel und Nachtigallen besang, Menschen in ihrer Not aber schnitt, zu lachen. Hätte ihn, der arm geboren, ohne Vermögen ein Leben des Zufalls fristete, auf der Ausgebeuteten Seite sehen wollen, Geplünderte zum Kampf führend. Dann wäre er ein Gegner, der ihr Leben aus erhabener Langerweile gerissen hätte, gewesen. Je näher sie ihm kam, um so mehr merkte sie sich in zwei Wesen zerrissen, deren eines, die Frau von Welt, den bunten Vogel hätschelte, sein schillerndes Gefieder beliebäugelte; doch in ihren tieferen Bezirken empörte sich schlichtes Menschentum gegen seine Anmaßung, da sie zu kurz aus des Volkes Tiefe gestiegen war, seine Gelassenheit nicht zu verwerfen. Denn stand sie der Welt rücksichtslos entgegen, wußte sie, durch Raub und Freibeuterei bereicherte sie sich, empfand alles Weh der Beraubten als des Daseins Sinn und Genuß. Führte René aber die gepflegte Hand ans Auge, um unbewegt der Nägel Glanz zu prüfen, hätte sie dem Mann mit Satz in sein zerbrechliches Geschirr springen mögen.

Als sie nach des Vaters Tod der Geschäfte Führung ergriff, mächtige Betriebe an stählernen Hebeln lenkte, gab sie ihm Einblick in die brutale Gewalt, mit der die zu Gruppen gekuppelten Milliarden über des einzelnen Besitz, Leichname wirtschaftlich Schwacher schritten.

Finten und Fallen des Aktienwesens enträtselte sie ihm, zeigte den mittleren Aktionär als Spielball großer Schieber und Gründerfamilien; bewies ihm die Schliche und Spitzfindigkeiten bei Errichtung von Tochtergesellschaften, die Kautschukmoral ihrer in Mußestunden Traktate, die als seelischer Ablaß gedacht waren, schreibenden Präsidenten und Generaldirektoren, und daß bürgerliches Los von Familien, Glück von Gatten, Bräuten, Kindern täglich in ihren Fingern hing. Endlich, welche politische Gefahr die Völker liefen, nicht fähig, den Drang des über die Landesgrenzen in die benachbarten Staaten brechenden Kapitals zu hemmen. Sie behauptete sich als der Gegenwart säurendes Element, das, alle Voraussetzungen der Welt zu zerstören und in der Vergessenheit Meere zu schwemmen, Macht habe.

War sie entflammt, zischte Selbstsucht von ihren Lippen, sah er sie aufmerksam an, ließ sich vorurteilslos anerkennend vernehmen. Doch nahm sie anderen Eindruck auf ihn nicht wahr.

Sie schlief bei ihm, und in allen Stationen ihres Beisammenseins belohnte er sie mit vollkommenen Metaphern. Doch gab er sich nicht hin, und seines Leibes Teile wurden durch sie nicht gesprengt. Während Yvette ihres Blutes Lava auf ihn schmolz, ward seine Form nicht brüchig. Wie Tasso verließ er den Alkoven, war gleich im Unterhemd wieder Bronze und Basalt. Schon erschrak sie in der Erkenntnis: was bedeutete ihre Bosheit, der in ihr aufgehäufte Behauptungswille gegen seiner Methoden Unmenschlichkeit? Wie grausam sie war, stets lebte der Gegner mit schönem Feuer seiner Eigenschaften ihr gegenüber. All die Geprügelten, Vernichteten kamen mit der Macht ihrer Temperamente zur Geltung, der bedeutende Feind hinterließ sogar ein Andenken.

Dieser aber schritt, ohne von Millionen Menschen Kenntnis zu nehmen, durch die Zeit, verwarf abermals Millionen, die sich unter Zeitgenossen einen Namen gemacht hatten, merkte die erfolgreichsten nicht. Nannte nach eigenem Gesetz in seinem Werk, was ihm gelungen schien, und nur davon kam Kunde an die Nachwelt. Der Rest blieb Schweigen. Nicht durch sich selbst verkörperte sie die Industrie der Epoche. Dieser Mann erst, von namenlosen Eltern geboren, hob sie, paßte es ihm, als wesentlich aus Zeit in Ewigkeit, unbefangen, unabhängig einer Sendung hingegeben. Als mit seinem gegen Widerstände wachsenden Ruhm diese Gewißheit feststand, war Eitelkeit in ihr ihm so verhaftet, daß seine Anerkennung Ziel ihres Lebens wurde. Spürend aber, sie möchte die von ihm geforderten Eigenschaften nicht besitzen, zu faul, den Versuch, sie zu gewinnen, zu machen, war sie, ihm Zustimmung mit aller Macht abzulisten, bereit.

Es schien ihr sogar das höhere Vergnügen, seine Bewunderung auf betrügerische Weise zu erlangen, weil sie damit das Bewußtsein geistiger Überlegenheit über ihn haben würde. So bereitete sie wie zu großem Geschäft alles vor, bei dem der Gewinn verwegenen Einsatz lohnte.

Seine Sehnsucht hörte sie ihm ab, spielte sie. Plötzlich stand sie fernen Traumes Erfüllung vor ihm, den er nicht nur mit Jubel mündlich begrüßte, für den er in hymnischem Schreiben dankte. Als Quittungen sammelte sie die Briefe, frohlockte, als die Summe des ihr von ihm Bezeugten gewaltig stieg. Konnte sich, besonders krasses Lob in ihnen dem zukünftigen Biographen seines Lebens mit Tinte anzustreichen, nicht enthalten. Ließ er zu Worten, wie »Meines Werkes treibende Kraft«, »Mein Gewissen, Vorsehung du«, sich ihr gegenüber schriftlich hinreißen, spürte sie seines späteren Widerrufs Risiko für sie sich mindern, hatte einen frohen Tag. Seines Lebens Heimlichkeiten zog sie aus ihm heraus, deponierte sie künftigen Lesern mit gutem Rat, geistreichem Zuspruch von ihrer Hand in ihren antwortenden Zeilen. Sie prostituierte seine Scham und buchte als Effekt: schwört er mit tausend Eiden später meine Unzulänglichkeit, hier habe ich, heilig von ihm beteuert, kommenden Geschlechtern meine Bedeutung bewiesen.

Als drei Bände Briefe von ihm, ihr erläuterndes Tagebuch über vier Jahre im Safe lagen, war sie mit ihm zu brechen bereit. Denn da die fortdauernden Zusammenkünfte zu keinem Genuß mehr dienten, er alles, worüber er verfügte, ihr in Ewigkeit schriftlich versichert hatte, sie außer in Deutschlands Geldwirtschaft für Deutschlands Kunstgeschichte feststand, glaubte sie, fernere Jahre ungestört Geschäften, die sie reichlich erwarteten, widmen zu sollen.

Als sie freundlichen Abschied nahmen, hatte sie des Siegers Lächeln dem vollkommen Geplünderten gegenüber in den Mundwinkeln, sah ihn als den geleerten Sack, der erledigt in eine Ecke fällt.

Im nächsten Frühjahr ging sie, von Arbeit erschöpft, nach Baden-Baden. Bäume wollte sie, grüne Flächen sehen, etwas, das sie für ein Weilchen aus Zahlenreihen und Entwürfen löste. Keinen Sekretär hatte sie bei sich, Post und Telefon wurden ihr nicht zugemutet. Sie aß, schlief, fuhr in einem mit apfelgrauen Schimmeln bespannten Landauer in die Sonne spazieren, Beine auf die Gegenbank gelegt, ohne Gedanken. Lag sie morgens zu Bett, spürte sie des Fleisches zunehmende Erholung und Frische, es fiel ihr ein, sie sei nicht zweiunddreißig Jahre alt, und, habe sie des Lebens Bilanz gezogen, bleibe dieser jungen Frau saftatmender Leib dem Auge angenehm.

Im Zimmer nebenan sprühte mit Tagesanbruch munterstes Leben. Silbernes Kichern kitzelte einen Baß aus dem Schlaf, stürzte in Katarakten über seine gutmütige Empörung. Dann kam Gefauch, Geseufz, und zum Schluß sprudelte Wasser aus allen Wänden. Endlich trat auf den Balkon neben ihren ein Geschöpf, dem Morgensonne durch hellblauen Schlafrock in Blond und Rosa fiel.

Yvette lebte des verrückten Paares Leidenschaft durch Wände mit. Gipfelten die sich in meckerndem Ächzen, lächelte sie skeptisch und beteuerte sich: es käme am Schluß nicht viel dabei heraus. Hinterher müsse man trübe Konversation machen, während empörte Selbstsucht Schlacken, die der eigene Leib bei der Verbrennung angehäuft habe, aufräumte. Des Vorganges Mechanik sei schlecht in seinem Abschluß balanciert. Höhe, Abgrund, Jubel, Gähnkrampf lägen zu nah beieinander.

Doch verebbte ihrer Erwartung entgegen drüben doch nicht der Sturm. Betrat sie mittags, abends, morgens ihr Zimmer, zwitscherte das Geschnäbel, lächerte es hell, gurgelte des beglückten Mannes sonores Lachen. Dann hüpften flinke Füße, schwere polterten, ein Möbel knarrte, Tür widerstand, ein Schrei schnitt die Luft. Atemlose Stille, bis der Diskant Kaskaden schmetterte.

Nach einer Woche mußte Yvette das Abenteuer als das Phänomen, das es war, anerkennen. Sie, der aus vielfachen Ursachen der Zeit erhabenste Möglichkeiten am reichlichsten gegönnt waren, hatte im Räderwerk von Geltungskämpfen nie nur annähernd die Möglichkeit, der Liebe solche Macht und Selbständigkeit zu geben, gefunden, wie das von dem benachbarten Paar mit entrückter Natürlichkeit und Ausdauer geschah, die sie allmählich empörte.

Denn – gab es das – wäre sie, Yvette, die zuerst Berechtigte gewesen, ihrer Schönheit wegen, und weil kein irdischer Mann, den sie für ihr Glück nicht kaufen konnte, lebte. Sie stellte fest: mochte der Frau unbändiges Vergnügen eine zu des Mannes Zufriedenheit gespielte Rolle bedeuten, er aber, der, ein nicht zu Besiegender, immer wieder in des

Genusses Wirbel sprang, begann ihres Lebens gemachte Erfahrung in Frage zu stellen, sie zu beunruhigen.

Hatte sie von der beiden Getändel jede Nuance in den Nerven, fleischliche Heiterkeit, des Wortes derbe Freiheit, die immer voll geistiger Distanz blieb, ihrer Wässer, distinguierten Seifen Duft, der Wäsche Knistern, kannte sie vom Balkon her des jungen Weibes Gesicht und Teile ihrer ausgestellten Nacktheit, war kein Schatten vom Sultan sichtbar geworden, und es fing ihres Lebens dringendste Neugier zu werden an: wer war er, der ihre Rechnung mit Männern Lügen strafte?

Als sie eines Morgens aus dem Zimmer kam, trat er aus dem seinen: Bland! Nicht zu Besuch war er bei jenen gewesen, doch er der Wohnung und Frau Gebieter. Ohne Verlegenheit begrüßte er sie, während sie erglühte, als träte der Gott aus Wolken zu ihr. Plaudernd führte er sie zum Haus hinaus durch Alleen in Berge, und plötzlich lag sie über ihn erhöht unter Bäumen grünen Abhang hinan. Noch war sie sprachlos, wie einem kleinen Mädchen klopfte ihr das Herz. Aus seiner geoffenbarten Kraft sollte auch auf sie Souveränes, Unwiderstehliches kommen. Zum erstenmal war sie Beute, hatte keinen Vorsatz, nicht den kleinsten Gedanken, es bebten die Beine, die ihm zunächst lagen. Nun mußte die Faust fallen, die sie in ihres Lebens Mitte zerschlug.

Doch blies der Mann gelassen Rauch von sich, zog ihr den hochgeschlüpften Rock über die Waden und sprach: »Die Frau, mit der ich lebe, hat die starken Instinkte, nach einem Leben von Formeln und Begriffen mich flüssig, menschlich zu machen. Ich bin nicht mehr René Maria Bland, mit dem der Tag nicht lohnte: doch bin ich auch keiner, mit dem eine andere Frau Verknüpfungen, in denen er mit der einen lebt, haben könnte. Am wenigsten Sie, Yvette. Umsonst sehe ich Sie in tieferem Sinn für mich bereit. Doch sind Sie wie ich kein Lebensquell. Mit hoher Vernunft, klugen Gedanken verharren wir stumpf, und ist unsere gewählte Geistigkeit selten, die Frau, die ich liebe, bleibt das Allerseltenste auf Erden, und ihr männliches Gegenstück ist mir nicht begegnet; so daß ich Ihnen nicht einmal für Ihre Zukunft Hoffnung geben kann.

Diese sprüht an Brüsten. Wo ich sie fasse, ist sie Strom, der mich mit Feuer aus Aufspeicherungen lädt. Immer ist sie kraftvoller Beginn, und hinterher noch scheint ihr Geschlecht das Allernatürlichste. Nichts kommt darauf an, ob sie lacht oder weint, vom Sinn ihrer Worte, von ihrer Entschlüsse Wert hängt nicht das geringste ab. Sie mag leiden, sich freuen, wachen, schlafen – stets entsteigt ihr das Ursprüngliche, von dem Gebären und Frucht, Yvette, kommt!«

Die Poularde

1918

So arm waren Stefanies Eltern, daß es in dem ausgemergelten Landstrich der schäbigen Bevölkerung Erstaunen erregte. So traurig stand, den Nachbarn fern, der Hausstumpf am Wald, daß dem Vorübergehenden Not übler Atem aufstieg, er die Rückkehr auf gleichem Wege mied.

In solchem Gerümpel, ahnte man, durften von Rechtes wegen nur Schweine hausen; verhielt es sich anders, war das ein Fehler in der Schöpfung, der einen bekümmerte, während man im Grund machtlos war. Nahrung der dort Eingepferchten stellte man sich als Schale und Abfall vor.

Mit fünf jüngeren Geschwistern, den Eltern teilte Stefanie nachts drei Matratzen, wollene Fetzen und Flanellenes als Kleidung, Kohl zur Nahrung. Doch gab es im Mai nach Winterkälte Sonne, die Knochen auftaute, Behagen durchs Blut trieb.

Schlimm wurde die Lage, als jäh die Mutter starb, Stefanie, dreizehnjährig, der Kleinen Versorgerin blieb. Da galt es, den ganzen Tag in der anderen Unreinlichkeit zu stehen, sie fortzuschaffen, den unselbständigen Vater durch Frohsinn bei Laune zu halten, den das Mädchen aus eigener Kraft nicht immer aufbrachte, an dessen Stelle sie des Alten täppische Zärtlichkeiten litt. Da sie aus häuslicher Arbeitsfülle Schul- und Religionsunterricht kaum beigewohnt hatte, glaubte sie manches, was nicht sein durfte, erlaubt, duldete, als sie wuchs, von ihres Vaters Gefährten, die sich zu ihnen verliefen, Animalisches, das ihr aus der Natur, Ställen mit billigen Haustieren an des Häuschens Seite, vertraut war.

So wurde sie, ohne daß sie durch wen und wie gewußt hätte, aus ihrem ersten Zustand in den der Frau gebracht, hatte aber von ihres Lebens Änderung keinen Eindruck oder Vorstellung. Geschehenes und unbefangen Wiederholtes half ihr geraume Zeit nur, dieser Seite des Daseins nicht mehr Beachtung als sonstiger Notdurft zu schenken, dem Leben mit siebzehn Jahren in der Hinsicht mit einer Freiheit gegenüberzustehen, die ihr die zu sich selbst aufbrausende Besinnung, anders als die Mehrzahl der Frauen, an wichtigere Dinge zu wenden erlaubte.

Als nämlich der Vater eine neue Frau genommen hatte, die den Hausstand zu besorgen bereit war, verließ Stefanie die Familie, ging, ihrer Arbeitskraft gewiß, ins nächste Dorf, wo sie bei dem Metzger Stellung nahm. Pünktlich erfüllte sie Pflichten, in die sie des Hausherrn Umarmungen von Anfang an eingestellt hatte, wäre aus bescheidener Laufbahn nicht herausgetreten, hätte sie sich nicht Groschen und Markstücke aus der Ladenkasse, für die sie Schmuck und Putz kaufte, angeeignet. Wie sehr der Metzger ihr durch seine Liebschaft spießgesellt war, fürchtete er, es möchten die Diebstähle sich häufen, sie ihn auch sonst genieren, und er ließ durch seine Frau Anzeige gegen die unehrliche Hausgenossin machen.

Nun erlebte die Verhaftete ein so deutliches Phänomen, daß es als ihres Lebens erster krasser Eindruck feststand: wohin sie unter Menschen kam, empfing sie von jedem Mann so dringende Zeichen seiner Fassungslosigkeit, grenzenloser Demut ihr gegenüber, daß der Sieg ihrer im männlichen Gegenüber schallend ausgedrückten Schönheit sie immer mit bezwang, mehr und mehr in jeder Lage sicher machte. Zwar wurde sie nach des Gesetzes Buchstaben zu der geringsten Strafe von zwei Monaten Gefängnis verurteilt, vom Vorsitzenden des Gerichtes über Schöffen und Zuhörer bis zu dem Schutzmann, der sie bewachte, bat aber jedes Männerauge zerknirscht um Verzeihung, drückte bezaubert aus: Du wollest, Holde, mich für des Gesetzes Blödsinn nicht büßen lassen.

In ihrer Zelle hatte sie plötzlicher Erfahrung nachzudenken Zeit. Was sie nicht beachtet hatte, besaß für andere Wert, war ein für allemal ihr kostbares Eigentum. Hatte sie bisher ihrer Durchschnittlichkeit Gewißheit beherrscht, machte ihrer Besonderheit neue Kenntnis viel Kraft in ihr frei. Ohne Spiegel sah sie an sich hinauf und hinab ihre Erscheinung besser ein, lernte das Ganze, Teile, die kleinste Einzelheit auswendig, besaß am Ende der Haft solche Schätzung leiblicher Vorzüge, daß sie dem Tag der Freiheit mit Gefühlen wie der Erbe großen Vermögens entgegensah. Durch dessen kluge Verwendung er für nüchternes Leben Romantik, eine zwar bezahlte, doch stets für ihn bereite, will.

Am Vorabend ihrer Entlassung nahm sie gewissenhaft Musterung über sich ab. Noch bekleidet, begriff sie des Haares aschblonde Masse mit der Wimpern und Brauen nicht übereinstimmendem Braun als ihren heftigsten Reiz, mit dem sie in jedem Fall rechnen konnte. Auch die Anstaltsjoppe, der Sack um die Beine konnte ihren Wuchs nicht verhüllen. Als beides fiel, entschlüpfte ihr diesmal ein Schrei. Hingerissen blieb sie ihr berückter Zuschauer, bis kühles Fleisch sie wieder wachruft.

Am anderen Morgen stümperte sie auf Nerven des sie zum Bahnhof begleitenden Gendarmen erste Tonleiter vom Blatt, war, in der Großstadt angekommen, die ihres Kerns gewisse Person.

Augenblicklich hätte sie ihre Laufbahn beginnen können, wäre ihr nicht aufgefallen, zwischen ihres Auftretens Glanz und Mitteln, ihn anzubieten, gab es noch kein Verhältnis. Sie ahnte, nur in Ruhe sei sie schön, Bewegung entstellte sie, Wort nagelte sie in Niedrigkeit, der sie entfliehen wollte, fest. So trat sie bei besseren Bürgern als Zimmermädchen ein, sah ihnen Lebensart ab; suchte, wie sie sich zu bewegen, drückte wie sie Gefühle aus. Einen Wortschatz erwarb sie, konnte sich in gesteigerter Situation sinngemäß blähen. Sie schnörkelte an allem Ausdruck, hängte dem Eindeutigen im Tonfall Schwänzchen an, machte Leibliches mit Knick und Wendung manchmal deutlicher. Nach einer Liebschaft mit dem Haussohn überließ sie sich fertiger dem Hausherrn.

In Jahresfrist wechselte sie bürgerliche Herrschaft so oft, bis ihr der Klasse Formen geläufig waren. Trug sich wie das gutgeborene Töchterchen, nahm gleich ihm von dem in Gesten Angebotenen mit zimperlichen Worten jedesmal ein Teil zurück.

Mit neunzehn Jahren konnte sie sich als Kammermädchen in fürstlichen Haushalt verdingen und, der jungen Fürstin zur Bedienung zugeteilt, wurde sie im Umgang mit der hochgeborenen Frau, mit Leidenschaft in ihres Daseins Lücken sich schmeichelnd, aller Heimlichkeiten eines schönen, lasterhaften Weibes von Welt Mitwisserin. Das an des kleinen Mädchens Erziehung zur Liebe Freude fand, es immer inniger schätzte. Ohne körperliche Scham vor der an Schönheit ebenbürtigen Geschlechtsschwester, nahm ihr Gefühl, ihre Geistigkeit kein Blatt vor den Mund, sie verriet, von Festen kommend, der Aufhorchenden ihre Sensationen und gesellschaftliches Glück.

Das äußere Werkzeug, mit dem die Frau sich für den Mann erhält, wurde Stefanie vertraut; sie kannte die seltene Essenz, milde, heftige Reizmittel zum Genuß, unterschied im Anzug Erlesenes vom Nur-

Gewöhnlichen. Darüber hinaus lehrte die Prinzessin sie vergangener Epochen berühmte Liebschaften kennen. Casanovas, Mirabeaus Libertinage, Brantômes, Boccaccios, de la Sales Bekenntnisse wurden ihr bekannt. Valmonts und der Marquise von Merteuils Entzückungen las die Herrin mit gesperrten Augen vor, um, lag sie in Stürmen sich nicht genugtuender Zärtlichkeit, ihr noch der eigenen Liebeschronik Gipfel zuzuflüstern.

Doch auch, wie man den Gatten, den Geliebten täuscht, wie beide versöhnt und wieder gereizt werden, man eine Beziehung zu Tod hetzt, von weither die andere anknüpft, man falsche, echte Tränen weint, wirklich und wie im Theater lacht, lernte Stefanie, und viel aus adeligen Taschenbüchern und dem Hofkalender.

Bis sie das Weib war, das der Mann von Welt an öffentlichen Orten mit Aplomb zeigt. Doch wollte sie für ihren Eintritt in die Welt Nuance. Von ihrer Lehrerin wußte sie, beim Rennen hängt vom Start viel ab. Wie eine fite Stute mußte sie aufgaloppieren, um nach glattem Ablauf aus dem Rudel an die Spitze zu fliegen. Jeden der im Haus ein- und ausgehenden Kavaliere, all diese Herren mit des Prinzen Einschluß konnte sie zum ersten offiziellen Partner haben. Doch wartete sie auf den, dessen auf sie gefallene Wahl das stürmischste Aufsehen verbürgen würde.

Einen alten polnischen Magnaten gab es, der durch galantes Leben sich seiner Beine Gebrauch beraubt hatte, an Krücken ging. Einzig war sein mondäner Ruf, über Frauen galt sein Urteil als Gipfel. Seit langem aber begnügte er sich, platonisch bestimmend in allem, was des Weibes Nachstellung anging, zu sein. Zu groß angelegter Unternehmung holte sich auch der Kenner des Grafen Gilczynskis Rat. Nur für das eigene Leben schien er nach dem tragischen Bruch mit der großen italienischen Tragödin kein Weib mehr zu finden.

Dieser zertrümmerte Wüstling sollte ihr des Lebens erste ernste Geschichte machen, entschied Stefanie; an ihm sollte zu ihren Gunsten das Exempel statuiert werden. Der zynische Abgott eines Klüngels mußte, sanfte Taube, vor ihr schwirren, für sie zu pikant-grauenhafter Affiche zurechtgesetzt werden.

Wie eine Fliege fing sie mit wuchtigem Schlag die Reliquie, indem sie vor seinen Augen mit Liebreiz Stufen hinauffiel, daß dem Gepackten aus Wäschezauber eine Frühlingsnacht in Chantilly, ein Haus mit grünen Fensterläden einfiel, er in lauter achtzehntem Jahrhundert ging.

Seine Werbung war brüsk, dehnbar ihre Ablehnung. An ihr gängelte sie ihn, bis er Narr war, in Träumen Champagner aus ihren Schuhen trank. Siegreichen Ausganges sicher, machte sie ihn wie ein Gummiband schlapp, das man täglich überzieht. Schließlich baten Freunde, bat der Prinz, die Prinzessin zu des Freundes Gunsten. Die Letztere riet der Angeschwärmten, das Wrack auf Abbruch zu heiraten. Stefanie sperrte sich, maulte, bis Aufsehen wie Posaunen schrie. Dann trat sie als überredeter Engel aus dem Winkel ins Licht, erbat, dem Anbeter Aug in Auge, vor Zeugen Bedenkzeit. Und während sich der morsche Kavalier auf ihre Hand bückt, besieht sie nachdenklich den Grandseigneur, sucht in sich festzustellen, wie er ihr am besten dienen könnte.

Sie macht ihren Staatsstreich, als sie erklärt, seine Frau nicht, das verböte sich, seine erklärte Geliebte wolle sie sein. Da hatte Welt einen Bewunderungsschrei, des Magnaten Familie Dankbarkeit für sie; mit einem Schlag war sie in den Augen der Strengsten die ernsthafte Angelegenheit.

Auf großem Fuß etablierte sie des Grafen Reichtum. Sie hatte das Haus in der Stadt, stand auf seinen Schlössern Jagden vor. Unter Schützen die einzige Frau, zeigte sie Talent, Doubletten zu schießen. Nachts ließ sie sich im Schutz von Treppen und Gängen vom besonders kühnen Jäger selten stellen, hatte sie ein Vorzug an ihn gefesselt und glaubte sie, nach gesellschaftlichem Übereinkommen Verpflichtungen ihm gegenüber erfüllen zu müssen.

Nach allen Richtungen kreuzte sie mit dem gräflichen Beschützer die Welt. Der Pflegerin betontes Amt stand ihr überall. Ob sie in Cannes, Fontainebleau, Deauville, ihn stützend, in den Speisesaal trat, ihm in der Freudenau, in Epsom den Stuhl in die Loge schob, Hingabe war immer kleidsam, und in jedem Zuschauer spannte sich mit ihr freudiges Bedauern.

Sie wurde seines Kindes Mutter, das ihr stand, mit dessen Rosa und Weiß sie sich bei Gelegenheiten schmückte. So tief beugte sie sich auf den Knaben, daß blonde Mähne sich in den Wiegenkorb entfesseln konnte, der anwesende Begleiter aus dem, was ihn von diesem Weib mit Assoziationen packte, zärtlichste Bedürfnisse hatte.

Manchem Mann trat sie nah, da ihr die männlichste Voraussetzung, aus einer Liebesgeschichte nichts Ernsthaftes zu folgern, durch Veranlagung und Erziehung plausibel war. Doch auch sie duldete neben ihres erklärten Freundes Leidenschaft kein Gefühl auf des Partners Seite, das ihres Lebens primitives Gerüst bedroht hätte. Das stand auf dem Satz: kostspieliger Komfort, durchaus Annehmlichkeit für den, der ihn gekauft hatte, gewährleistete sie unter allen Umständen den endlichen Besitz, der des Bezahlten erstes Merkmal ist.

Galante Atmosphäre diente dazu, des wirklichen Besitzers Behagen aus seiner Sorge und Eifersucht um sie zu steigern. Daneben blieb sie überzeugt, alles Eigentliche in ihr sei durch Kauf des Grafen Gilczynski Eigentum, stünde ihr persönlich nicht mehr zu. Aus ererbter Anpassung war sie trotz äußerer Stellung gründlichem Wechsel in seelischen Gründen noch die völlig Hörige. Unbedingt in den Geistigen. Denn ob sie durch seine Anbetung über dem Grafen, ihren Anbetern schwebte, wartete ihr Verstand des *Herren* Laune auf, indem nichts sie bewegte, als, was vornehmer Männer wesentliche Inhalte waren, zu wissen.

Sprach zu einem andern ein Mann, hockte sie, Beine unter dem Schoß, mit erhitzten Augäpfeln beiseite, suchte hinter Worten ein Unbedingtes für sich herauszuhören. Gelang es, kam sie wie eine Katze ins Schnurren, blieb von eines Nichts Erörterung hingerissen, hatte sie bei seiner Erwähnung den leidenschaftlichen Ernst in den Stimmen gespürt, der ein für allemal für sie bestimmend war.

Ihrerseits drückte sie von Anfang an mit Worten keinen Gedanken aus, setzte sie nur so, daß sie den gewollten Zweck nicht verdunkelten, dessen eigentliche Betreibung sie einem Drang überließ, der sich unmittelbarer aus ihr entlud. Wie sie Absätze des zu ihr Gesagten mit der Absicht, den tiefer liegenden Instinkt in ihnen zu haschen, überhörte.

Damit war sie jedem Mann gewachsen, der sich feierlicher Rede vor ihr hören ließ, von sehr weit und gegen den Wind sich an sie pürschte. Den sie aber, tief in Trieben wurzelnd, schon äugte, dachte der sich hinter Wortattrappen noch geborgen.

Gab es mit dem aufgewühlten, ihr anhängenden Greis von Zeit zu Zeit Auftritte, antwortete sie auf seine Vorwürfe nicht logisch, doch so, daß sie die von ihm in Aussicht gestellte Katastrophe durch ein wahres aus ihr prasselndes Chaos überbot, der Verblüffte, wurde der Weltuntergang durch seine Bitte um Verzeihung noch vertagt, froh war.

So herrschte sie im Umkreis, erfüllten Diener, vom Grafen Bezahlte und Anbeter ihr jeden Wunsch. Frei von anderen Leidenschaften, genoß sie mit Inbrunst raffiniertes Nichtstun, ihrer Glieder unaufhörliche Pflege, bildete sich dazu ihre Jugend ein, in der die Haut durch Frost und Hunger jämmerlich entstellt gewesen war, das Fett auf Knochen gefehlt hatte.

Jetzt polsterte Busen und Bauch, schwellte Schenkel und Waden plastische Weichheit, strafften den Rücken so köstliche Stufungen, daß die für Schönheit blinden Bauernmädchen, die die grobe Arbeit in den Zimmern machten, sich ihr zudrehten.

Spielte sie mit dem Grafen und Freunden zwischen Mahlzeiten nicht das ewige Kartenspiel, durfte man ihrer Nägel Pflege, der Haare stundenlanger Durchkämmung zusehen, deren elektrische Entladungen einen Vorgeschmack von der in diesem Weib aufgespeicherten Naturkraft gaben.

Schließlich glich sie strotzend jener Frau des Rubens, der Fleisch gehügelt über Bünde hüpft, die, während Fülle sich überall freidrängt, mit einer Hand die üppigen Brüste zwingt, mit der andern ihres Leibes Mitte in den hergerafften Pelz verhüllt.

Kein Zufall war's, daß ihrer Taille Knöpfe manchmal offenstanden, doch rührendes Symbol.

An einem ersten Januar trat bei ihr eine andere Kammerjungfer, beim Grafen ein neuer Kammerdiener ein. Vier Jahre hatten die für sie Verabschiedeten den Dienst zur Zufriedenheit erfüllt, letzthin aber war Wertvolles aus den Schlafzimmern verschwunden, und eines Tages hatte der Graf beide Diener verabschiedet. Die neue Jungfer, jung und hübsch, hatte Umgangsformen, verstand ihre Sache; der Diener, ein großer Rotblonder, war mit Manieren still, unterschied sich vorteilhaft von seinem Vorgänger, dessen Geschwätz den Grafen oft geärgert hatte. Schnell hatte Sofie der Herrin dringenden Wunsch, im Haus und draußen Welt ausdrücklich für sie angerichtet zu finden, erraten, tat immer, als sei vor der Gebieterin Zustimmung kein Akt von ihr, doch auch keines anderen, ja Gottes nicht, vollendet. Öffnete sie morgens Fenster im Schlafzimmer, über den Frühstückstisch mit Blumen und Silber goß Sonne Lichter in der gnädigen Frau Schoß und Wäsche, schrie sie auf, doch nicht gerade entzückt, aber vor Entzücken erst kichernd, war der Beschienenen Beifall gewiß. Oder stand Stefanie zum Hinabgehen fertig mit neuem Kleid im Spiegel, kam Sofies stürmischer Applaus nicht eher, bis die Herrin Zustimmung zu sich selbst ausgedrückt hatte. Auch über den Grafen und die Hausfreunde erwähnte sie nur einen Eindruck, den sie in betreff der Gebieterin von den Herren hatte; gewaltige Effekte, die sie in Umschreibungen immer wieder genießbar machte.

Angenehm fand Stefanie das Mädchen, interessierte sich für seine Geschichte. Die gleiche Anekdote, die ihre eigene Vergangenheit war, erfuhr sie aus ihr. Nur kam kein Diebstahl vor, doch in Sofies Leben war Liebe zu einem Mann Höhepunkt gewesen, über die sie Banales, durch sentimentale Veranlagung zu kleiner Katastrophe Aufgebauschtes in Andeutungen erzählte. Am Schluß der Beichte weinte sie, und Stefanie konnte sich die eigene bequeme, überlegene Gemütsart, der sie Glück und Zufriedenheit dankte, bestätigen. Es machte ihr Vergnügen, die Aufgeregte in immer stärkeren Gefühlsausbruch zu hetzen, den sie jedesmal mehr genoß.

Plötzlich aber ließ sich Sofie nicht mehr zu Ergüssen über den verschwundenen Freund herbei; es war klar, Neues, Lebendigeres erfüllte sie. Ihren Blicken brauchte Stefanie nur zu folgen, zu wissen, Wenger, dem Kammerdiener, galt der Kleinen Begeisterung. Schon sah sie jäh den Fall abstürzen, als sich des Mannes Sprödigkeit, des Mädchens Verblüffung darüber zeigte. Duldete Sofies Eitelkeit kein Geständnis ihrer Niederlage, sah die Herrin den Stand der Dinge aus ihren bösen Launen ein. Der fesselte sie um so mehr, als sie immer wieder bestätigen mußte, reizend sei die kleine Person; zu zierlich im einzelnen gemacht, im ganzen großen Ansprüchen genügend. Der Mann war gut gewachsen, doch was wollte er auf dem Land, wo andere Zerstreuung fehlt, mehr als das begeistert angebotene Glück?

Sah sie ihn näher an, fand sie, er habe Haltung, die ihn aus seinem Kreis hob. Auf Zehen ging er lautlos, alles streckte sich an ihm. Verschlossen war er mit Dienstboten, bei der Herrschaft Trieb in ihm wach. Bei Gesprächen, denen er zuhörte, stand Feuer in seinem Blick, er war, sprach man ihn an, im Traum ertappt. Geschmack fiel an seinem Anzug auf und, daß in besserem sich der Mensch gut bewegt hätte. Das Erstaunlichste war der Takt, den er, seinen Herrn zu Bett bringend, bewies.

Stefanie bildete sich ein Schicksal von diesem Diener ein, das ihn aus seiner Sphäre heben müßte, habe er, ein hochgestecktes Ziel zu wollen, Ehrgeiz genug. Aus Vergleichen mit dem eigenen Geschick hatte sie Wohlwollen und Teilnahme für den Mann.

Eines Abends fiel ihr ein, sei er zu höherem Fortkommen rücksichtslos entschlossen, müßte, mit einem Schlag in neue Verhältnisse zu springen, sein kühnster Flug sie selbst an der Berechnungen Spitze gestellt haben.

Denn dieser Mensch besaß männliche Erfahrung, wußte mit der Welt und ihr hinreichend Bescheid, viel von ihr zu ahnen, mehr aus Vergleichen zu erwarten. Er sah sie mit dem alten Mann zur Seite ohne wirklichen Liebhaber aus krüdem Volksempfinden bestimmt als eine zum Genuß Bereite. Die Worte, mit denen er vor sich selbst ein Weib wie sie und ihre Lebensumstände nannte, hätte sie hören mögen.

Bei allem Befehl, den der Graf an Wenger gab, bei jedem Auftrag für ihn, ertappte sie sich auf so echtem Kameradschaftsgefühl, daß nichts, was ihn betraf, ihr gleichgültig blieb. Über seine Herkunft dachte sie nach, sah auf seine Hände, die früher von ihm geleistete Arbeit zu kennen, festzustellen, ob er nicht besser als sie selbst geboren war. Da es ihr gut ging, wünschte sie diesem Gutes, weil auch er unverschuldete, soziale Niedrigkeit verabscheute, von ihr los wollte. Jedes Lob, das er empfing, schmeichelte ihr, sie wandte sich, daß er den Beifall in ihren Augen sähe, ihm zu.

Doch blieb ihr gegenüber in einer Zurückhaltung der Domestik, die sie als gewollt fühlte, weil sie Leidenschaft hinter der Grimasse ahnte, die sie nicht als schöne Frau, doch als die beste ihm erreichbare Beute begehren mußte, und weil sie die Ursache nicht sah, warum kein Nerv ihr gegenüber an ihm bebte. Darum suchte sie ihn mit kaum sichtbarer Teilnahme, erst als er sie nicht begriff, mit Blick ins Gesicht, flüchtiger, doch gezielter Berührung zu verführen. Schließlich mit der Vertrautheit, die seine Anwesenheit in Schlaf- und Ankleidezimmern entschuldigte.

Als der Unnahbare nicht zu rühren war, zu ihrer eigenen Verwirrung abends Sofies Klagen über den heftiger Angeschwärmten kamen, fand sich Stefanie zum erstenmal seit langer Zeit wieder in einer Lage, die nicht wie jede sonst entrollte. Wachte sie morgens auf, ließ des Tages Verlauf sich über Freuden bis zum erleuchteten Abend nicht mit jener Gewißheit voraussagen, der sie Glanz der Augen, starke Nerven verdankte. Doch wirkte in ihr, was Blut staute, Fontänen zum Kopf trieb, daß sie vor Menschen erröten mußte. Aus Ruhe war sie in Erregung, die weh tat, gestürzt, faßte nicht, daß für diesen Mann nicht gleiche Gesetze aus ihr, die ihr Leben stets geregelt hatten, gelten sollten.

Trotz Vorwürfe für sich selbst ging ihr Trieb auf ein Bedürfnis los, das durch alle ihre Zellen brauste. Dieses Mannes Luft mußte sie atmen, sein Tun und Lassen erleben. Unter Vorwänden blieb sie im Ankleidezimmer, durch dessen offene Türen sie ihn in des Grafen Schlafraum bei der Arbeit sah. Dort schaffte er, als schaute niemand ihm zu, gab auch auf Sofie, die an ihm vorbeistrich, nicht acht.

Einmal, als sie sich, nach dem nicht Sichtbaren zu spähen, weit vorgereckt hatte, stand er einen Schritt von ihr in der Tür, raubte ihr mit riesigem Blick in sie hinein Besinnung. Als sie zu sich kam, bastelte er wieder Arbeit.

Schwül wurden Nächte, Kissen, Laken stieß Stefanie fort. Schicksalhaftes ahnte sie in sich und war von Zorn besessen. Elementares fürchtete sie, das wie Elend und Not kein Erbarmen kennen, sie mit Stürmen, gegen die man machtlos ist, schütteln würde, zu denen es nur des Nachbars Achselzucken und seinen Spruch gibt: So ist das Leben.

Aber, daß das Leben nicht so sein muß, wußte sie. War nicht auch in den vergangenen Jahren die Versuchung, Grenzen zu sprengen, dem Chaos sich hinzuwerfen, oft und dringend an sie getreten, und hatte nicht immer wieder Beherrschung in ihr entschieden: aus eigenem Wunsch und Gewissen hast du fremder Gewalt dein Geschick verkauft?

Jetzt aber blieb ihr über Ruf und Warnung köstlich der Mann, sein Dasein im Raum berauschend. Je mehr ihrer Umgebung weltmännisches Wesen feststand, um so stärker riß sie Urkraft zu diesem hin, hinter dessen Nachäffung anderer sie ein wild Unmittelbares witterte. Schon hing sie den Blick an ihn, plünderte ihn vor aller Welt.

Auf den Balkon trat sie nachts, sah in den Park nach jener Hausseite hin, wo sie ihn im Gesindeflügel schlafend wußte. Sie lachte sich aus, faßte das Alberne ihrer Lage und ließ sich über alles Seufzen wollüstig durch ihre Achse spalten.

Mantel, Tuch schlug sie eines Abends spät um die Schultern, ging, eine Wandelnde, an Büschen vorbei die mondbeschienenen Wege über klingenden Kies unter sein Fenster. Dort stand sie, und es war, sie würde die Wand hinaufgehoben, sähe in sein Bett ihn hingestreckt. Diese zauberischen Partien führte sie den Juli hindurch fort, blieb in Phantasien glücklich.

Doch da sie sein Geheimnis nicht länger ertrug, lief sie, als er zur Tür hinaus in die Stadt fort war, in sein Zimmer, warf flach das Gesicht ins unaufgeräumte Bett und füllte sich wie einen Schlauch mit seines verschwitzten Leibes durchdringendem Schweiß.

Noch sah sie aus Märchen eine Mundharmonika auf der Kommode, Ansichtskarten mit üppig enthüllten Weibern, Generälen zu Pferd um den Spiegel gespießt und entfloh mit dem warmen Trikot von ihm, das sie fortan auf ihrem nackten Leib trug.

Nicht Stolz ließ sie dem Sieger seinen Sieg verheimlichen, sich nicht wie Blitz in seine Arme werfen. Schreck, durch Hingabe aus Behagen in bodenlose Tiefe geschmettert zu werden, stellte sich ihrem Verlangen entgegen. Denn je näher sie dem Angebeteten mit entfesselten Instinkten trat, um so unbedingter spürte sie hinter harmloser Fassade den Banditen und Ausbeuter.

Als sich Sophie verwandelte, Eifersucht Stefanie Wochen zermürbt hatte, stieg sie eines Nachts auf einer Leiter an sein Fenster hoch, sah durch den geschlossenen Laden das Mädchen in den entrückten Umarmungen bei ihm, die sie für sich selbst geträumt hatte. Als das gesättigte Paar sich beieinander ins Bett gestreckt hatte, nahm der Kerl ihren Namen ins Maul, erzählte der kichernden Sofie als längst gewußte, oft belachte Tatsache ihr Geheimnis. Und während er die Kleine tätschelt, prahlt er, wie er die ängstlich flatternde Poularde auf seine Rute leimen, ihr Fett, daß dem feisten Aas Hören und Sehen verginge, abzapfen will.

Ihn anfeuernd, preist das Weib der Herrin Reize, die sie entschleiert, gibt zum Schluß in des Burschen unflätiges Geschwätz noch Stefanies zartere Heimlichkeiten mit saftigen Worten preis, wozu der Lümmel »um so besser« brüllt, plötzlich auf Sofies, der Zuschauerin in grotesken Überschneidungen zugedrehter Nacktheit Generalmarsch trommelt.

Nun wollte vor Schmach Stefanie sterben, aus Haß und Liebe den Mann vom Erdboden tilgen. In seinen und des Mädchens Blicken fand sie offenen Hohn, unter dem sie sich wand; spürte seiner Kinnbacken Krachen, wie er sie verspeiste, rauchende Verdauung über ihr begann.

Nur noch ein Lot Fleisch war sie, das er essen und ausspeien würde. Und doch tobte es, gebissen, gekaut, durch seine tiefsten Schlünde gewürgt zu werden. Grauen sperrte ihr die Glieder in Entzücken steif, saß sie mit dem Grafen allein, und der in seinem Frieden glückliche

Freund überredete sie dringlicher, zu des Kindes Bestem doch endlich nach gründlicher Probezeit in Heirat mit ihm zu willigen.

Trotz ihrer wiederholten Schwüre, des Grafen Wunsch zu erfüllen, fühlte sie sich zu tief vergiftet, kannte keine Erlösung für ihre Qual, als alles Glück, alle Erniedrigung in gewaltiger Umarmung zu schlingen, hinterher auf Gnade und Ungnade dem neuen Herren verfallen zu sein.

Nun war sie für den gleichen Abend wie zu Selbstmord zur Tat entschlossen, als sie Doktor Rank in der Bibliothek traf, der, wie oft seit Jahren, ihr wieder mit sich selbst beschäftigter Gast war. Aus anderer Welt von Zeit zu Zeit ins Haus fallend, verband ihn mit dem Grafen des gegenseitigen Charakters Achtung, den sie auf gemeinsamen Reisen im dunklen Erdteil erprobt hatten.

Dicht trat er an sie, sagte, nur der Gefahr unmittelbare Nähe erkläre seine Worte. Er ahne nicht, wie hoch sie ihn schätze, für wie befugt sie ihn, Rat zu erteilen, halte, doch sei er in diesem Augenblick im Haus der einzige, der, von den Ereignissen nicht betroffen, Entscheidung aus Vernunft treffe.

Er übersah ihr gemachtes Erstaunen, nahm sie, wobei sie bis in Finger glühte, bei Händen, sagte, stets hätten Frauen Vertrauen zu ihm gehabt, so daß er mehr als ein anderer aus Erfahrung von ihnen wisse. Keine Lage könnte er ausdenken, die er nicht mit ihnen begriffe, und er sei nicht stets ein Warner, häufiger ein Veranlasser gewesen. Nur habe er darauf bestanden, aller Sache ins Gesicht zu sehen, seine Kritik habe verhindert, daß auch nur eine falsche Zahl in Rechnung, die später verhängnisvoll wurde, gestellt wurde.

Als sie fortwollte, sagte er, nicht, daß sie den Plebejer liebe und aus ihrer Leidenschaft jetzt handeln wolle, könnte ihn, in ihr Persönlichstes zu dringen, veranlassen, doch Furcht, sie überschätze die Posten, rechne mit seelischem Millionenaufwand, wo sich mit Geringerem auskommen ließe, oder sie balanciere nur falsch. Sie sollte den Fall setzen, er sei wie sonst nur der Freund in Bilderbüchern unbeteiligt, verschwiegen. Und da das Wesentliche von ihm erraten sei, laufe sie durch Aufrichtigkeit keine Gefahr mehr. Und dürfe nicht glauben, seine frühere Bekanntschaft mit dem Grafen nehme ihn im geringsten für ihn, gegen sie ein: Aber wie in seinen Büchern, die sie nicht kenne, beherrsche ihn im Leben nur Zwang, den Dingen Gerechtigkeit und Gleichgewicht aus ihnen selbst zu geben.

Mehr seiner nervösen Unwiderstehlichkeit als seinen Worten gehorchend, fiel sie in einer Fensternische in den Stuhl, hörte seine geflüsterte Rede:

»Vor keinem krassen Wort dürfen Sie erschrecken. Denn ich mache Ihre Beichte, zu der Sie nicht fähig sind. Jahre beobachtete ich Sie, kenne Ihre Kenntnisse, das Maß Ihrer Einbildung und Sittlichkeit. Hätte man Ihnen als Kind durch Ihres Geistes Entwicklung an Hand reichlich ausgebreiteten Materials Gelegenheit gegeben, die in Sie gesenkte Kraft gemächlich auszubreiten, hätten freundlichere Umstände der Jugend Sie wie jedes Mädchen in den Stand gesetzt, natürlich von sich aus Zuneigung zu verteilen, wären Sie aus Verhältnissen nicht stets Besitz, nie die Besitzende gewesen, hätte der Kern, der Sie ausmacht, nicht so verdichtet, riesige Sprengkraft zusammengedrängt werden können, die jetzt entladen will.

Nur eine Frage gibt es für mich: Sind Ventile, die an Ihnen geschlossen blieben, vorher noch zu öffnen, würden Sie Freund oder Feind den nennen, der auf anderen natürlichen Wegen die stürmenden inneren Feuer abzuleiten versuchte? Denn das versichere ich mit größtem menschlichen Ernst, in göttlicher Schöpfung und im Kunstwerk müßte es eher versucht werden, weil sonst Ihrer Leidenschaft die höhere und endliche Berechtigung, die aus Proportionsgesetzen ihr Unmaß verlangt, fehlte.

Doch auch Menschen mit beschränktem Blick würden vor Ihrem Fall fragen, warum Sie kein Nahestehender zu zerstreuen versuche, wie der naive Ausdruck heißt, wo aus des *Geistigen* plötzlicher Aufzeigung so gut wie aus der des Elementar-Gefühlsmäßigen Sensation auf Ihre unbeschriebenen Sinne gehofft werden kann. Denn wie Sie noch nicht liebten, sind Sie radikal ungebildet. Unbedingt kann noch Ihre spirituelle wie sensuelle Jungfernschaft bluten, und ich getraue mich, Sie durch andere männliche Künste, als der Bauer sie kann, nicht minder süß zu verführen.

Doch ist es spät in der Sache, und Sie haben zu viel an ihm gekostet und ihn herrlich gefunden. Darum, daß wir uns verstehen; ein Gipfel wäre es, und alles geschieht, er wird erreicht, bliebe jetzt, da Sie fast dreißigjährig sich ganz entfalten, nicht wieder Ihres Wesens andere Hälfte so erniedrigt, wie es bis heute Ihr Ganzes war, zurück. Mit allen Kräften müssen Sie versuchen, und ich helfe, es reißt bei Ihres Leibes Durchpflügung durch diesen Burschen auch Ihre geistige Beschränkung entzwei. Denn sonst bleibt die Gefahr, immer noch ein Späterer erst muß diese völlige Befreiung bringen, durch den dann aber, was Sie jetzt wollen, und das nur in der Form des Schließlichen so selbstherrlich leben darf, zu einer Episode, die Sie quälen müßte, würde.

Lieben sollen Sie den Erwählten, doch nicht so, daß Sie bei ihm wieder nur mit halben Trieben in Blüte stehen. Nicht halten will ich Sie, doch über den augenblicklichen Zustand zu Ihrer höchsten Steigerung führen.«

Sie faßte es nicht, wie er sich nicht begriff. Nur das Elementare, Rare, an dem er teilhaben wollte, spürte er in ihr; wußte aus Erfahrung, daß, wie töricht schöne Frau auch ist, rücksichtslos Geistiges sie immer berückt.

So sah er, wie Stefanie, aus Bewölkung nicht erwachend, Fühler streckte, mit denen sie nicht festhing, doch in jähem Sturz gehalten blieb. Noch gelang es, ihr mit klotzigen Vokabeln besseren Halt zu geben, als der Graf eintrat, man in den Saal zum Essen ging.

Rank sprühte bei Tisch, wagte, bei Erwähnung der »Education sentimentale«, die er auf sein häufiges Drängen von ihr und dem Grafen gekannt wußte, auf jene Rosanette hinzuweisen, die neben Frauen von Welt das Weib ohne gesellschaftlichen Schutz im Roman ist. Er tadelte an ihr, daß sie nicht wie andere ihrer Art ihrer Stellung menschlich Bedenkliches durch große Passion ausgliche. Gewöhnlichen Abenteuerinnen gegenüber ihr Bild zur Größe gehoben zu sehen, wollte er sie in besinnungslose Leidenschaft für Frédéric Moreau entbrannt wissen. Weil die galante Frau nur durch das unentrinnbare Muß, das alle Berechnung zuschanden mache, rührend sei. In jeder äußerlich Begnadeten müsse wie im Mann als Denker, Dichter oder Heiligem als Liebesorkan das Heldische rasen, die auf ihr Dasein gebreitete Schwüle sich in schließlichem Gewittersturm lösen.

Das sagte er, während eben jener rasierte Lakai in großer Livree anrichtete, französisch, und wie oft Stefanie einsilbig deutsch erwiderte, wurde durch sein und des Grafen Beharren die dem Bedienten fremde Sprache fortgesprochen, der zum erstenmal aus Wirklichkeit getilgt.

Eindringlich stellte Rank noch Rosanettes Austreibung aus den erst höheren Gefilden ihrer Gefühle für Frederic ins Bedeutungslose als Schuld des sowenig wie ihre Liebesfähigkeit entwickelten Verstandes hin. Verdientes Ende finde die Person, weil sie aus Nichtigkeit sich zu erheben nicht versucht hätte.

Als man spät sich trennte, sah er Stefanie in gelähmter Unsicherheit, die ihm, die Abgekühlte sei für die Nacht wenigstens zu nichts Entscheidendem gewillt, verbürgte. Auch Wengers Verblüffung, der brennende Blicke auf die Frau warf, stellte er fest, die von der Verdatterten nicht mehr erwidert wurden.

Am andern Morgen wieder in der Bibliothek wollte sie mit Befehl, sich nicht um sie zu kümmern, auf Rank los. Doch war sie gleich wieder, einer Forderung aus ihm zu entsprechen, gezwungen. Erregter, geistiger Eitelkeit zu genügen, bewegte sie sich, wie sie nicht wollte, stammelte sie, was sie nicht meinte. Schon formte er ihre Einbildung nach seinem Willen.

An Wirklichkeit rührte er nicht. Bücherschränke ging er mit ihr ab, nahm einen Band nach dem andern aus Reihen, stellte mannigfach fremdes Schicksal aus ihnen vor sie hin. Leuchtende Porträts traten aus vielen Literaturen, Männer und Frauen her, alle in himmlischer Liebesgeschichte über das Sinnliche hinaus miteinander verwandt. Nicht daß, doch in wie eigener Form, in welchem Umfang sie sich Leidenschaft erfüllten, machte sie einzig, rief Stefanie zu ihrer Nachfolge auf. Auf solche Wesen ließ sich Verlangen nach einer Menschheitselite stützen, die nicht mit Reichtum und gesellschaftlicher Stellung, doch mit der durchgesetzten besonderen Person prunkt. Alle diese vom Trieb zu ihrer geschlechtlichen Ergänzung Besessenen wurden in der Hingabe zum anderen nur wesentlicher sie selbst; statt in der Liebe auszulöschen, erstanden sie sich und anderen zu lebhafter geistiger Fassung.

Rank plauderte ohne Pause Traum und Taumel auf sie, in den sie wie ins Anschauen von Schau- und Trauerspielen gesenkt blieb, bis Theater mit seinem Schweigen aufhörte, Wengers Anblick sie in andere Stürme stürzte.

In zweimal vierundzwanzig Stunden entbrannte zwischen zwei Männern Kampf durch alle Räume des Schlosses, die Nerven der Bewohner. Denn nun brach der im Hinterhalt Gebliebene zum Angriff auf, trotzte Rank, der ihn, wo er sich in Stefanies Nähe sehen ließ, verjagte. Aber mittags zwischen Tür und Angel des großen Salons hinderte der den Zudringlichen nur im letzten Moment an Stefanies Umarmung, erfuhr aus der Ertappten Mienen ihre für später verabredete Zusammenkunft. Mit innerem Blick auf ihn, wußte er Stefanie für den andern unwiderruflich entschlossen.

Als man vorm Schlafengehen die letzte Runde im Garten machte, ging er mit ihr am Gesindebau vorbei, sagte, auf des Dieners verhülltes Fenster deutend: »Das kleine Paradies!« Dann aber beschwor er sie, da es nun doch geschähe, den Menschen für ihr Heil in zwölfter Stunde noch zu einer Manifestation seiner selbst hinzureißen. Denn gegen bloßes Klischee murre doch schon ihr Gewissen.

Und berauscht begann er, Mathilde de la Moles und Julien Sorels in Stendhals Roman zerklüftete Brautnacht, ihre seelischen Abgründe bei physischen Gipfeln zu schildern. Wie neben dem Sinnlichen, das bunt sich mischen wollte, das artmäßig andere stöhnte, Klassenhaß hinter des Begehrens Wucht gurgelte. Wie die Hochgeborene in Lustwirbeln unter ihres Vaters schäbigem Sekretär knirschte, der über sich selbst strauchelnd sich auf sie hob, daß sie ein heilig-gläsernes Paradigma in beiden verkündete. Tiefer als bisher verstrickte er auch Stefanie in geistige Ansprüche für ihre geschlechtliche Stäupung, wollte Leiter, Dolch, festlich beleuchteten Himmel zu dem einmalig Unvergleichlichen für sie mit einer Inbrunst, die ihr ans Herz griff.

Als sie sich endlich aus seinen klammernden Zwängen riß, war sie für das, was folgen sollte, mehr tot als lebendig.

Aufrecht im Bett wartete sie bei offener Tür. Draußen fing es mit großen, klaren Tropfen zu regnen an. Sie wußte nun, was der Geliebte unterließ, würde mit Rausch und Feuerwerk der geistig Aufgeregte anrichten. Eine Stunde lang gab es keinen Laut im Haus. Endlich windet sie in der Ferne Türengehen. Dann war es still.

Ein Türengehen. Still. Wie wenn ein Fuß schlurft. Still. Als ob's an einer Wand sich reibt. Dann – sachter Knall und Fall! Ein Türengehen!

In ihrer Brust fror Atem. Vom Bettrand springt sie zur Tür, überlauscht den Herzschlag, öffnet, steht erschüttert zwischen drinnen und draußen: Am großen Treppenvorplatz lehnt im Dunkel schwarzer Pfosten an der Rampe. Nun fliegt sie hin und rührt ihn an; nun ist's von einem Mann das Fleisch. Nun wird sie gehoben, um die Achse geschwenkt, zwischen fünf hohe Türen glatt zu Boden geklappt. Gleich geht durch alle Treppenfenster über ihr und *Rank* ein unwahrscheinlicher Mond auf.

Am andern Morgen fragt sie nicht mehr, wohin Wenger und Sofie so schnell verschwunden sind. In künstlich-künstlerischem Potpourri schien es der gutgemachte Schluß, sie war überzeugt; in einem

Fremdwort müßte es die treffende Benennung geben. Sie wußte auch, nun mußte mit der Welt sie schmollen, gegen Rank die Sache aber so überlegen nehmen, wie er sie im halben Einverständnis mit ihr in Szene gesetzt hatte. Und war bereit, spräche er mit ihr, die Steigerung der Akte: »Der geohrfeigte Tölpel«, »Betrogener Betrüger«, schließlich: »Wer den Schaden hat, braucht für Spott nicht zu sorgen«, von sich aus anzuerkennen.

Dazu erstickte sie Wut und Sehnsucht. Augenblicke gab's, in denen sie töten oder sterben wollte. Doch stand zu der von Rank durch das Haus verbreiteten Atmosphäre keine Tatlust mehr, aber aller Elan schien ein für allemal karikiert.

So trödelte und tändelte sie in entscheidenden Augenblicken weiter, statt zur Tat durchzugreifen, und schließlich war die letzte Gelegenheit verpaßt, der Trieb in ihr still. Sie träumte Unentschiedenes, dämmerte in zufriedene Zustände hinein; heiratete den Grafen, breitete sich im Raum aus, wurde außer in Berlin und im Kreis Oppeln, in Schweden ansässig.

Als nach vielen Monaten Rank sie wiedersah, fand er sie runder, ihre Häute glänzender. Was sie kleide.

»Sie sind, liebe Freundin, endlich am rechten Ort. Nicht Steigen stand Ihnen und steiler Aufschwung. Läßliche Ruhe, Verharren kleidet Sie sehr. Und nicht mit der kletternden Lerche soll Sie Ihr künftiger Dichter messen, Ihr Gleichnis wäre –«

»Die Poularde«, sagte Stefanie.

Die Laus

1918

Im Glashaus stand gegen Abend immer die junge Frau im Blumenbunt. Stundenlang liebkoste sie Nelken, Narzissen, gruppierte Stecklinge, bis gegen acht der livrierte Diener zu Tisch rief.

Für den Geschützdonner der nahen Yserfront, in dem die Scheiben klirrten, hatte sie kein Ohr mehr. Innerer Aufmerksamkeit für ihre Pfleglinge verschmolzen, mischte sich in ihr Gefühl für ein verkrüppeltes Würzelchen nichts Fremdes.

Letzthin war einige Male ein Bettler zu ihr und den Blumen getreten, mit dem sie ein paar Worte gewechselt hatte, der dann verschwunden war. Gestern war dieser Brief von ihm an sie gelangt:

Gnädige Frau, eine mehr als siebenzigjährige, in Wind und Wetter gegerbte französische Haut stattet Ihnen für eine ihm in seinem Leben sonst nicht begegnete Großmut Dank ab. Sie, die im Ausland lebende Deutsche, gaben ihm im Krieg ohne Entgelt seinerseits, als seiner erloschenen Lebenskraft Wiederherstellung vom Kauf teurer Arzneien abhing, die Mittel, sie sich zu verschaffen, noch einmal in eine putzige, ihm durchaus genehme Existenz hinein zu genesen. Wollen Sie es nicht verübeln, gilt sein erster Gang ins Freie Ihrem Besuch. Genehmigen Sie, gnädige Frau, die ehrerbietigsten Respekte Ihres in Dankbarkeit verharrenden

François Menier.

Und nun kam er selbst durch die Glastür, nahm den Hut ab, stand in der Ecke und sagte nichts.

DIE DAME. Warum schrieben Sie mir? Nichts gab es zu danken. Ich freue mich, Sie wieder gesund zu sehen.
DER BETTLER. Es gibt zu danken, denke ich; ohne Sie läge ich mausetot.
DIE DAME. Einfach ein anderer hätte Ihnen das Notwendige gegeben.

DER BETTLER. In allem ordne ich mich der gnädigen Frau unter. Nur was der Menschen Wohltätigkeitssinn betrifft, bin ich sachverständig, bleibe dabei: ich läge tot.
DIE DAME. Meine sämtlichen Freunde und Bekannten sind wohltätig.
DER BETTLER. Bei öffentlichen Sammlungen, in denen den, mit dem man um Geltung kämpft, auszustechen möglich ist.
DIE DAME. Und besonders im geheimen.
DER BETTLER. Lohnt der Bettler das Geschenk, sein Aussehen. Hat er Gaben, für das Gewährte zu entschädigen. Mit eines jungen Auges Blitz, frischen Mundes Lachen. Kann er graziös sich verneigen, hat er eine markante Geste, die dem Geber steht, zur Verfügung.
DIE DAME. Achtet man darauf?
DER BETTLER. Man achtet darauf. Der Bettler, der den Bebettelten enttäuscht, hat nichts mehr zu hoffen.
DIE DAME. So erfuhren Sie Mildtätigkeit –?
DER BETTLER. Als billigen Einkauf der für den Tag notwendigen Selbstachtung. Man geht zur Arbeit, ins Büro, und der Groschen, dem Allerärmsten gereicht, hebt persönliches Bewußtsein, bevor man vom Stärkeren getreten und geschunden wird.
DIE DAME. Die, von denen ich spreche, sind unabhängige, gebietende Menschen.
DER BETTLER. Die hoffen, eine Unternehmung, ein Abenteuer soll zu ihren Gunsten ausgehen. Bei ihnen ist das Almosen die Ausgabe, die den Lenker der Geschicke für sie einnehmen soll.
DIE DAME *nach einem Augenblick:* Wirklich gab ich manchmal Bettlern in diesem Sinn.
DER BETTLER. Den Mann, den Sie liebten, wollten Sie treffen. Unterwegs zitterten Sie vor etwas, das Ihnen die ersehnten Freuden stören möchte. Der erste meiner Kollegen, den Sie trafen, war Gelegenheit ...
DIE DAME. Das Schicksal für mich zu bestechen.
DER BETTLER. Dankbar waren Sie dem Unglücklichen, ging hinterher alles gut. Und er mußte beim zweitenmal büßen, hatte es nicht die gewünschte Wirkung mit ihm.
DIE DAME. Vielleicht. Mit Unrecht hielt ich mich für mildtätig.
DER BETTLER. Sie sind es gerade! Mögen Sie allen anderen aus eigennützigen Gründen geholfen haben, mir gegenüber waren Sie das Mitleid selbst, lautere Nächstenliebe.

DIE DAME. Wie wollen Sie das beweisen?

DER BETTLER. Wie ich das begründe? Den wundesten Punkt in mir berührten gnädige Frau, müssen es sich gefallen lassen, daß ich mich des längeren erkläre. Allen Sterblichen weiß ich mich an Besitz so nachstehend, daß kein Haar in meiner Glatze gefunden wird, um das ein Kahlkopf mich beneidet, kein Zahnstumpf, den eine Hexe will; so wenig Schwung habe ich in den Knochen, daß kein Lahmer, Krippensetzer mit mir tauscht, so wenig Aussicht für die Zukunft, daß der zu ewigem Zuchthaus verurteilte Rüstige mich verachtet. Doch an Hoffnungslosigkeit, das Geringste leisten zu können, bin ich auf der Welt unübertroffen. Das ist, was meine Einzigkeit ausmacht, denn dies Bewußtsein muß sogar ein Aas wie ich noch von sich haben. Aber das ist auch für Sie Gewißheit, Sie gaben mir, ohne das Geringste von mir zu hoffen.

DIE DAME. Sie bewiesen nicht, ich hätte durch Ihre Vermittlung die Vorsehung nicht für mich und meine Wünsche gewinnen wollen.

DER BETTLER. Durch meine Vermittlung? Gnädige Frau mögen vom Himmel welchen Glauben immer haben, aber ich schwöre: von allen, die unaufhörlich Ihre Güte für sich erflehen, wäre ich der Ungeschickteste. Sieht man nicht, wie überraschend im Vergleich selbst mit dem Elendesten der Himmel von mir abrückte? Kann er ein Geschöpf stärker als mich verleugnen? Ihre Güte hat mich vor anderen, die würdigere Mittler zum Himmel gewesen wären, so offenkundig ausgezeichnet, daß über Ihre Naivität kein Zweifel sein kann.

DIE DAME. Früher hätte ich glauben dürfen, mein Eingreifen für Sie sei unselbstisch gewesen, seitdem ich Ihren Brief empfing, ist es sicher, Sie entschädigen mich durch solches Gespräch reicher, als es alle mir im Leben begegneten Bedürftigen vermochten.

DER BETTLER. Wie das, gnädige Frau? Kann ich mich triftig äußern, bleibt das Gesagte nur erträglich, weil es Sie und Ihr Tun betrifft. Ich habe in diesen Augenblicken nicht mich, doch Sie ausgedrückt, und das hätte jeder gefälliger als ich getan. Sie glauben nicht, wie schwer es selbst für mich, den aus aller Vollkommenheit Ausgestoßenen ist, an Ihres Wesens vollendetem Gleichgewicht so mächtig vorbeizuhauen, wie ich fühle, daß es von mir trotzdem geschehen ist und geschieht. Erst wenn ich, was Sie angeht, im Gespräch verließe, von meinen eigenen Inhalten stiegen die ersten Vapeurs auf, würde Ihnen in panischem Schrecken klarwerden, daß das jesuitischeste Gewissen mich nicht als Fürsprecher vor höheren Instanzen aussuchen würde.

DIE DAME. Wissen Sie, daß ich Sie mit der Behauptung Ihrer bodenlosen Unwürdigkeit nicht weniger kokett als eine gefallsüchtige Frau finde? Sie bieten nicht geringere Kraft auf, alles ins Licht zu stellen, als das junge Mädchen von allen Seiten Reize zeigt. Mit ihren letzten Worten versuchten Sie wie ein Weib, ehe es sich hingibt, einen Zipfel des Schleiers lüpfend, mich auf Ihre Heimlichkeiten neugierig zu machen.

DER BETTLER. Hätte ich Sie neugierig gemacht, wäre ich schamlos, doch auch unmöglich gewesen. Denn meine Rolle vor Ihnen ist nur denkbar, bin ich durch Besitzlosigkeit ein so Unbestimmtes, daß keine Haltung Sie mir gegenüber verpflichtet. Ihre Neugier an mir bewiese aber, ich habe etwas, das Sie zu besitzen reizt, ich stünde vor Ihnen als einer, der Ihr Vertrauen mit falschen Vorspiegelungen erschlich.

DIE DAME. Ich meine, es ist so.

DER BETTLER. Dann bitte ich, einen Moment das Auge von Ihrer Blumen hundertfältigen Pracht auf meine Lumpen zu wenden. Sehen Sie doch, wie blind mein Blick Ihrem begegnet, kein Licht ihn aufflammen läßt. Merken Sie eine Nerve an mir durch Ihre Wärme erregt, einen Tropfen Feuchtigkeit auf meinen Lippen, den der ausgemergeltste Kadaver für Sie aufbrächte? Keine Hautrunzel rötet sich; kein Muskel, Fetzen Fleisch steht auf, und kochten Sie meines Skeletts Brühe, sie düngte die genügsamste Ihrer Pflanzen nicht.

DIE DAME. Trotzdem umschließt Ihres Hirnes kleiner Raum ...

DER BETTLER. Sagen Sie es nicht zu Ende! Nichts! Das Allerschäbigste sind meine Worte, und Sie mindern mir den Wert des Gegebenen, behaupten Sie, es sei im Austausch, nicht ohne alle Reziprozität geschenkt.

DIE DAME. Doch bleibt merkwürdig, wie Sie sich gegen Vorzüge, die man Ihnen zubilligt, wehren.

DER BETTLER. Meinen Sie wirklich? Sie meinen es nicht. Denn Sie wissen, akzeptierte ich einen einzigen, müßte ich die unzähligen sehen, die ich mit der Menschheit nicht teile. Partizipierte ich noch mit einer Eigenschaft am Gesellschaftlichen, müßte meine Lage, die mich durchaus nicht quält, durch ihre Erbärmlichkeit mich augenblicklich mit Verzweiflung töten; während, darf ich sagen: *alles*

Menschliche ist mir abhanden gekommen, fremd, ich mich in jenseitigen Bezirken auf eigene Weise durchaus ungestört bewege.

DIE DAME. Also wollen Sie, ich nehme Sie nicht äußerlich, doch ganz als –?

DER BETTLER. Abschaum, ausgekocht und ordure. Nur das Bewußtsein, von Ihnen zu mir gibt es keine Gemeinschaft mehr, läßt Sie mich unbefangen wie die Fliege, die Sie umsummt, dulden. Menschlichem, Niedermenschlichem gegenüber schätze ich Sie zurückhaltend.

DIE DAME. Es ist eine neue Art, Abstand zwischen sich und andere durch seinen Unwert zu setzen.

DER BETTLER. Das wäre immer noch moralisch. Nicht aber, ich sei nichts wert, meine ich, doch hätte es für kein Ziel mehr gefunden, nach gesellschaftlichen Begriffen zu gelten. Das Lebendige in mir hätte mich geradezu naiv in die Richtung gedrängt, mit Überlegung in mir zu zerstören, was durch Pflege zu einer Tugend in diesem Sinn hätte ausarten können.

DIE DAME. Immer?

DER BETTLER. Vom Alter, da ich mündig wurde. Mit dreißig Jahren etwa.

DIE DAME. Als junger Mensch, Kind dachten Sie anders.

DER BETTLER. Wir lebten um des neunzehnten Jahrhunderts Mitte in Anschauungen, nach denen die Jugend den Eltern gehorchte. Unter Kindern war es Mode. Vater und Mutter führten sich nach Vorschrift in Bilderbüchern; ihre Redensarten, Befehle kamen darin schon vor; wir hörten sie nur ab, ob sie ihr Pensum wußten. Wir waren bös, machten sie Fehler. Aber sie machten nie welche. Sie hatten bei ihren Erzeugern zu gut auf sie aufgepaßt.

DIE DAME. Über des Gelehrten Inhalt und Wert dachten Sie nicht nach?

DER BETTLER. Es schien uns wenig darauf anzukommen. Schließlich darf man nicht vergessen, es ist bequemer, Vorgesagtes nachzusprechen, als den Sinn zu prüfen. Instinkt warnt, bei jedem Vorgeschriebenen steht hinter dem Wort Verantwortung, an der teilzunehmen neue, nicht einmal geforderte Anstrengung kostet. Wer denkt als Jüngling lateinischer Vokabel nach? Vergnügt ist man, sitzt sie im Kopf. So lernten wir als Religion des Christen gegenseitig sich überstürzende Nächstenliebe kennen, in der Geschichte die in jedem Jahrhundert nicht zu dämmenden Tugenden aller Franzosen.

DIE DAME. Doch sahen Sie Wirklichkeit überall gegen Gelehrtes verstoßen.

DER BETTLER. Wir wußten aber nicht, daß Wirklichkeit schon Geschichte ist, dachten, Auftritte, denen wir beiwohnten, die von gelernten Begriffen sich entfernten, hätten noch ihre Fortsetzung, in der erst ihr richtiger, historischer Sinn zutage kam.

DIE DAME. Wie meinen Sie das?

DER BETTLER. Spielten wir aufs Geratewohl unsere Spiele, die eigentlich sinnlose Balgerei, bodenloses Ungefähr waren, fand sich der halb oder ganz Einsichtige, der der Sache den genauen Namen, Etikette gab. Mit dieser Aufschrift war das Angestellte erst komplett, nicht so, wie wir es ursprünglich empfunden hatten, doch so, daß es ein glattes Ding zum Behalten war, geistigen Ansprüchen, die an solches Spiel zu stellen sind, genügte.

DIE DAME. Ich nehme an, es war dann nicht mehr so amüsant?

DER BETTLER. Wir spielten es nie wieder, wußten wir Namen und Regeln, unter denen es abzurollen hatte. Wie wir freiwillig nicht über den uns schon bekannten Charlemagne oder Henri quatre nachdachten und aussagten.

DIE DAME. Und doch fühlten Sie sich auf der Lehrer und Eltern Erklärungen verpflichtet.

DER BETTLER. Ganz. Wir verstanden offenbar von der Schöpfung nichts, und das war der Erwachsenen Glück. Denn wie hätten wir sonst den geforderten Respekt gewähren können? Für uns war das Ganze mannigfaltig, schloß noch die kleinste Einzelheit zuviel Glücksmöglichkeiten in sich, für deren keine wir eine besondere Vorliebe hatten, als daß wir zu entscheiden vermocht hätten. Wir wußten mit einem Grashalm, einem Stück Holz so viel anzufangen, daß nur energische Anleitung, sie als unwichtig fortzuwerfen, uns um das für unser Dasein Wichtige, Charlemagne und das Christentum zu kümmern, veranlassen konnte.

DIE DAME. So hatten Sie bis ins Mannesalter kein ernstes Bedenken gegen die gepredigte Welt?

DER BETTLER. Was man uns lehrte, las ich in Büchern bestätigt. Denken Sie, Gelehrte, Dichter sogar, diese Gipfel menschlicher Weisheit, bestätigten unserer Erzieher kategorische Sentenzen. Bilder, die in Museen hingen, gaben ihnen recht. Warum, nach wessen Beispiel hätte ich zweifeln sollen?

DIE DAME. Wir aber, die jüngeren Generationen, nahmen nicht mehr alles auf Treu und Glauben hin.

DER BETTLER. Doch wieder das Ganze. Und darum sage ich: unser Geschlecht war mit der Überzeugung vernünftiger: es lohnt nicht, Kräfte zu vergeuden, ist man mit allen andern zur gleichen Welt entschlossen.

Hier trat der Diener ein, meldete das Abendbrot. Die junge Frau, die verstimmt schien, schritt, ohne den Bettler zu grüßen, an ihm vorbei, während der Diener ihm einen gehässigen Blick zuwarf. Tage vergingen, bis einst die Gutsherrin bei strömendem Regen vom Gewächshaus, auf das Wasserkaskaden klatschten, den Bettler auf der Landstraße an einen Telegrafenmast gelehnt sah, ihn lebhaft zu sich hereinwinkte. Er kam mit den Worten:

DER BETTLER. Ich dachte, mich hätte der Pfahl unsichtbar gemacht. *Während er das sagte, lief Regen in Strömen an ihm ab.*

DIE DAME. Wie können Sie sich ungeschützt solchem Wetter aussetzen?

DER BETTLER. Fürchtete ich nicht, nach meinen letzten, zu kühnen Worten der gnädigen Frau wieder zu mißfallen, würde ich sagen: Naturausbrüche treffen mich nicht mehr in dem unter Menschen üblichen Sinn. In allen Augenblicken der Schöpfung ausgeliefert, lernte ich, mich ihr fügen und hingeben, unterliege ihr nicht mehr besonders. Regen überschwemmt, Hagel schlägt mich nicht anders als Getreide im Feld.

DIE DAME. Wann entschlossen Sie sich zur Kritik der Welt?

DER BETTLER. Hätten gnädige Frau meine Jugend miterlebt, wüßten Sie, Kritik an Frankreichs damaligen Zuständen war für den Vernünftigen unmöglich. Wir schrieben 1860, und ohne großen historischen Sinn wußte der Franzose, sein Land hatte einer Geistigkeit und Gesittung Höhe erstiegen, wie sie außer Griechenland unter Athens Führung kaum je in ein Staatswesen gesammelte Menschen erreicht hatten. Wollte man, saß man mit Musset, Balzac, Renoir, Manet am gleichen Tisch, sprach mit ihnen von Flaubert, Hugo,

Courbet, Corot, Monet, Berlioz und vielen anderen, die jeden Augenblick eintreten konnten.

DIE DAME. Erstaunlich, die Namen aus Ihrem Mund zu hören. Bei uns in Deutschland wissen Bettler die entsprechenden deutschen nicht, hier in Belgien kein mendiant die belgischen.

DER BETTLER. Auch bei französischen Kollegen fand ich keine den meinen entsprechenden Kenntnisse. Keiner von ihnen war aber auch in seiner Jugend, was man einen Literaten nennt, gewesen.

DIE DAME. Sie waren –?

DER BETTLER. Einer, der Bücher schrieb. Nachdem ich nichts getaugt, ein lasterhafter Vikar, geschaßter Hauslehrer, der unbrauchbarste Bibliothekar gewesen war, begann ich, am Abgrund meiner bürgerlichen Existenz, mit der Feder zu arbeiten. Und es war der Beruf, bei dem ich am längsten aushielt.

DIE DAME. Sie werden sagen, weil es der leichteste ist.

DER BETTLER. Genau das. In jedem andern gab es solche, die ihn studiert hatten, wußten, aus welchen Ursachen, zu welchen Zielen er auszuüben war. Damit war ihnen Kontrolle meiner Unfähigkeit gegeben. In der Literatur konnte ich unbefangen, von Sachkenntnis nicht beschwert, meiner Eingeweide Inhalt auskramen, ohne daß jemand, auf Facherfordernisse, Regeln gestützt, mich hätte angreifen können.

DIE DAME. Und brachten Sie es in der Schriftstellerei zu etwas?

DER BETTLER. Zu hübschem Namen, angenehmem Leben mit ausgezeichneten Mahlzeiten in kleinen, verschwiegenen Restaurants in Gesellschaft schöner Frauen. Das kam, ich hatte ein Stück fürs Theater geschrieben, in dem diese Schönen die erste Rolle spielen wollten. Es hieß »Von Morgen bis Mitternacht«, war dem Muster der Komödien eines berühmten Dramatikers sklavisch nachgeahmt.

DIE DAME. Wurde es gegeben?

DER BETTLER. Nie. Wie kein Buch von mir gedruckt ist. Was nicht an den Direktoren oder Verlegern lag. Ich selbst hinderte die einen und andern, die mich stürmisch zur Veröffentlichung meiner Werke drängten, aus Furcht, trotz mangelnder fester Begriffe für Literatur möchte eine kleine Anzahl meine gänzliche Talentlosigkeit merken, mich von Fleischtöpfen, die mich nährten, fortjagen. Ein Bedenken, das ich später als ungerechtfertigt einsah. Denn Kameraden, die ich viel ahnungsloser wußte, haben durch ihrer vermischten Schriften hartnäckige Herausgabe sich eine Existenz, kleinen Nachruhm erfochten.

DIE DAME. Sie setzen erstaunliche Unabhängigkeit von Vorurteilen und Allerweltsideen in mir voraus. Sonst würden Sie solche Dinge nicht im Glauben, ich ließe sie gelten, sagen. Ich bin aber gewissen Zwängen durchaus nicht so enthoben, daß ich Ihre Geistreichigkeiten für bare Münze nähme. Gewiß ist für keine Lebensstellung der Menge Beifall Beweis, wir üben sie berechtigt mit wirklichem Erfolg aus. Für ausgeschlossen aber halte ich es, man könnte in einem Beruf dauernd oder über sein irdisches Wirken hinaus den Eindruck der Vortrefflichkeit zu Unrecht machen.

DER BETTLER. In keinem außer in der Kunst. Sterben dem renommierten Arzt in kurzer Frist zuviel Patienten, ist der bei den Kunden gerichtet. Der Künstler aber, der nicht einem Kreis von Bewunderern seine unsterbliche Bedeutung bis zu seinem Tod einreden könnte, hat nicht existiert. Und wäre es einem einzigen Wohlhabenden, der ihn bis an seinen letzten Tag ernährt.

DIE DAME. Nennen Sie des Phänomens Ursache.

DER BETTLER. Für den bescheidenen Rentner gibt es keine mühelosere, auf die Dauer billigere Art, vor sich Respekt zu haben, als das ringende Genie zu unterstützen.

DIE DAME. Wäre es, einen Mäzen zu finden, leicht, würde die Laufbahn von Hunderttausenden beschritten.

DER BETTLER. Sie wird es. Der Fehler, der den größten Teil auf Viertelsweg umkehren läßt, ist der gleiche, den ich machte: Furcht, ihr falsches Spiel könnte bemerkt werden, sie selbst eines Tages, zu neuen Unternehmungen zu alt, unentrinnbarem Elend preisgegeben sein.

DIE DAME. Sie bleiben dabei, der als Künstler Etikettierte kann bis über seinen Tod hinaus eine Welt täuschen?

DER BETTLER. Behaupte: Unzählige, deren Namen unser Gedächtnis mit ihrem Ruhm beschwert, waren schon zu Lebzeiten nicht mehr als ihre Gevatter Schneider und Handschuhmacher.

DIE DAME. Sie haben von wirklichen Künstlern zu hohe Meinung.

DER BETTLER. Keine andere als von allen Dingen dieser Welt. Was wir bemerken und merken, soll uns in jedem Augenblick taugen. Denn behalte ich von mir aus selbst je anderes, als was mir unbedingt nützt? Häuser behalte ich, an deren Türen man mich gut behandelt; behielt vor allem dieses Glashauses Tür.

DIE DAME. Und wissen Beyles und Delacroix' Namen!

DER BETTLER. Die nützen mir unaufhörlich. Beyle ist, nächtige ich auf Stroh in Scheunen, mein Komfort, Theater in der Felder Einöden, mein dichterischer Auftrieb, zu dem ich von Delacroix Kulissen borge. Mit ihm und seinen Geschöpfen, Julien Sorel, Mathilde, Lucien Leuwen decke ich noch heute meinen romantischen Bedarf. Beyle hält mich im Regen trocken, im Kalten warm. Dichtet mich gegen Temperatur- und Menschenzudringlichkeit. Täte er das morgen nicht mehr, ließe ich ihn fallen. Wie alles, was mich unnütz beschwert.

DIE DAME. Bequeme Dankbarkeit!

DER BETTLER. Eine nicht über ihre natürliche Dauer gepäppelte Dankbarkeit. Doch die zu ihrer höchsten Kraft gedrängt wurde. Ihr Ausmaß war ein anderes; es ging in Tiefe statt in Länge, wurde verdichtet, nicht verdünnt. Und, wollen Sie, haben Sie damit meine gesamte Lebensführung, wie ich sie von jenem Tag an wählte, da ich gesellschaftlicher Menschen Kreise verließ.

DIE DAME. Sie sagten nicht deutlich, was Sie in ihnen trieben. Ich weiß nur, Sie hatten in einigen Stellen Pech gehabt ...

DER BETTLER. Man könnte es Glück nennen, nimmt man einem Hauslehrer, der nie griechische Studien getrieben hat, die Mühe ab, vorlaute Bälge in dieser Sprache zu unterrichten, einem Bibliothekar die Qual, über Hieroglyphen Abhandlungen schreiben zu müssen, während er ohne jede Ahnung war, was sie wirklich bedeuteten.

DIE DAME. Sie wurden homme de lettres.

DER BETTLER. Der sich in geheimen Zirkeln neben Balzac, Flaubert aufspielte. Nachrichten über seinen Gesundheitszustand und literarische Absichten in die Journale filterte oder, ihm habe ein Grandseigneur ein Schloß zur Arbeit angewiesen.

DIE DAME. Der von vielen, von Frauen verehrt wurde ...

DER BETTLER. Das Weib des zweiten Kaiserreichs in Frankreich ließ es mir an nichts fehlen. Und nun lächeln Sie, meine schäbigen Reste schauend, und ich lächle auch.

DIE DAME. Ohne eine Zeile veröffentlicht zu haben?

DER BETTLER. **Weil** ich keine Zeile veröffentlicht hatte. Darf ich aus meinem Leben eine Qualität anmerken, war es die: Ich war der

Franzose, der die größten Vorschüsse für sich zusammengebracht hat. Hätte Balzac des Mannes Geschichte, der vom Vorschuß lebt, geschrieben, ich wäre das gigantische Modell gewesen. Nacheinander nahm ich Anzahlungen auf alle Eigenschaften, die ich nicht hatte. Vor allem auf mein Genie, das als Millionenerbschaft leuchtend für die, die sich mir tributär nahten, dastand.
DIE DAME. Und niemand prüfte, zweifelte? Keine Frau?
DER BETTLER. Die hatte zuletzt Ursache. Denn sie gerade wollte für ihre besonderen Wünsche, was auch ich für meine: den bedeutenden Vorwand.
DIE DAME. Alle ohne Ausnahme?
DER BETTLER. In meinem Leben sah ich überhaupt keine Frau anderes suchen, will sagen: es ist in der Schöpfung so, daß der Mann der einzige Vorwand für der Frau Dasein ist. Die zu mir kamen, waren betrogen, weil auch ich und meine Bedeutung, die sie entschuldigen sollte, schon Vorwand für die Steuer war, die ich von ihnen erhob.
DIE DAME. In welcher Form?
DER BETTLER. Unter allen Formen. Ich war ihr ausgehaltener Liebhaber, der sie bei Freunden, im bürgerlichen Verein geistig beglaubigte.

Einige dieser Worte mußte der Baron, der Gatte der jungen Frau, gehört haben, der sie aus der Serre ins Haus holen wollte, wie das Erstaunen in seinen leeren Zügen zeigte. Zugleich stand solches Nichtbegreifen in ihnen, daß des Bettlers Furcht, er möchte für immer verjagt werden, schwand, er richtig vermutete, bei dem sich entfernenden Paar wäre von ihm als einer menschlichen Laus mit keinem Wort die Rede. Als er die nächsten Male an den Parkgittern vorbeistrich, konnte er die Dame nicht erblicken; als Wochen verstrichen waren, ohne daß er die Schloßherrin gesehen hatte, fragte er einen Gärtner nach den Umständen, erfuhr, sie habe schwere Krankheit, von der sie genesen sei, durchgemacht. Wenige Tage darauf wehte ihr Kleid von weitem Botschaft, sie sei am alten Platz für ihn zu sprechen. Doch gleichgültiges Zeug redeten sie an diesem Tag über die Feindseligkeiten an allen Fronten, die Aussichtslosigkeit, den verstopften Krieg zu enden, von dem keiner die Ursache wußte, mit dem niemand deutliche Ziele verband. Endlich kündigte die Dame dem Bettler an, sie werde französische Flüchtlinge aus der Gegend von ... in ihr Haus aufnehmen müssen. Achthundert dieser Unglücklichen seien der Gemeinde bis zum Kriegsende überwiesen worden. Der Bettler nahm die Mitteilung als Wink, man habe seiner genug, blieb geraume Zeit von neuem verschwunden. Eines Tages aber rief ihm die Baronin auf der Landstraße aus dem Wagen zu, er sollte wiederkommen, sein Scherflein holen. Sie machte ihm bei seinem Erscheinen über das lange Ausbleiben Vorwürfe.

DIE DAME. Nun gaben Sie mir von Ihrem Leben eine Probe. Es ist natürlich, das nicht Gewöhnliche hat Erwartungen geweckt. Sie setzten auch jedes Ihrer Worte so, daß eine Natur wie meine im Halbschlaf ländlichen Aufenthalts um sie herumdenken, Schlüsse nach vorn und hinten ziehen mußte. Seien Sie freundlich und machen Sie ein Ganzes aus dem begonnenen Gemälde.
DER BETTLER. Ich erzählte eines talentlosen, unmoralischen Jünglings von der Feder banales Schicksal.
DIE DAME. Der schon damals Dinge sah, die er heute vorurteilslos schildert?
DER BETTLER. Der Notdurft mit gleichviel welchen Mitteln stillte. Der aber – und das hob ihn aus der Unzähligen Schar, mit denen er Los und Absichten teilte, je älter er wurde, um so schärfer feststellte: Sowenig er denen, die sich um seiner Bedürfnisse Befriedigung kümmerten, von sich aus wiedergeben konnte, für seinen Geschmack gab er ihnen noch immer zuviel.
DIE DAME. Wie das?
DER BETTLER. Im Grund meiner Seele anerkannte ich nur eine Urnotwendigkeit: Schöpfung, die Pflanzen, Tiere ohne alle Leistung dererseits erhält, habe mir gegenüber nicht geringere Verpflichtung. Aus meiner Natur war ich zum Leben, zu keinem Entgelt dafür gewillt. Ich brachte ins Dasein keine übertriebene Forderung mit: wollte Luft, Sonne, Kost, regelmäßigen Schlaf und Beischlaf von Zeit zu Zeit.
DIE DAME. Nie mehr?
DER BETTLER. Ich nahm von allem andern, was ich erraffen konnte. Stellte ich aber in der Erregungen Auf und Ab profundes Wohlbehagen in mir fest, hatte es stets eine der genannten Ursachen: Satt-

heit nach mäßigem Mahl, Ruhe im Sonnenlicht, ein Schluck Luft nach Stadtqualm und sanft bewegende Wollust.

DIE DAME. Liebe?

DER BETTLER. Wollust. Liebe machte mich jemandem schuldig. Es war die Sache nicht mehr beim rechten Namen genannt. Meines Lebens einzige, entscheidende Tat blieb die Feststellung in mir, ich sei in keiner Weise zu der geringsten Kompensation bereit. Da Bürgerleben aber aus Verträgen, aus »wie du mir, so ich dir« besteht, machte mir jedes über das natürliche Bedürfnis gehende Mehr keinen Spaß. Keinen Schoppen Rotwein trank ich, ohne mich im voraus über den Dienst zu härmen, den der Spender als Entgelt vor mir wollte. Der Bissen Fleisch blieb mir im Hals stecken, sah ich die auf Dankbarkeit rechnenden Blicke des Gönners. Schmeicheleien ertrug ich nicht, weil das Gegenkompliment in meinem Schlund zu würgen begann. Kurz, ich stellte die gesamte Menschheit als ein Bettlerheer fest, in dem man sich vom Morgen zur Nacht seiner Existenz kurzbefristete Anerkennung gegenseitig abbettelte.

DIE DAME. Aus der mangelnden Gewißheit, ohne sie überhaupt vorhanden zu sein.

DER BETTLER. Da neunzig von hundert Menschen aus keinem Werk, keiner bedeutenden Tat sich vor sich feststellen können, bedürfen sie ihrer fortgesetzten Bestätigung durch andere. Die Basis geben Behörden, die von diesen ausgestellten Zeugnisse über Geburt, Taufe, Impfung, Heeresfähigkeit der betreffenden Person. Da das aber Eigenschaften sind, die nicht unentgeltlich, doch als solche, die uns nicht besonders gelten lassen, zugebilligt werden, rechnen sie für nichts, und es beginnt der tägliche Frondienst um unsere spezielle Anerkennung unter Nachbarn, in der Gemeinde, im Staat, der die widerwärtigste, niedrigste Bettelei ist, die ich mir vorstellen kann.

DIE DAME. Warum nennen Sie es nicht Tausch?

DER BETTLER. Weil es das, spielen nicht auf beiden Seiten Geld und Ware mit, nicht ist. Habe ich ein gut montiertes Haus, die fesch aufgemachte Mätresse, die ich spazieren führe, bettle ich um meines Besitzes Anerkennung bei dem erstbesten, den ich zu verachten vorgebe. Mit allem, was ich mir mit Geld über meine Bequemlichkeit anschaffe, glänzend unterhalte, erbettle ich an allen Orten eine Geltung, die ich anders nicht erlangen könnte. Bettle mit einem

Wort um die anstandslose Einlösung des Wertsurrogats, das ich, als in meinem Besitz befindlich, vorführe, indem ich auch der anderen Spielmarken für bare Münze anzunehmen gelobe.

DIE DAME. Also doch Tauschhandel?

DER BETTLER. Nein. Ich kann nicht wie bei solchem mit meiner Ware Wert auftrumpfen, nicht an allen Schaltern ihre gleichmäßige Anerkennung mit Sicherheit erwarten. Komme ich an den Rechten, kippt mein Spiel, ich bin der Blamierte. Denken Sie, der unkundige Heraufkömmling sitzt im bestangespannten Wagen, der besitzlose Pferdekenner im Rinnstein mustert das Gespann, ist der Ahnungslose angewiesen, dem Unterrichteten seines höhnischen Lächelns Unterlassen abzubetteln, das den neuen Reichen vor allen Anwesenden bis auf die Knochen bloßstellen würde. Ich hatte es also satt, mich stets vor mir selbst als Bettler merken zu müssen, dem doch des echten Bettlers bestes Recht nicht zustand: dem Geber nichts schuldig zu sein.

DIE DAME. Aber Sie meinten zu Beginn unserer Unterhaltungen auch dem Bettler gibt niemand, ohne ihn um wertvolles Entgelt anzubetteln? So sage ich nun wohl am besten.

DER BETTLER. Doch ist der Bettler der einzige, der entrüstet, ohne vor sich selbst schuldig zu werden, diese unverschämte Forderung ablehnen darf.

DIE DAME. Wie die andern auf Kosten seines Erfolges.

DER BETTLER. Nein. Und da erschien zu meinen als Bettlern verkleideten Kollegen die Kluft, die blieben, was sie waren: verarmte Bürger. Ich nahm, nehme heute noch mit dem unerschütterlichen Willen und eifersüchtig über seine Durchsetzung wachend, daß ich nichts und nicht im geringsten zurückerstatte.

DIE DAME. Sie gaben Dümmeren, sprachen Sie.

DER BETTLER. Öffnete schließlich den Mund nicht mehr.

DIE DAME. Durch ein beseeltes Auge.

DER BETTLER. Ich lehrte es, gehässig blicken.

DIE DAME. Sie waren nicht gleich dazu imstand?

DER BETTLER. Wie lange nicht! Doch mit Ausdauer lernte ich's. Die ersten Jahre, als ich meiner Bürgerlichkeit Gepäck abgeworfen, das letzte Weib, das trotzdem meine Liebesfähigkeit schmauste, den Freund, der mich mit Wohltaten auffraß, Bedienung, die meine Nerven verzehrte, entfernt hatte, vergaß ich mich im alten Trott, bezahlte immer noch mir Gereichtes. Oft fand ich mich, Landstriche durchbettelnd, in ein Haus genommen, gekleidet, beköstigt, gepflegt, wollte mich dort halten, bis ich merkte, die ganze Haushaltung, Herrschaft, Gesinde, lebte von meinem menschlichen Urstoff, der geistigen Ausstrahlung, die ich malgré moi in die Gesellschaft absonderte. Man stopfte mich mit Viktualien, hatte aber Schläuche an meine Poren gelegt, durch die man meine stärkere Menschlichkeit trank. Und wie spitzfindig ich mich in Zukunft stellte, ein Inexploitierbarer zu sein, immer ertappte ich den Schlaueren, der an mir schmauste. Bis ich, durch der Zeit Mitwirkung, dieser klägliche Spucknapf wurde, aus dem der Raffinierteste keine Blume mehr wachsend erwartet.

DIE DAME. Erklären Sie zu meiner Beruhigung, Sie waren diese letzten Male Gast bei mir. Denn wie müßte ich mir nach solcher Erklärung vorkommen, stelle ich durch Ihre Worte ständige Bereicherung in mir fest.

DER BETTLER. Sie sind, gnädige Frau, in plausiblem Irrtum befangen. Wo hätte uns das klügste Wort bereichert, das uns und unserer festgefügten Lebenslage nicht recht gibt? Ich hätte aber nie diese Reden vor Ihnen gehalten, spürte ich nicht, sie müssen im Grund – darf ich ehrlich sein?

DIE DAME. Sagen Sie's!

DER BETTLER. Sie verletzen. Da Sie perfekt erzogen sind, nennen Sie Geschenk, was Angriff, Eingriff in Ihres Besitzes ruhige Sicherheit ist.

DIE DAME. So kommen Sie feindseliger Absicht?

DER BETTLER. Mit keiner Absicht. Doch mache mit Ihnen von meiner Regel keine Ausnahme. Ohne bürgerliches Talent wurde ich schuldlos geboren. Als ich das festgestellt, mich zu dem peripherischen Dasein, das ich führe, entschlossen hatte, stand ich mit allem, was innerhalb des Kreises läuft, nur noch in der einzigen Verbindung, ihm auf alle Weise Abbruch zu tun, meine viel heftigeren Erschütterungen ausgesetzte Existenz zu stützen. Als echter Bettler bin ich, solange Sie mir Ihre Nähe gönnen, Sie auf jede mögliche Art äußerlich und innerlich zu plündern berechtigt.

DIE DAME. Noch haben Sie mir wenig genommen, mich nicht an vielem irregemacht.

DER BETTLER. Vergeblich wäre es, ginge ich auf vieles los, da es zu vieles gibt. Doch gehe ich aufs Ganze. Vielleicht nehmen Sie aus meiner Art, zu reden und zu denken, ein Maß mit fort, das Sie auf Dinge anwenden, die ich im Gespräch mit Ihnen nie berührte.

DIE DAME. Jetzt werden Sie kühn und greifen an.

DER BETTLER. Weil ich ein Loch in Ihrer Existenz spüre. Des Bettlers Zudringlichkeit ist sprichwörtlich. Aber sie ist auch notwendig, da sie des Standes Wesen an sich ist. Und darauf läuft außer beim Menschen die Schöpfung hinaus: man bleibt innerhalb seiner *Notwendigkeiten*.

DIE DAME. Und des Menschen Leben?

DER BETTLER. Steht, wo er es im bürgerlichen Verein führt auf Möglichkeiten, Unmöglichkeiten. In eines Briefträgers skrofulösem Sohn ist sein beschränktes *Muß* nicht gern gesehen. Durch seine Hochschulerziehung, die der Familie Fasten auferlegt, werden *Möglichkeiten* aus ihm erwogen, die früher oder später zusammenbrechen. Alles soll aus ihm möglich sein, Notwendiges aus ihm nicht folgen. Man könnte ihn zu einem einfachen, aufrechten Mann erziehen; doch liegt der Vergleich mit Geheimrat X nah, der auch von einfachen Eltern geboren war.

DIE DAME. Geschichte beweist den geglückten Versuch mit vielen Beispielen.

DER BETTLER. Geschichte, die der Bürger mit Betonung solcher Möglichkeiten für seinesgleichen schreiben ließ, vom Bürger ausgehaltene Dichtkunst, die den Menschen von sich selbst zu seiner romantischen Variation lockt. Der Vergleich, die Metapher, die immer Flucht aus Wirklichkeit ist. Pfui über Frankreich und das übrige Europa, das seit Jahrhunderten keinem Dortgeborenen seine statische Winzigkeit, die ihm angeboren und gerecht ist, mehr gönnt, aber ihn durch Allegorien zur Ekstase ruft, zur Attrappe aufbläst, die von der eigenen Sache wegspricht und weglebt! Wie viele Wesen haben Sie getroffen, die einen Hauch von sich selbst ausströmten? Der eigenen Güte, Heiterkeit, individueller Bosheit oder Verrücktheit; eine Spur eigener Tugend, eignen Lasters? Oder waren nicht alle für ihr Dasein auf gängigen Vergleich aus einer Gemeinschaft festgelegt? Hießen sie nicht Liberale, Katholiken, Nationalisten, Sozialisten; oder Freigeister oder Christen? Was aber hat das mit ihrer Ursprünglichkeit zu schaffen?

DIE DAME. Und was ich mit meiner?

DER BETTLER. Das wissen nur Sie.

DIE DAME. Warum bringt Erziehung nur Muster zur Nacheiferung vor unsere Augen, lebt in aller Kreatur das Verlangen, sich selbst ohne Vergleich zu schmecken, zu behaupten?

DER BETTLER. Sie glauben an dieses elementarste Bedürfnis aller Menschen?

DIE DAME. Ich hatte nie ein anderes. Als Kind empfand ich mich auf meine Weise rund. Das heißt, ich hatte keine große Meinung von meinen Fähigkeiten, doch genügte ich mir, und jeder Augenblick, in dem ich mich fand, beglückte mich. Aber die Erwachsenen verglichen sie mit einer willkürlich von ihnen gewählten, stellten meine als minderwertig hin. Bis ich, ihnen zu genügen, meine Zustände nach den von ihnen gezeigten Maßen zu schneidern suchte. Was war der Klugen Absicht?

DER BETTLER. Kontrolle! Das hieße Chaos, wäre jeder durch sich selbst auf seine Weise selig. Und wozu, bitte, brauchte er den anderen? Doch behaupte ich, mag des Menschen Drang, zu sich zu kommen, bei seinem Selbst zu bleiben, Dinge beim rechten Namen zu nennen, allgemein gewesen sein, seit langem folgen Massen Schlagworten, die für das Wesentliche dessen wesenlosen, aufgedonnerten, geölten Ersatz setzen.

DIE DAME. Hätte gemeinbürgerliches Leben, aus dem alle Wahrhaftigkeit gepreßt ist, in einer Schöpfung dauernd bestehen können, die sich nirgends um der Menschen fälschende Absichten kümmert?

DER BETTLER. Bestimmt nicht. Darum ließen dieser künstlichen Gemeinschaften Gründer ein Ventil, durch das die im Menschen wie in aller Kreatur aufgespeicherte Ursprünglichkeit zu allen Zeiten entweichen kann.

DIE DAME. Dieser *Abweg* menschlicher Kräfte müßte von allen der interessanteste sein.

DER BETTLER. Er ist es.

DIE DAME. Wie heißt er?

DER BETTLER. Politik.

DIE DAME. Politik ist Kunst, sagt ein deutscher Gelehrter und Sachverständiger.

DER BETTLER. Er sagt es innerhalb der »Wissenschaften« als innerhalb des »Lebens«; nebelhaft und falsch. Mittels einer Metapher, wie Sie sahen. Hätte er politisch gesprochen, hätte er gesagt: In einem Sein, auf dessen positiv sichtbarer Seite der Mensch nicht seiner Begabung und Bestimmung, doch Vorschriften, Gleichnissen, Unmöglichkeiten leben muß, bedeutet Politik das Negativ, in dem an dieser Stelle menschlicher Natur wieder die eherne Notwendigkeit tritt. Aus Gedichten, Büchern, Feststellungen kennen wir den Weltbürger als edel, hilfreich, gut, lernen ihn als seiner Entwicklung, fortschreitenden Veredelung hingegeben, was für die Politik nicht hindert, diese Annahmen als Schwindel zu wissen und bestimmt vorauszusetzen, er geht uns mit Bombe und Granate zu Leib, uns Kostbares, das wir besitzen, zu entreißen. Wir werden also, während »im Leben« herzliche Telegramme hin und her fliegen, den Mäulern Sirup und hymnische Verse entschäumen, politisch täglich auf der Hut sein, in Ansprachen »böswillig« für »freundwillig«, für »menschlich im Sinn einer goldigen Abirrung der Schöpfung«, menschlich im Sinn der Schöpfung schlechthin wieder setzen. Dann sind wir, ist, wie augenblicklich das andere Aggregat menschlicher Zustände, Krieg da, trotz unseres täglichen Kauderwelsches nicht von Wirklichkeit geprellt.

DIE DAME. Doch wie brutal, der Menschheit, die in Nächstenliebe und zärtlichen Parabeln schwelgt, unvermittelt diese ihre wahre Natur vorzusetzen!

DER BETTLER. Das geschieht durch Schlangenmenschen, die unseren an sich rückgratlosen Sprachen Gelenke brechen, Worte zu Spiralen rollen, die sie nach Belieben von rechts oder links aufstehen lassen: die Journalisten. Fanden Sie, daß diesen Männern, Knicke durch Weltanschauungen plausibel zu machen, schwergefallen ist?

DIE DAME. Es war ungeheuer ekelhaft.

DER BETTLER. Ich lese keine Zeitungen, merkte nichts davon.

DIE DAME. Ich lernte von Ihnen Geradheit genug, Sie zu bitten: gehen Sie! Für heute ist Ihre Absicht erreicht: Sie erschütterten meine Ruhe, und ich will auf meine Weise versuchen, sie wiederherzustellen, meiner Unruhe Ursache gründlicher aufhellen, als ich es mit Ihnen kann, der Sie noch manche andere in mir erregen werden.

Beim nächsten Zusammentreffen schien die Baronin heiter, meinte lachend zum Bettler:

DIE DAME. Ihrer Behauptung, europäische Mentalität sei seit Jahrhunderten der Wahrhaftigkeit entfremdet, der Metapher, verstiegenem Vergleich ausgeliefert, habe ich nachgedacht und sie vollkommen wahr gefunden.

DER BETTLER. Als Deutsche können Sie nicht feststellen, wie sehr sie es ist. Denn mag in Ihrem Land tägliches Geschwätz nicht wirklicher sein, mag man nichts geradeaus beim Namen nennen, dieser Krieg beweist, man ließ sich bei Ihnen im Grund nicht irremachen, hat hinter der Fassade verzuckerter Aufschriften, trotz Kunst und Wissenschaft vernünftig Politik getrieben, notwendige Dinge bereitgestellt. In Frankreich aber hat die Phrase, glorreiche Umschreibung menschlicher Dinge öffentliches Leben nicht nur, doch das politische benebelt. Und das bedeutet seiner gesamten Bevölkerung großes, wirkliches Verbrechen an sich selbst.

DIE DAME. Trotzdem: Als ich mir hinterher der unglücklichen Emigrierten Ankunft in meinem Haus wieder vorstellte, habe ich lachen müssen, als ich Goethes »Hermann und Dorothea« wieder las, wo die evakuierte Heldin wie der Wohlhabenheit Göttin neben ihrem Wagen, von tüchtigen Bäumen gefüget, von zwei Ochsen gezogen, den größten und stärksten des Auslands, trotz Requisitionen, Gefechtszonen und Etappenwirtschaft, pompösen Einzug in Hermanns Dorf hält, in dem in Schlafrock und Schlummerrolle die Einwohner aufwarten, und nachdem sie vom Jüngling mit Frühstück, Liebesgaben, brillanten Redensarten gelabt ist, ohne Rücksicht auf Katastrophen einen Flirt, dann ein festes, gesetzliches Verhältnis mit ihm startet. Während meine Armseligen, vor Schreck über erlebte Exzesse bis in die Knochen schlotternd, nach Wochen nicht imstand sind zu leben, aber in dunklen Stuben bewegungslose Tage hinbringen. Ich selbst hatte aus Goethes Lektüre nichts sehnlicher gewünscht, als in Dorotheas Lage ihre herrlichen, gestelzten Schlußworte an Hermann richten zu dürfen.

DER BETTLER. So sind wir über Erreichbares mit Vorspiegelungen durch Geister getäuscht, die höhere Verantwortung zu kennen behaupten; die aber nur eines in uns stiften, sehen wir, wir können an die goldenen Schüsseln, die sie auftischen, nicht heran: glühendes Ressentiment. Haß gegen alles, was uns anscheinend Enterbten vorbehalten ist. Während es in Wahrheit nichts von alledem für keinen Menschen gibt. Dessen angeborenes Vermögen immer klein zu Zielen ihm eigen ist, die niemand außer ihm kennen und beurteilen kann. Das Element nun, das in mir am kräftigsten sich regte, Eigennutz, habe ich durch mein Leben zu gehöriger Geltung gebracht. Ihm unbedingt folgend, war ich mir nirgends fremd. Ich schien nie groß, nie wichtig für das Menschengeschlecht. Mir selbst aber gab ich, was ich brauchte, gebe es mir in meinem traurigen Aufzug noch jetzt. Wie alt sind Sie?

DIE DAME. Dreißig Jahr. Sie brauchen nicht weiter zu fragen. Obwohl ich verheiratet bin und Kleider nach der Mode trage, war ich noch für nichts Fremdes entschieden. Nicht aus Ihrer Überlegung, aus Instinkten bewahrte ich mich selbst.

DER BETTLER. Ich weiß es. Denn ich naschte daran.

DIE DAME. Ich gebe Ihnen die Hand!

DER BETTLER. Die ich wie alles, was Sie mir reichen, nehme. Ich bin Bettler. Sie die Vermögende. Doch damit fiel keiner von seiner Natur ab. Durch die blieb ich habsüchtig, faul, Sie fleißig und gut. Womit lebendige Tatsache, keine Überlegenheit für Sie festgestellt wird.

Dann ging der Bettler, ließ die junge Frau zufrieden in sich selbst zurück.

Einige Tage später geriet er in furchtbares Unwetter, das ihn mit Hagel, Sturm und Stößen spellte. Während Fetzen von seinem verbrauchten Körper wehten, stellte er fest, es war, als hätte sich große Natur gegen ihn aufgemacht, ihm in einem Trommelfeuer ohnegleichen ihre Unwiderstehlichkeit zu zeigen. Er dachte, als er halb entseelt hinsank, wie die mit ihrem Wesen vor ihm auftrumpfte, sagte sich, mit seinem habe er es nach Kräften ähnlich gehalten.

Noch wünschte er der freundlichen jungen Frau für ihre Art ähnliches Gelingen bis zum irdischen Ende. Als aber die heulenden Elemente zu noch unbändigerer Kraftprobe gegen ihn einzelnen ausholten, das All phantastisch um ihn durcheinanderquirlte, lächelte er und fühlte, fröhlich sterbend, hier lasse sich die Schöpfung selbst zu einem Exzeß hinreißen, von dem es nicht mehr weit bis zur Metapher sei.

Erzählungen der Frühromantik

1799 schreibt Novalis seinen Heinrich von Ofterdingen und schafft mit der blauen Blume, nach der der Jüngling sich sehnt, das Symbol einer der wirkungsmächtigsten Epochen unseres Kulturkreises. Ricarda Huch wird dazu viel später bemerken: »Die blaue Blume ist aber das, was jeder sucht, ohne es selbst zu wissen, nenne man es nun Gott, Ewigkeit oder Liebe.«

Tieck Peter Lebrecht **Günderrode** Geschichte eines Braminen **Novalis** Heinrich von Ofterdingen **Schlegel** Lucinde **Jean Paul** Des Luftschiffers Giannozzo Seebuch **Novalis** Die Lehrlinge zu Sais
ISBN 978-3-8430-1878-4, 416 Seiten, 29,80 €

Erzählungen der Hochromantik

Zwischen 1804 und 1815 ist Heidelberg das intellektuelle Zentrum einer Bewegung, die sich von dort aus in der Welt verbreitet. Individuelles Erleben von Idylle und Harmonie, die Innerlichkeit der Seele sind die zentralen Themen der Hochromantik als Gegenbewegung zur von der Antike inspirierten Klassik und der vernunftgetriebenen Aufklärung.

Chamisso Adelberts Fabel **Jean Paul** Des Feldpredigers Schmelzle Reise nach Flätz **Brentano** Aus der Chronika eines fahrenden Schülers **Motte Fouqué** Undine **Arnim** Isabella von Ägypten **Chamisso** Peter Schlemihls wundersame Geschichte **Hoffmann** Der Sandmann **Hoffmann** Der goldne Topf
ISBN 978-3-8430-1879-1, 408 Seiten, 29,80 €

Erzählungen der Spätromantik

Im nach dem Wiener Kongress neugeordneten Europa entsteht seit 1815 große Literatur der Sehnsucht und der Melancholie. Die Schattenseiten der menschlichen Seele, Leidenschaft und die Hinwendung zum Religiösen sind die Themen der Spätromantik.

Brentano Die drei Nüsse **Brentano** Geschichte vom braven Kasperl und dem schönen Annerl **Hoffmann** Das steinerne Herz **Eichendorff** Das Marmorbild **Arnim** Die Majoratsherren **Hoffmann** Das Fräulein von Scuderi **Tieck** Die Gemälde **Hauff** Phantasien im Bremer Ratskeller **Hauff** Jud Süss **Eichendorff** Viel Lärmen um Nichts **Eichendorff** Die Glücksritter
ISBN 978-3-8430-1880-7, 440 Seiten, 29,80 €

Erzählungen aus dem Biedermeier

Biedermeier - das klingt in heutigen Ohren nach langweiligem Spießertum, nach geschmacklosen rosa Teetässchen in Wohnzimmern, die aussehen wie Puppenstuben und in denen es irgendwie nach »Omma« riecht.

Zu Recht. Aber nicht nur.

Biedermeier ist auch die Zeit einer zarten Literatur der Flucht ins Idyll, des Rückzuges ins private Glück und der Tugenden. Die Menschen im Europa nach Napoleon hatten die Nase voll von großen neuen Ideen, das aufstrebende Bürgertum forderte und entwickelte eine eigene Kunst und Kultur für sich, die unabhängig von feudaler Großmannssucht bestehen sollte.

Georg Büchner Lenz **Karl Gutzkow** Wally, die Zweiflerin **Annette von Droste-Hülshoff** Die Judenbuche **Friedrich Hebbel** Matteo **Jeremias Gotthelf** Elsi, die seltsame Magd **Georg Weerth** Fragment eines Romans **Franz Grillparzer** Der arme Spielmann **Eduard Mörike** Mozart auf der Reise nach Prag **Berthold Auerbach** Der Viereckig oder die amerikanische Kiste

ISBN 978-3-8430-1884-5, 444 Seiten, 29,80 €

Erzählungen aus dem Biedermeier II

Annette von Droste-Hülshoff Ledwina **Franz Grillparzer** Das Kloster bei Sendomir **Friedrich Hebbel** Schnock **Eduard Mörike** Der Schatz **Georg Weerth** Leben und Taten des berühmten Ritters Schnapphahnski **Jeremias Gotthelf** Das Erdbeerimareili **Berthold Auerbach** Lucifer

ISBN 978-3-8430-1885-2, 440 Seiten, 29,80 €

Erzählungen aus dem Biedermeier III

Eduard Mörike Lucie Gelmeroth **Annette von Droste-Hülshoff** Westfälische Schilderungen **Annette von Droste-Hülshoff** Bei uns zulande auf dem Lande **Berthold Auerbach** Brosi und Moni **Jeremias Gotthelf** Die schwarze Spinne **Friedrich Hebbel** Anna **Friedrich Hebbel** Die Kuh **Jeremias Gotthelf** Barthli der Korber **Berthold Auerbach** Barfüßele

ISBN 978-3-8430-1886-9, 452 Seiten, 29,80 €